인문치료총서 18

인문치료의 이론적 양상

강원대학교 인문과학연구소 (엮음)
이영의, 정락길, 이민용, 신성열
정성미, 유강하, 엄찬호, 윤일수 (지음)

강원대학교 출판부

책머리에

이 책은 강원대학교 인문과학연구소 인문한국(HK) 인문치료사업단의 총서 시리즈의 일환으로 인문과학연구소 소속 교수들이 인문치료의 이론과 방법을 다양한 관점에서 연구한 책이다. 인문치료는 인문학적 정신과 방법으로 마음의 건강과 행복한 삶을 위해 인문학 각 분야 및 연계 학문들의 치료적 내용과 기능을 학제적으로 새롭게 통합하여 사람들의 인지 · 정서 · 행동의 문제들을 예방하고 치유하는 이론적 · 실천적 활동을 말한다.

이 책은 다양한 대상에게 인문치료적 접근을 시도한 경험을 바탕으로 하고 있다. 여기에는 인문치료를 구성하는 문학치료, 역사치료, 글쓰기치료, 내러티브 치료, 철학치료 등에 관한 이론과 방법론이 다루어지고 있다. 이 책은 크게 3부로 구성되어 있다.

1부는 인문치료가 마주하고자 하는 심적 문제와 인문치료 고유의 방법론에 대한 이론적 확장과 성찰을 중심으로 하고 있다. 이영의의 「고통에 대한 변증법적 이해」는 인문치료의 핵심적 주제인 고통에 대한 논의를 전개하고 있다. 저자는 고통에 대처하는 변증법적 방식을 제안하고 있다. 전반부에서 고통에 대한 우리의 태도를 검토하고 고통에 대한 실재론적 입장의 문제점을 차분히 지적하면서 저자는 고통은 실재이지만 환상이기도 하다는 점을 주장하고 있다. 그리고 후반부에서는 용수의 4구 논리를 이용하여 실재와 환상을 초월할 수 있는 고통 변증법의 가능성을 논의하고 있다.

정락길의 「수치심에 대하여」는 수치심에 대한 정신분석학적 논의를 소개하고 있다. 수치심을 상상적 상호주관성의 차원 속에서 나타나는 시선의 문제로서 해명한 바 있는 라캉의 논의로부터 시작해 수치심을 타자의 시선에 대한 주체의 정서라는 관점에서 검토하고 있다. 이러한 논의로부터 저자는 라캉 정신분석의 중요한 쟁점으로서 거울단계에서의 이미지가 지닌 역할의 중요성을 다시 검토해야 함을 주장하고 있다. 이러한 논의로부터 저자는 얼굴이 실재의 불가능성과 상상계의 과도한 동일시를 넘어 주체가 주체로서 살아가기 위해 구성하는 유동적 외양이자 허울로서 기능함을 적극적으로 사유하고자 한다. 따라서 모든 주체가 삶 속에서 다양한 얼굴을 구성하듯이 끊임없이 유동하며 형성되는 그러한 내면의 구성적 장으로서의 얼굴의 개념을 주요한 인문 치유적 개념으로서 제기하고 있다.

이민용의 「서사학과 발달적 스토리텔링 치료」는 서사학의 관점에서 내러티브를 활용한 발달적 스토리텔링 치료의 가능성을 탐색하고 있다. 저자는 서사학의 내러티브 층위론에 근거하여 스토리들을 통해 건강하고 튼튼한 마음을 유지할 수 있도록 하는 방법을 논의한 후, 내면에 건강한 스토리를 만들어 유지하는 능력을 키움으로써 마음의 건강을 유지할 수 있음을 제기하고 있다. 또한 저자는 내러티브 층위론으로부터 내러티브 텍스트가 존재하는 관계적 맥락과 상황까지 고려하는 확장적 방법을 제기하고 있다.

신성열의 「인문치료에 있어서의 현대예술의 선이해(先理解)」는 삶의 질의 담보, 즉 웰빙(well-being)의 추구가 인간의 삶에 있어 예술치료 혹은 예술의 역할임을 주목하면서 시작한다. 현대예술은 디지털 테크놀로지를 매개로 다양한 예술장르의 경계를 해체하는 동시에 철학 등 인문학 분야와 적극 연계되어 진행되고 있다. 그중 미술매체는 단순히 감상의 경계를 넘어 본질적으로 만지거나 조작하는 즐거움을 주므로 협력관계를 설정하는 데 유용할 수 있다. 그런데 현대미술의 대중소통 기능과 역할이 변화됨으로써 일정한 검증장치 없이 감상자와 작품이 직접 마주 대하는 상황이 일반화되고 있다. 이러한 대중매체성을 지닌 작품과 감상자의 직접소통은 무비판적, 무분별적 보급과 수용의 과정에서 또 다른 문제를 낳을 수 있다. 그러므로 필자는 현실적 삶과 연계해서 현대예술의 패러다임과 매체의 특징을 고찰함으로써 인문치료에 있어서 그 활용의 이해를 넓히고자 시도하고 있다.

1부가 인문치료의 이론적 논의를 그 중심으로 하고 있다면 2부는 개인을 대상으로 한 인문치료 연구들이 중심을 이루고 있다. 정성미의 「대화 분석을 통한 부부갈등대화 양상」은 부부갈등대화의 특징과 구조를 고찰하기 위해 부부갈등이 표현되는 부부간의 대화를 고트만의 갈등부부대화의 네 가지 특징을 중심으로 고찰하면서 시작한다. 그리고 대화분석 방법으로 부부갈등대화를 분석하고 있다. 이러한 과정을 거쳐 부부갈등대화의 유형 분류에서 파악할 수 없었던 부부갈등대화의 구조적 특징을 대화분석을 통해 흥미롭게 개진하고 있다.

유강하의 「서간문, 소통의 글쓰기와 치유」는 조선시대를 대표하는 사상가이자 실학자인 정약용(1762–1836)이 유배지에서 쓴 서간문을 소통과 치유의 관점에서 독해하고 있는 글이다. 저자는 다산이 유배지에 있으면서 아들과 형님, 후배와 제자들에게 끊임없이 편지를 썼는데 세상과 격절한 시간동안 편지가 세상과 소통하는 유일한 통로였음을 주목하고 있다. 이 시간은 다산이 세상과 소통하고, 고통을 이해하는 시간이었음을 이야기하면서 저자는 '사적인' 편지는 인간으로서 느끼는 고통을 털어놓을 수 있는 사적 공간, 꾸밈과 계산이 없는 소통이 가능한 치유의 한 통로가 되고 있음을 차분하게 개진하고 있다.

3부의 글들은 구체적 개인의 문제를 넘어서 인문치료의 논의를 사회적 문제로 확장하면서 공동체의 가능성을 모색하고 있는 글들이다. 엄찬호의 「남북통일 문제에 대한 인문치료적 고찰」은 통일문제가 안고 있는 분단 트라우마를 비롯하여 북한이탈주민과 재중교포들의 남한사회에서 받은 마음의 상처를 치유하여 통일에 대비하고 준비해 가야하는 비전을 제시하고 있는 글이다. 또한 인문학을 통한 통일교육의 중요성을 역설하면서 이러한 교육이 학생들의 통일의식을 고양시켜 줄 뿐더러 남북한 주민들의 이해를 도와 민족공동체의식을 회복하고 민족통일의 길로 더 적극적으로 나갈 수 있음을 주장하고 있다.

윤일수의 「밈(Meme)을 통한 하나되기, 새로운 치유의 공동체」는 뮤직비디오 〈강남스타일〉의 패러디 영상을 대상으로 호모나랜스의 다시쓰기 활동이 지니는 본질적 의미를 밝히고 있다. 이를 위해 유튜브에 탑재된 〈강남스타일〉 패러디 영상물 중 조회수가 백만 이상 되는 것을 대상으로 삼아 문화기술지 연구방법을 사용해 분석하고 있다. 연구결과, 〈강남스타일〉의 패러디영상 제작활동이 지니는 의미는 각 영역 간에 통합과 화합, 균형과 평등을 이루기 위해 유기적인 관계를 맺고 있음을 입증하면서 이들은 자신의 세계에 대한 자부심이 강한 만큼 타인의 세계도 존중하며, 다른 세계를 자기 세계에 받아들이는 것에 거부감을 가지고 있지도 않는 것으로 나타나고 있음을 주목하고 있다.

이 저작은 개인적 · 사회적 문제로 고통을 받고 있는 소외계층들에게 인문학의 실천적 접근이 구체적으로 펼쳐질 수 있기를 기대하는 마음에서 기획되었다. 동시에 이러한 인문치료의 이론적 실천적 활동을 통하여 약육강식의 현대사회에서 점점 축소되는 인문학의 성찰적 기능과 인문학의 사회적 치유 기능이 확장될 수 있기를 우리는 조심스럽게 소망하는 바이다.

2016년 6월

저자들을 대표하여 **정락길** 씀

CONTENTS

제1부 인문치료의 이론적 기초

고통에 대한 변증법적 이해 | **이영의**

수치심에 대하여 | **정락길**

서사학과 발달적 스토리텔링 치료 | **이민용**

인문치료에 있어서의 현대예술의 선이해(先理解) | **신성열**

고통에 대한 변증법적 이해

이 영 의

1. 들어가는 말

고통이란 무엇인가? 고통은 피해야 할 대상인가? 고통과 관련된 이런 질문들은 인간 삶에서 시대를 불문하고 수없이 반복되어 왔다. 고통에 관한 담론에는 크게 세 가지 태도가 등장한다. 첫째는 쾌락주의로서 삶의 목표는 쾌락이며 고통은 그 반대이기 때문에 가능한 한 피해야 한다고 보는 입장이다. 둘째는 고통은 쾌락과 마찬가지로 의미 있는 삶을 영위하는 데 필요한 기능한다고 보는 일상적 입장이다. 셋째는 고통은 삶의 본질이며 그것을 피하여는 것은 쓸데없는 짓이라고 보는 부처의 입장이다.

나는 이 글에서 부처의 입장에 따라 고통에 대해 일상인이 취할 수 있는 입장을 철학적으로 모색할 것이다. 부처에 따르면, "인생은 고(苦)이다"(一切皆苦). 고(苦, 산스크리트어: duḥkha, 팔리어: dukkha)의 종류로는 구체적으로 생로병사(生老病死)의 4고와 사랑하는 자와 이별해야만 하는 애별리고(愛別離苦),

원한 길은 미운 자와 만나야만 되는 원증회고(怨憎會苦), 추구해도 얻을 수 없는 구부득고(求不得苦), 모든 것에 집착하는 데서 생기는 5취온고(五取蘊苦)의 4고를 더하여 8고(八苦)가 있다. 불교적 8고에 대해 우리가 흔히 간과하는 점이 있는 데 그것은 바로 고가 삶 자체의 본질은 아니며 범부(凡夫)의 삶만이 고라는 점이다 다시 말하면 깨달은 자의 삶은 고가 아니라는 것이다. 이런 함축은 우리에게 희소식이다. 깨달으면 고통스런 삶에서 허덕이지 않아도 되기 때문이다.

그렇다면 어떻게 깨달을 것인지가 문제가 된다. 이 글은 불교적 수행을 추천하는 것이 아니라 그 대신 철학적 (부분적으로는 인지과학적인) 방안을 제시한다. 이 글은 크게 두 부분으로 구성된다. 전반부에서 고통의 본질(what?)과 관련된 문제들을 검토한다. 먼저 고통을 실재론적으로 보는 입장의 문제점을 지적하고 고통은 실재이지만 환상이기도 하다는 입장을 제안할 것이다. 후반부에서는 실재와 환상의 중첩 상태로서의 고에 대해 어떤 자세와 태도를 취해야 할 것이지, 어떻게 고통을 이해해야 할 것인지 등을 검토하여 고통의 변증법과 고통을 보는 법(how?)을 제시한다.

2. 고통의 실재

2.1 실재와 현상

고통이란 무엇인가? 우리는 삶속에서 수많은 고통을 경험한다. 치통, 요통, 관절통, 신경통뿐만 아니라 다양한 정신적 고통이 있다. 서머싯 몸(Somerset Maugham)은 『인간의 굴레에서』에서 밀드레드와 재회한 후의 필립의 이중적 감정을 다음과 같이 묘사한다.

> "하지만 필립은 애써 아무렇지도 않은 척했다. 말도 하고 웃기도 하였다. 그러다가 그는 자신을 고문하고 싶은 야릇한 충동에 사로잡혔다. 그는 일어나서 뭘 좀 마시고 오겠다고 했다. 밀드레드와 그리피스는 지금까지 한 번도 단둘이만 있어본 적이 없다. 이들을 단둘이만 있게 해보고 싶었다. ... 그는 바로 가지 않고 발코니로 올라갔다. 거기에서 그는 두 사람을 볼 수 있지만 그들은 자기를 보지 못한다. 이제 두 사람은 무대는 아예 보지도 않고 서로 상대방의 눈을 바라보며 웃고 있었다. ... 그는 꼼짝 않고 그 자리에 서 있었다. 지금 돌아가면 방해만 될 뿐이다. 그가 없으니 두 사람은 마냥 즐거운 것이다. 그는 괴롭고 괴로웠다." (『인간의 굴레에서』 2, 93쪽)

우리는 분명히 고통을 경험한다. 우리는 고통을 느끼면 몸을 움츠리고 긴장하며 눈물을 흘리거나 분노, 무력감, 후회 등 다양한 2차적 감정을 느낀다. 그런데 고통은 과연 실재하는가? 이런 질문은 일상인에게는 우스꽝스럽게 들리겠지만 철학자들은 심각하게 생각한다. 고통은 '무엇에 대한 고통'이며, 고통은 무엇에 대한 의식이기 때문에 고통에 대해 생각한다는 것은, 메를로-퐁티(Merleau-Ponty)가 적절히 표현했듯이, '의식과 자연의 관계를 이해하는 것'이다."[1])

고통은 실재하는가, 아니면 현상에 불과하가? 부처에 따르면 범부에게는 고통은 실재이지만 깨달은 자(부처)에게는 그것은 실재가 아니고 현상에 불과하다. 이 글은 부처의 가르침을 따르는 철학적 범부의 입장을 제시할 것인데, 그 입장에 따르면 고통은 실재인 동시에 환상이며 삶은 그 두 가지를 오가는 변증법적 과정이다.

세계와 인간의 존재에 대해 가장 보편적인 입장은 실재론(realism)이다. 실재론에 따르면 우리의 감각, 지각, 인식과 독립적으로 존재하는 세계가 존재한다. 이렇게 인식 주체와 독립적으로 존재하는 세계에 대해 주체는 두 가지 인식적 관계(epistemic relation)를 갖는다. 즉 세계를 제대로 인식하는 것과 제대로 인식하지 못하는 경우가 그것이다. 인식적 관계는 참인 지식과 거짓인 지식이라는 두 가지 종류의 이해와 지식을 생산한다. 실재론의 진리관을 진리대응설(correspondence theory of truth)이라고 하는데, 아리스토텔레스는 그 이론을 다음과 같이 간단명료하게 제시했다.

"존재하는 것을 존재하지 않는다고 말하거나 존재하지 않은 것을 존재한다고 말하면 거짓이고 그 반면에 존재하는 것을 존재한다고 말하거나 존재하지 않은 것을 존재하지 않는다고 말하면 참이다"[2)]

진리대응설에 따르면, 눈이 하얄 때 "눈이 하얗다" 또는 "Snow is white.", "'Schnee ist weiß."라고 말하면 그 말은 참이고, 그렇지 않은 경우 거짓이다. 과학실재론자들은 이런 의미에서 과학의 목표는 세계에 대한 참인 진술, 즉 가설, 모형, 이론을 제시하는 것이라고 주장한다. 예들 들어, 과학자들은 이 세계에 실제로 존재하는 전자에 대한 참된 설명이나 예측을 제공한다.

이제 실재론을 우리의 관심사인 고통에 대해 적용해 보자. 먼저 고통 주체가 고통에 대해 갖는 관계를 고통 관계(pain relation)라고 하면 고통 관계에는 다음과 같은 두 가지 경우가 나타난다.

• 정상적 관계(N)

N1 : 고통상태에 있을 때 고통을 느끼는 경우

N2 : 고통상태에 있지 않을 때 고통을 느끼지 않는 경우

• 환상적 관계(I)

I1 : 고통상태에 있을 때 고통을 느끼지 않은 경우

I2 : 고통상태에 있지 않을 때 고통을 느끼는 경우

고통 관계에서 우리의 관심을 끄는 것은 환상적 관계이다. 어떻게 고통상태에 있을 때 고통을 느끼지 않은 경우(I1)와 고통상태에 있지 않을 때 고통을 느끼는 경우(I2)가 가능한가? 후자의 대표적 예로서는 환상사지(幻想四肢, phantom limbs) 증상이 있다. 환상사지 증상은 몸의 일부가 절단되어 사라지고 없음에도 불구하고 사라진 부위에 대한 감각이 생생하게 존재하는 현상을 가리킨다. 환상사지 증상에 대한 새로운 해석을 제시한 라마찬드란(V. Ramachandran)에 따르면 그 현상은 손발뿐만 아니라 귀, 가슴 등 신체의 어느 부분에서도 발생할 수 있다.

환상사지 증상이 왜 발생하는지, 어떻게 치료해야 하는지는 여기서 논의해야 할 주제는 아니므로, 고통 관계로 다시 돌아가 보자.[3] 실재론의 입장에서 보면 사라진 팔에서 생생한 통증을 느끼거나 그 반대로 요기처럼 고통 상태에 있음에도 불구하고 그 점을 느끼지 못하는 경우는 주체가 세계와 정상적 관계에 있지 있다는 것, 즉 환상적 관계에 있다는 것에 대한 좋은 증거이다. 그러나 어떻게 우리가 그런 '환상적' 관계에 놓여 있다는 점을 알 수 있는가? 실재론은 주체와 세계 간의 존재론적, 인식론적 대응을 판단할 수 있다고 가정하고 있지만 그 가정은 정당화되기 어렵다. 여기에 데카르트 철학의 한계가 있다. 데카르트는 세계를 물질과 정신이라는 두 가지 실체로 구분하고 정신은 세계의 겉보기 현상과 진정한 실재를 구분할 수 있는 능력을 갖는다고 보았다. 데카르트의 코기토는 주관과 객관, 현상과 실재 간의 구분을 전제한다. 데카르트 철학의 이분법을 극복하기 위해서는 메를로-퐁티가 보여준 현상학적 접근이 필요하다.

현상과 실재를 구분할 수 있는가? 데카르트는 코기토를 확보하기 위해 사악한 악마가 세계가 존재하지 않음에도 불구하고 존재하는 것으로 정신을 오도할 가능성을 제기했다. 데카르트는 우리가 그런 상태에 놓일 가능성이 전혀 없다고 보았는데 그 이유는 신이 악마가 그런 속임수를 부리도록 방치하지 않을 것이기 때문이다. 데카르트가 가정했지만 결국에는 부정했던 환상으로서의 세계는 현대철학에서는 '통속의 뇌'(brain in a vat)[4] 사고실험으로 이어진다. 어떤 사악한 과학자가 당신의 뇌를 몸에서 분리한 후 그것이 정상적으로 기능할 수 있도록 액체가 가득 찬 통에 넣고, 뇌에 선들을 연결해서 뇌가 일반적으로 받아들이는 것과 동일한 신호를 보내는 컴퓨터에 연결한다고 가정해 보자. 이제 통속의 뇌로 존재하는 당신은 실제 세계와 직접적으로 접촉하지 않고서도 세계와 접촉한다고 느끼게 될 것이며 더구나 당신 자신이 정상적 인간인지 통 속에 담긴 뇌인지를 확신할 수 없게 된다. 이런 생각은 다음과 같이 회의주의로 정리된다. 여기서 P는 외부 세계에 대한 믿음이나 지식을 표현하는 진술이다.

a. 만약 내가 P를 알고 있다면, 나는 통 속의 뇌가 아니라는 점을 알고 있다.
b. 나는 내가 통 속의 뇌가 아닌지를 알지 못한다.
c. 그러므로 나는 P를 알지 못한다.

영화 「매트릭스」(The Matrix, 1999)는 여기서 논의되고 있는 철학적 주제를 매우 쉬운 방식으로 표현했다. 영화는 우리가 모두 통속의 뇌이며, 그런 상태로 살고 있다는 것을 알지 못한다는 점을 실감나게 보여준다. 그러나 영화에서는 그런 가상세계로부터 벗어나 현실로 나갈 수 있는 알약이 있다. 모피어스는 네오에게 가상세계에 머무를 것인지 아니면 그 세계로부터 벗어날 것인지에 대한 선택을 권유하면서 다음과 같이 말한다.

> "네가 파란 알약을 선택하면, 이야기는 끝나고, 너는 너의 침대에서 일어나서 네가 믿고 싶어 하는 것들을 믿게 된다. 네가 빨간 알약을 선택하면, 너는 "이상한 세계"에 남게 되며, 나는 토끼의 굴이 얼마나 깊은지 보여줄 것이다."

네오에게는 파란약과 빨간약을 선택할 기회가 있지만 불행히도 우리에게는 그런 선택권이 없다. 우리는 자신이 플라톤의 동굴에 안주하는 죄수인지, 장자(莊子)가 말한 호접몽(胡蝶夢)의 나비인지[5], 데카르트가 말한 사악한 악마에게 속임을 당하고 있는 존재인지, 통속의 뇌인지를 판가름할 수 없다. 이상의 철학적 사고실험에서 드러나듯이 우리가 보고 느끼는 세계가 우리의 인식과 독립적으로 존재한다는 점을 논리적으로 정당화하기는 매우 어렵다. 사정이 이러하다면, 실재와 현상을 구분하고 주관과 객관을 구분하는 것은 불필요하며 무의미하다.

2.2 체화된 고통

지금까지의 논의가 고통 관계에 대해 주는 함축은 무엇인가? 이 문제와 관련하여 우리는 코페르니쿠스적 전회를 할 필요가 있다. 즉 실재론적 입장으로부터 구성주의적 입장으로 방향을 전환해야 한다. 내가 생각하는 구성주의는 최근 심리철학과 인지과학 분야에서 새로운 패러다임으로 활발히 논의되고 있는 체화된 마음 이론(theory of embodied mind), 특히 행위적 접근(enactive approach)이다. 체화된 마음 이론에 따르면, 정신은 데카르트가 주장했듯이 물질이나 몸과 분리된 것이 아니며, 정신은 몸과 세계에 구현되어 있다. 이런 생각은 비단 철학자들뿐만 아니라 과학자, 시인, 예술가들이 일찍이 표명해 왔던 것이다. 시인 휘트먼(Walt Whitman)은 그 대표적인 예인데 "자기 자신을 나는 노래한다"(One's Self I Sing)에서 다음과 같이 체화된 마음 이론의 핵심을 노래한다.

> 머리끝에서 발끝까지의 생리학을 나는 노래한다.
> 용모나 뇌만으로는 감히 뮤즈에게 값하지 못하리니.
> 나는 말하노라, 완전한 형태가 한결 값지다고[6)]

인지에 대한 행위적 접근의 지지자인 바렐라-톰슨-로쉬(Varela, Thompson, Rosch)에 따르면, 인지와 마음은 다음과 같은 의미에서 체화된 활동이나 행동(embodied activity or action)이다.

> 첫째, 인지는 여러 가지 감각운동 능력을 지닌 몸을 통하여 나타나는 경험에 의존한다. 둘째, 개별적 감각 운동 능력은 더 포괄적인 생물학적, 심리학적, 문화적 맥락에 포함된다. 셋째, 감각 운동 과정, 지각, 활동은 살아있는 인지로부터 근본적으로 분리할 수 없다. (F. Varela, E. Thompson, and E, Rosch, 1991, pp. 172-73)

행위적 접근은 생명체와 환경의 완전한 호혜 관계를 강조하면서 생명체와 환경의 역할을 자기 충족적으로 보는 이론들을 비판한다. 메를로-퐁티는 이런 점에서 행위적 접근의 선구자이다. 메를로-퐁티는 『행동의 구조』(1942)에서 생명체와 환경이 호혜와 선택에 의해 결합되어 있다는 점을 강조함으로써 행위적 이론에 대한 현상학적 기초를 제공했다.

체화된 마음 이론의 관점에서 우리는 고통을 포함한 정서를 다음과 같이 여러 차원에서 분석할 수 있다.

a. 존재론적 차원 : 정서는 몸의 구조에 능력에 의존하여 세계에서 펼쳐지는 활동이다.
b. 의미론적 차원 : 정서는 몸을 통한 세계와의 접촉 과정에서 의미를 생성한다.
c. 인식론적 차원 : 정서는 몸의 구조와 기능과 독립적으로 이해되거나 설명될 수 없다.

d. 방법론적 차원 : 정서를 설명하기 위해서는 몸의 구조와 기능을 반영해야 한다.

지금까지의 논의를 종합하면 다음과 같다. 고통은 구체적으로 체험하는 현상으로서의 실재하지만 그것에 대응하는 고통 상태가 부재할 수 있다는 점에서 환상일 수 있다. 또한 고통은 세계-내-존재(in-der-Welt-sein)로서의 인간이 갖는 존재 양상이기도 하다.

3. 헤겔식 고통 변증법

지금까지 우리는 실재와 현상, 실재와 환상이라는 고통의 이중적 구조를 살펴보았다. 그런데 고통이 인간의 존재 양상이면서 환상일 수도 있다면 우리는 고통에 대해 어떤 태도를 취해야 하는가? 우리에게는 모피어스의 알약이 없기 때문에 원칙적으로 고통의 실재와 환상을 구분할 수 없는 상태에서 그것을 체험하고 있다. 이 글은 실재와 환상이라는 구조를 갖는 고통을 바라보는 바람직한 태도로서 '고통의 변증법'을 제안하려고 한다.

잘 알려져 있듯이 헤겔(Hegel)은 절대적 관념론을 주장한 것으로 유명하다. 절대적 관념론에 따르면 정신은 세계 속에서 자신을 전개한다. 정신은 모든 것을 포함하지만(즉자 대자적) 그것이 자신을 전개하는 동안에는 자연의 영역(즉자적)과 정신의 영역(대자적)으로 분해된다. 그러나 정신이 완전히 전개되고 나면 궁극적으로는 그 분해는 지양된다.

변증법은 고대 그리스 시대로부터 널리 사용되어 왔는데, 그 당시에는 정명제와 반명제를 사용하여 합명제를 이끌어 내거나 아니면 대화의 지향점에서의 질적 변화를 유도하는 논법이었다. 형식논리학이 동일률을 근본 원리로 하여 추리를 설명하는데 비해 변증법은 대립이나 모순을 근본 원리로 하여 사물의 운동을 설명한다. 헤겔에게 있어서 변증법은 그 이전과는 약간 다른 성격을 갖는다. 즉 그것은 인식의 방법인 동시에 정신의 자기운동의 법칙이다. 헤겔의 변증법은 3단계로 진행된다.

a. 즉자적(卽自的 an sich) 단계 : 정명제(These)
b. 대자적(對自的 fur sich) 단계 : 반명제(Antithese)
c. 즉자 및 대자적 단계 : 합명제(Synthese)

변증법의 1, 2 단계에서는 모순을 야기하는 두 명제가 정립되고 3단계에서 그 둘 간의 모순을 지양하고(止揚, aufheben) 그것들의 정립이 부정되지만 그 내용은 보다 고차원에서 보존된다. 독일어 'aufheben'은 '보존하다', '보관하다'라는 의미와 '폐지하다', '폐기하다'라는 상반된 의미를 갖고 있는데 헤겔은 거기에 착안하여 그 단어를 변증법 용어로 채용했다.

헤겔 변증법의 본질은 모순의 지양에 있다. 그러나 형식논리의 관점에서 보면 모순을 극복하는 것은 불가능하다. 추리 도중에 "P and not-P"이라는 판단에 이르면 더 이상 앞으로 나아갈 수 없기 때문에 형식논리에서는 모순은 최대한 피해야 할 대상이다. 그러나 변증법에서는 사정이 다르다. 변증법은 모순이 성립해야만 그 다음의 단계로 나아갈 수 있기 때문이다. 변증법이 정신과 세계의 운동 방식이므로 거기에 등장하는 모순은 형식논리적 모순은 아닐 것이다. 어쨌든 모순과 대립의 지양이 변증법의 특징인 만큼 지양의 본성과 방식을 검토해야 하겠지만 여기서는 지양의 방식에 초점을 맞추기로 한다.

헤겔의 변증법이 추구하는 지양에 대한 가장 그럴듯한 사례는 양자물리학에서 발견된다. 20세기 초반 일단의 물리학자들은 그 당시 새로 등장한 양자역학을 놓고 심각한 고민에 빠졌다. 그들의 고민은 자신들이 개발한 양자역학의 형식체계를 어떻게 해석할 것인지에 있었다. 특히 빛의 본성에 대한 논쟁이 유명한데 양자역학의 주창자 중 한사람인 닐스 보어(N. Bohr)는 빛은 입자성과 파동성을 동시에 지닌다는 상보성 원리를 제시했다. 보어의 해결책은 빛의 본성을 둘러싼 논쟁을 변증법적으로 해결한 것으로서 그 구조는 다음과 같다.

a. 빛은 입자이다.
b. 빛은 파동이다.
c. 빛은 입자와 파동의 중첩이다.

이제 헤겔의 변증법을 고통에 대해 적용해 보자.

a. 나는 고통스럽다
b. 나는 고통스럽지 않다.
c. 나는 고통과 'not-고통'의 총합 상태에 있다.

헤겔의 변증법을 고통 이해에 적용하는 데 있어 최대 걸림돌은 3단계에 있다. 3단계에서 출현한다고 가정되고 있는 '고통과 not-고통의 총합 상태'는 구체적으로 어떤 상태인? 이 질문에 대답하기 위해서는 고통의 반정립으로서의 'not-고통'을 설명할 필요가 있다. 우리는 여기서 모순에 대해서는 고려하지 않기로 한다. 고통을 포함한 정서들 간 모순관계가 성립한다고 볼 수 없기 때문이다. 그렇다면 고통의 반대는 무엇인가? 얼핏 생각하면 그것은 고통스럽지 않은 상태일 것이다. 그러나 이런 생각은 고통스럽지 않은 상태의 범위가 매우 광범위하기 때에 별로 도움이 되지 않는다. 그 범위를 더 좁혀서 하나의 개념으로 제시할 필요가 있다. 가장 그럴듯한 후보는 쾌락일 것이다. 만약 쾌락이 고통의 반대라면 3단계는 고통과 쾌락의 총합이다.

이제 진정한 문제가 등장한다. 어떻게 고통과 쾌락의 총합에 도달할 수 있는가? 헤겔의 변증법에 따르면 그것은 차원을 넘는 초월적 방법일 것이다. 왜냐하면 정명제와 반명제가 특정 대상에 대한 고통과 그것의 반대라면 그것들은 동일한 차원에 속한다고 보아야 한다. 그리고 동일한 차원에서 그 둘 간의 합명제를 이끌어내는 것은 어려울 뿐만 아니라 진정한 총합이 될 수도 없다. 헤겔의 변증법이 목표로 하는 지양은 이런 의미에서 차원을 달리하는 초월의 형태로 나타난다고 보아야 한다. 그러나 헤겔의 변증법은 다음에 논의될 이유에서 고통을 분석하는데 근본적인 한계를 갖는다.

헤겔의 역사관 및 변증법 이론은 프랑크푸르트학파 소속 학자들로부터 많은 비판을 받았다. 아이러니컬하게도 헤겔의 변증법 이론은 프랑크푸르트학파의 사회 이론에 반대했던 칼 포퍼(Karl Popper)로부터도 신랄한 비판을 받았다.

아도르노(T. Adorno)는 미국 망명 시에 실증주의와 프라그마티즘이 지배하는 미국 사회를 접하고 큰 충격을 받았다. 당시는 나중에 미국철학의 주류철학을 형성하게 될 논리실증주의 철학자들(R. Carnap, H. Reichenbach)이 이제 막 미국에 자신들의 논리적이고 실증적인 철학을 뿌리내리는 순간이었다. 아도르노에게 있어서 진정한 사유란 대상과 새로운 관계를 형성하는 것인데 비해 당시 미국 사회에서는 사유는 사실을 입증하고 현실을 긍정하는 역할을 할 뿐이었다. 이런 문화에서는 윌리엄 제임스(W. James)가 주장했듯이 진리의 현금가치(truth's cash-value)가 중요시되기 때문에 모든 것은 현금 가치라는 양적 기준에 의해 평가되고 이성은 현금가치를 산출하기 위한 도구로 전락된다.

아도르노가 변증법에 관심을 가진 이유는 당시 미국에서 구현된 도구화된 이성에 반기를 들고 실증주의를 비판하기 위해서였다. 아도르노의 변증법은 헤겔의 변증법과 구별되는 부정의 변증법(Negative Dialektik)이다. 헤겔의 변증법에서 객체는 이미 주체를 통해 개념화된 것이므로 정신적인 것인데 반해 유물 변증법의 경우 정신은 객체로부터 도출된 것이다. 그러나 아도르노는 객체는 정신과 독립적으로 전재할 수 없다고 보았으며, 유물 변증법은 어떤 것을 통해서도 매개되지 않은 대상을 상정함으로써 의식의 내용을 물질의 반영과 모상으로 환원시킬 위험을 갖고 있다고 보았다. 이제 아도르노는 헤겔의 변증법과 마르크스적 유물 변증법이 상정하는 정신과 존재 중 어느 한편을 긍정하고 그것의 우월성을 주장하지 않고 무한히 부정으로 나아갈 수 있는 부정의 변증법을 구성한다.

헤겔이 말하는 모순은 주체와 주체를 통해 매개된 객체의 모순이며 거기에서는 주체를 통해 매개된 객체가 주체의 의식이나 사유와 동일할 수 없다. 이런 점에서 헤겔의 변증법에서 요청되는 모순은 주체와 객체의 실제적 모순이라기보다는 주체와 주체의 가상적 모순이다. 환언하면 모순은 실제 세계가 아니라 주체 안에서 발생한다. 그런 모순은 동일성을 지향하는 사유의 관점에서 본 비동일자일 뿐이다. 따라서 헤겔의 경우 모순과 비동일성은 총체적 동일성으로 통일되는 과정 중에 등장하는 일시적인 지점에 불과하다.

아도르노에 따르면 외부에 어떠한 것도 남겨 놓지 않는 총체성의 서술 형식인 체계는 비동일자를 배제할 수밖에 없기 때문에,[7] 그 체계 안팎 어디에도 더 이상 비동일성을 위한 자리가 없다. 이런 점에서 아도르노는 헤겔의 변증법을 긍정의 변증법에 불과하다고 평가한다. 아도르노는 객체의 우선성을 주장하지만 주체의 우선성을 객체가 대신한다고 생각하지는 않았다. 아도르노에게 있어서 "객체는 순수한 사실성 이상의 것"이다.[8] 물론 객체는 주체를 통해 매개되어 있지만 아도르노는 주체의 동일성 체계에 동화되지 않는 비동일적인 객체를 인정한다. 아도르노가 객체의 우선성을 강조한 것은 동일성에서 비동일성으로 방향 전환을 인정하는 변증법을 주장하기 위해서였다. 동일성에 기반을 둔 사유 세계의 밖으로 나갈 수 있는 변증법은 부정적 현실을 끝없이 부정하는 부정의 변증법이어야 한다. 부정 변증법은 동일성의 체계로 포섭되지 않는 객체의 비동일성을 사유하고 표현하는 주체를 요구한다. 이처럼 아도르노의 변증법은 부정의 부정을 긍정이라고 보는 헤겔의 긍정의 변증법과 구별되며 교환 가치가 없는 것을 악으로 규정하는 사회에서 교환될 수 없는 비동일자의 가치에 주목한다.

헤겔이 모순율을 기반으로 하여 부정의 부정으로부터 긍정을 도출하는데 반해서 아도르노는 부정의 부정도 여전히 부정적이라고 주장한다. 아도르노가 평가했듯이 헤겔은 부정의 부정을 통하여 나타난 새로운 상태를 긍정이라고 봄으로서 여전히 부정적 요소를 포함하는 현실을 긍정적인 것으로 바라보는 오류를 범했다. 헤겔과는 달리 아도르노는 우리는 부정을 통하여 등장하는 새로운 부정과 부단히 투쟁해야 하며 그것에 긍정성을 부여해서 안 된다고 주장한다. 쾌락의 부정이 고통이라면 고통의 부정은 쾌락이 될 수 없다. 이 대목에서 우리는 아도르노의 부정의 변증법이 헤겔의 변증법에 비해 고통을 이해하는 보다 더 나은 방식이라는 점을 알 수 있다. 그러나 아도르노의 변증법은 부정의 부정이 갖는 부정성을 강조한 나머지 부정의 부정이 갖는 긍정성을 부정성에 반영하지 못했다. 우리가 고통을 이해하는 데 있어서 필요한 이해의 틀은 변증법적 방식을 최대한 반영하는 데서 나타날 것으로 예상되며, 그 과정은 헤겔의 변증법과 아도르노의 변증법에서 보이는 2차원적 변증법을 넘어 계속되어야 한다.

4. 용수의 고통 변증법

대승불교는 부처의 가르침을 교조적으로 신봉하는 소승불교에 대한 비판으로서 등장했다. 반야경의 법공(法空) 사상에 따르면, 소승불교가 강조한 여러 법들(오온, 십이처, 십팔계, 십이연기, 사성제)은 부처의 소중한 가르침이긴 하지만 우리를 해탈의 피안으로 건너게 해 주는 뗏목일 뿐 궁극적으로 실재하는 것이 아니다. 부처의 설법조차도 궁극적으로 공(空)하다. 공의 경지에는 붓다의 법조차 존재하지 않는다. 이러한 공사상을 논증하는 학문이 바로 용수(龍樹, Nāgārjuna)의 중관학(中觀學)이다.

중관학은 개념의 실체성을 비판하는데 그 근거가 되는 것은 "이것이 없으면 저것이 없다"고 주장하는 환멸(還滅) 연기이다. 예를 들어 보자. 우리는 "눈으로 사물을 본다."라고 생각하지만, '눈'은 실재하지 않고 대상인 '사물'도 실재하지 않고, 보는 '행위'도 실재하지 않는다. 용수는 이를 다음과 같이 표현한다.[9)]

"눈은 자기자체를 볼 수 없다. 자체를 보지 못하는 것이 어떻게 다른 것을 보겠는가?"

눈으로 눈을 볼 수는 없으므로 눈은 실재하는 것이 아니다. '눈'을 배제하면 시각 대상이 대상성을 상실한다. 그 결과 '눈'도 실재하지 않고, '시각대상'도 실재하지 않기 때문에 그 양자의 관계인 '봄'도 실재하지 않는다. '눈'도 공하고, '시각대상'도 공하고, '봄'도 공하다.

또 다른 예로서 강우(降雨)에 대해 "비가 내린다"라고 표현할 경우에도 환멸연기가 적용된다. 왜냐하면 '비'가 없으면 '내림'이 없고, '내림'이 없으면 '비'가 없기 때문이다. '비'는 '내림'과 무관하게 홀로 존재하는 것이 아니며, '내림' 역시 '비'와 무관하게 홀로 존재하는 것이 아니다. 주어로 사용된 '비'라는 개념이나 술어로 사용된 '내림'이라는 개념 모두 실체가 아니다. '비'도 공하고, '내림'도 공하다.

중관학에서는 판단의 종류를 네 가지로 분류하는데 이를 사구(四句)라고 한다. 사구는 다음과 같이 간단한 형식으로 표현될 수 있다.

- 제1구 : A가 있다(有). P
- 제2구 : A가 없다(無). not-P
- 제3구 : A가 있으면서 없다(亦有亦無). P and not-P
- 제4구 : A가 있지도 않고 없지도 않다(非有非無). not-P and not-not-P

위에서 볼 수 있듯이 사구는 다음과 같이 두 가지 특징을 갖고 있다. 첫째, 사구는 이중부정의 원리를 수용하지 않는다. 즉, not-not P ≠ P. 형식논리적으로 보면 not-not P = P이지만 P가 실제로 세계에 대해 언급할 때는 그 원리가 성립하지 않는 경우가 허다하다. "당신을 사랑하지 않은 것은 아니에요"라고 말하는 연인의 마음은 "당신을 사랑해요"라고 말하는 마음과 같을 수 없다. 거기에는 사랑함에 덧붙여 서운함, 미워함과 같은 여러 가지 감정이 마음이라는 화폭을 가득 채우고 있는 파스텔의 물감들처럼 엉켜있다.

둘째, 사구는 시간적 순서를 중시한다. 형식논리적으로 보면 not-P and not-not-P = not-P and P = P and not-P 이기 때문에 그 결과 제4구가 불필요하게 된다. 여기서는 이중부정의 원리와 교환법칙이 성립하지 않는다. 매우 당연한 이야기이지만 세계에 대해 이야기할 때 시간적 순서는 매우 중요하다. "옷을 벗고, 목욕을 하다"와 "목욕을 하고, 옷을 벗다"는 동일한 의미를 갖지 않는다.

이제 사구가 어떻게 적용되는지를 살펴보자. 예를 들어서 "비가 내린다."는 판단에 대해서 다음과 같은 네 가지 종류의 표현이 가능하다.

- 제1구 : '내림을 갖는 비'가 내린다.
- 제2구 : '내림을 갖지 않는 비'가 내린다.
- 제3구 : '내림을 가지면서 갖지 않는 비'가 내린다.

• 제4구 : '내림을 갖지도 않고 갖지 않는 것도 아닌 비'가 내린다.

중관학은 이 모든 추리를 오류로 본다. 즉 그것들은 모두 환상이다.[10)]

중관학의 사구는 소승불교의 법계들을 논박하기 위해 개발된 것이다. 이제 우리의 관심을 4구의 변증법적 성격에 맞추어 보자. 위에서 볼 수 있듯이 4구 자체는 3차원의 부정성을 갖는 변증법이다. 헤겔의 변증법과 아도르노의 부정의 변증법은 제3구의 단계에 머무르고 있으며, "있지도 않고 없지도 않은"(非有非無) 단계에는 도달하지 못하고 있다.

사구를 고통 말하기에 적용해 보면 다음과 같다.

• 제1구 : 나는 고통스럽다.
• 제2구 : 나는 고통스럽지 않다.
• 제3구 : 나는 고통스럽지만 고통스럽지 않다.
• 제4구 : 나는 고통스럽지 않고 고통스럽지 않은 것은 아니다.

위의 예에서 제3구와 제4구의 단계에서 점차적으로 원래의 고통이 변증법적으로 승화될 수 있을 것이다. 예를 들어 사랑하는 여인과의 이별로 고통을 받고 있는 철수를 생각해 보자. 철수의 고통의 출발점은 제1구에 나타나 있다. 철수는 지금 사랑하는 연인과의 이별 때문에 심한 고통을 받고 있으며, 그녀를 붙잡지 못한 자신의 무능력을 원망하고 있다. 그러나 시간이 지나고 달리 생각해보면, 인간의 만남과 헤어짐은 자연스러운 것이며, 그녀가 자신을 떠난 것은 가슴 아픈 일이지만 또 다른 사람을 만날 수 있는 기회가 있기 때문에 그렇게 고통스러울 필요가 없다는 생각이 들 것이다. 이제 철수는 더 이상 고통스럽지 않으며 애써 쾌활해하고 평온한 일상 속으로 복귀하게 된다(not-P). 그러나 자신을 떠난 여인에 대한 그의 과거 사랑의 온도가 높으면 높을수록 그에 비례하여 철수가 not-P 태도를 계속 유지하기는 어렵다. 일상 속에서 그는 종종 떠난 애인을 생각하고 그리워하고 미워한다. 그는 이제 고통스럽지만 처음처럼 고통스러운 것은 아니다(P and not-P). 일상적 삶과 많은 문학과 예술작품에 등장하듯이 철수는 불면의 나날을 보내고 자신이 그녀를 사랑했었는지에 대해 고민하면서 고통을 즐기게 된다. 철수는 이제 더 이상 고통스럽지 않지만 그렇다고 고통스럽지 않은 것은 아닌 상태에 있다.

고통을 사구의 변증법에 따라 분석하면 다음과 같은 네 가지 판단 태도가 성립한다.

- 고통은 실재이다.
- 고통은 환상이다.
- 고통은 실재인 동시에 환상이다.
- 고통은 실재도 아니고 환상도 아니다.

여기서 중요한 것은 고통을 실재로 간주하는 통속적 태도로부터 벗어나 고통을 환상으로 보는 초월적 태도를 취할 필요가 있다는 점이다. 그런 초월적 태도를 취하게 될 때 우리는 그 이상의 경지, 즉 "고통은 실재인 동시에 환상이다"이거나 "고통은 실재도 아니고 환상도 아니다"라는 경지에 도달할 수 있다.

5. 맺는말

지금까지 고통의 구조와 고통을 보는 법을 변증법적으로 분석해 보았다. 구체적으로 반실재론, 체화된 마음 이론, 중관사상, 사구의 변증법을 이용하여 고통은 적어도 실재인 동시에 환상이여, 더 나아가 그것은 실재도 아니고 환상도 아니라는 점이 주장되었다. 이런 주장은 반실재론적 구성주의에 기반을 두고 있으며 그것을 고통을 이해하는 데 적용하면 "고통은 보는 법에 따라 다르게 느껴진다"라고 정리될 수 있다.

여러 사상가들이 고통과 관련된 중요한 질문들을 제기해왔다. 고통은 피해야 할 대상인가, 고통은 어떤 의미와 기능을 갖는가 등이 그 예이다. 이 글은 그런 문제들을 본격적으로 다루지 않았지만 행간을 통해 고통은 부정적 기능만이 아니라 긍정적 기능도 갖고 있다는 점을 알 수 있다. 소크라테스가 말했듯이, 반성이 없는 삶은 살 가치가 없다. 반성을 통해 우리는 삶에 대한 실재와 환상 간의 왕래를 이해하고 그로 인한 고통의 의미를 알게 된다.

1) M. Merleau-Ponty, 1942/63. p. 1.

2) Aristotle, Metaphysics, 1011b25.

3) 라마찬드란에 따르면 환상사지 증상은 뇌의 가소성에 따른 잘못된 신체도식 때문에 발생한다. 그는 거울을 사용하여 잘못된 신체도식을 수정하여 환상사지 증상을 치료하는 방안을 개발했다.

4) H. Putnam. 1981, pp. 1-21.

5) 『莊子』, 제물론(齊物論).

6) 휘트먼, 1855/1914,『풀잎』.

7) T. W. Adorno, 1966, p. 82.

8) Ibid., p. 269.

9) 『중론』 제3장 관육정품(觀六情品) 제2계.

10) 세친의 『섭대승론석』(攝大乘論釋)에 따르면 제1구는 '의미중복의 오류'(증익방, 增益謗), 제2구는 '사실 위배의 오류'(손감방, 損減謗), 제3구는 '상호모순의 오류'(상위방, 相違謗), 제4구는 '엉터리 판단의 오류'(희론방, 戱論謗)을 범하고 있다.

■ 참고문헌 ■

김성철, 『중론, 논리로부터의 해탈 논리에 의한 해탈』, 불교시대사, 2004
이경선. 「용수의 변증법(辨證法)에 대한 고찰」, 『원불교사상과 종교문화』 44, 2010. pp. 253-278.
이영의. "확장된 마음 이론의 쟁점들", 『철학논집』 31, 2012, pp. 29-54.
______. "체화된 인지의 개념 지도 : 두뇌의 경계를 넘어서",『Trans-Humanities 8』, 2015, pp. 101-139.
Adorno, T. W. *Negative Dialektik*, 1966. 『부정변증법』, 홍승용 옮김, 서울 : 한길사, 1999.
Horkheimer, M and Adorno, T. W. *Dialektik der Aufklärung*. 김유동 옮김, 『계몽의 변증법』, 서울 : 문학과지성사, 2001[1994].
Lakoff, G., and Johnson, M. 1999. *Philosophy in the Flesh : The Embodied Mind and Its Challenge to Western Thought*. New York : Basic Books.
Maugham, S. 송무 옮김, 『인간의 굴레에서 2』, 서울; 민음사, 1998.
Merleau-Ponty, M. 1942/63. *The Structure of Behavior*. Trans. by A. Fisher. Boston : Beacon Press.
Merleau-Ponty, M. 1945/62. *Phenomenology of Perception*. Trans. by C. Smith. London : Routledge & Keegan Paul.
Putnam, H. 1981, *Reason, Truth, and History*, Cambridge : Cambridge University Press, 1981.
Tarski, A. Tarski, A. 1933, "The concept of truth in the languages of the deductive sciences" (Polish), Expanded English translation in *Logic, Semantics, Metamathematics, Papers from 1923 to 1938*, John Corcoran, Indianapolis : Hackett Publishing Company, 1983. pp. 152-278.
Thompson, E. *Mind in Life : Biology, Phenomenology, and the Sciences of Mind*. Cambridge, MA : Harvard University Press, 2007.
Varela, F., Thompson, E. and Rosch, E.. *The Embodied Mind*. Cambridge, MA : MIT Press, 1991
Varela, F. J. *Ethical Know-How*. Stanford, CA : Stanford University Press, 1992.
Whitman, W. *Leaves of Grass*, 1855, 유종호 옮김, 『풀잎』, 서울 : 민음사, 1914.

수치심에 대하여

정 락 길

1. 들어가며

성경의 창세기에는 유명한 이야기가 등장한다. 선악과를 따먹기 이전 에덴동산에 살았던 아담과 이브는 벌거벗었으나 부끄러워하지 아니하였다. 하지만 유혹의 선악과를 이브와 아담이 따먹고 난 후, 그들의 눈이 열리고 그들이 벌거벗었음을 알게 되어 그들의 벗은 몸을 무화과나무 잎으로 가렸다는 이야기가 그것이다.(이동수, 「구약성경에 나타난 부끄러움」) 이러한 성경의 이야기는 나체로 부터 의식의 탄생이라는 철학적 주제만이 아니라 인간의 탄생과 연관된 수치심의 문제를 흥미롭게 드러내고 있는 예이기도 하다. 슈나이더가(Scheneider)는 "인간 존재는 직립 보행하면서 네 발로 걸었던 자세에서 감추어져 있던 것을 재발견하게 되었다. 그로부터 생식기관은 드러나게 되었고 동시에 감추어지게(보호를 요구하게) 되었다. 드러남과 감춤의 관계의 형성과 함께 '창피하다'는 느낌이 탄생하게 된 것이다." (Schneider,

M. (1996))라고 주목하면서 프로이드 정신분석학의 계통발생학적(phylogénétique) 가설이 수치심의 문제와 근원적으로 연관되어 있음을 이야기하고 있다. 이와 같이 수치심에 관한 정신분석학적 논의는 이러한 성경의 이야기로부터 그 정서의 근원을 해명하고 있다고 할 수 있다.

아담과 이브가 낙원으로부터 지상으로 추락하는 창세기의 이야기는 남성과 여성성의 차이, 수치스러운 신체 기관의 등장이 함의하는 부분대상의 문제, 죄의식의 문제라는 정신분석학의 주요한 주제들을 제기하고 있다. 아마도 이러한 주제들은 다음과 같은 질문들로 대치될 수 있을 것이다. 수치심이라는 정서는 여성과 남성에게 어떻게 다르게 나타나는가? 수치심은 개인적 자존감의 문제인가 타자의 시선의 문제인가? 수치심은 죄의식과 어떤 관계를 가지고 있는가? 수치심의 경험으로부터 인간이 자기비하, 자기애적 상처(blessure narcissique)로 나아가다 자살로 까지 이어진다면 이러한 병리학적 원인은 무엇인가? 수치심은 사적인 감정인가 공적인 감정인가? 등등.

클로드 자넹(Claude Janin)은 정신분석학 내에 수치심이 정신분석학에 던지는 복잡한 이론적 문제들이 존재하고 있음을 지적하고 있다. 그는 우선 프로이드가 그의 저작에서 사용한 독일어 Scham의 영어 번역어 해당하는 shame으로부터 불어번역어 honte(수치심), pudeur(부끄러움) 등의 번역에 이르기까지 용어에 대한 번역의 문제가 존재함을 지적한다. (제임스 스트레치(James Strarchey)의 프로이드의 영역본(Standard Edition)

에는 shame으로만 번역되고 있다.) 또한 프로이드 이후의 자아 심리학, 대상관계 이론, 프랑스 정신분석 등의 다양한 이론적 입장들에 따라 수치심에 대한 다양한 관점의 차이들이 존재함을 지적하고 있다.(자넹은 프랑스 정신분석 내에서도 다양한 프로이드에 대한 이론적 해석에 따라 scham의 불어 번역이 다르게 전개되고 있음을 지적한다. Claude Janin(2003)) 자넹은 프로이드의 Scham이 불어 honte, pudeur 등으로 번역되어 지고 있는데 우리말로 하면 부끄러움을 의미하는 불어 pudeur는 honte(수치심)보다는 좀 더 승화된 정서에 가깝고 내적인 것(intime)과 주로 연관되어 있다면 honte는 pudeur 보다는 더 강렬한 자기애의 상처(blessure narcissique)로부터 출발해 불명예스러운 것, 혹은 사회적인 것으로 점차 연관되어 있다고 해석한다. 하지만 이 또한 정신분석학내에서 학자들에 따라 의견이 분분함을 지적하고 있다. 자넹은 이러한 다양한 이론적 논의들에도 불구하고 고전적 정신분석학은 초자아는 죄의식에 수치심은 자아 이상과의 관계에서 주로 기계적으로 바라보아 왔음을 지적하고 있다. 자넹은 이러한 고전적 정신분석학과 달리 현대의 정신분석학은 수치심은 내적인 것과 사회적인 것이 밀접하게 연관되어 있고 성적인 욕동이론 혹은 자기애에 대한 성찰과 깊숙이 연관되어 지면서 서서히 그 이론적 토대를 다지고 있다고 기술하고 있다. 결론적으로 그는 수치심을 대상 상실의 경험과 연관된 어머니와 아이의 이자관계로부터 비롯된 일차적인 수치심의 단계와 오이디푸스 콤플렉스와 연관된 이차적인 수치심의 단계에 대한 이론적 분리가 존재하지만 실제로는 수치심은 두 단계가 묘하게 얽혀있다는 점을 강조하고 있다.

자넹이 지적하듯이 정신분석학 내에서 수치심에 대한 이론적 주목이 본격적으로 이루어진 것은 비교적 최근에 이르러서이다. 여기에는 다양한 이유들이 있을 것이다. 우카이 사토시는 세르쥬 티스롱(Serge Tisseron)의 말을 빌려 수치심/부끄러움이 최근에 본격적으로 이루어진 이유에는 어떤 역사적 맥락의 과잉결정이 있음을 지적한다.(우카이 사토시(Ukai Satoshi), 〈어떤 감정의 미래-'부끄러움의 역사성〉) 그것은 부끄러움을 가족 형성의 외상에서 주로 설명하려는 전통적인 정신분석의 한계에 대한 비판과 정신분석의 언어적 전회 이후의 상대적으로 경시된 정서(affect)에 대한 새로운 이해의 필요성이 제기되고 있는 상황과 연관되어 있다는 것이다. (사토시는 이러한 흐름에서 앙드레 그린(André Green)과 니콜라 아브라함(Nicholas Abraham), 마리아 토록(Maria Torok)의 작업을 거론하고 있다. 포스트 프로이드의 프랑스 정신분석에서 라캉을 중심으로 한 정신분석 흐름과 함께 이들의 작업은 충분히 인상적인 성취를 이루어내고 있음을 그는 주목하고 있다.) 그리고 무엇보다 죄책감을 중심으로 수치심을 바라보는 정신분석학적 접근이 폭압적인 초자아의 아버지에 대한 이데올로기 비판에 중심을 두고 있었다면 현대 자본주의의 전 지구적 소비경제가 야기한 향락적 개인주의로부터 수치심에 대한 현대의 긴급한 윤리학적 차원의 요청이 안팎에서 제기되는 시대적 상황이 또 하나의 이유일 것이라고 지적하고 있다.

프로이드가 주목하듯이 수치심은 동물과 인간의 경계 사이에서 등장하는 존재 모순의 상처로부터 탄생하는 정서이다. 모든 독이 약의 기능을 지니고 있듯이 수치심은 인간을 자살에까지 이르게 하는 병리적 정서로 나아가기도 하지만 승화의 가능성으로서의 수치심은 인간이 자신을 발견하고 깨우치는 반성적 신호일 수도 있다. 이 문제에 대해서는 논문의 결론 부분에서 간략하게 되짚는 시간이 있을 것이다. 자넹의 글이 보여주듯이 정신분석학 이론에서 수치심을 둘러싼 논의는 대단히 복잡한 양상을 띠고 있고 이에 대한 세세한 분석을 행하기에는 필자의 능력과 물리적 지면이 허락하지 않고 있다. 논문의 제목이 예비하듯이 논문은 수치심을 타자의 시선과의 관계의 양상을 중심으로 규명하고자 할 것이다. 천상에서 지상으로 추방되자마자 인간은 무화과나무 잎으로 우리의 신체의 일부를 감추었다. 이와 같이 수치심은 어떤 시선의 응답으로서 주체가 겪는 정서(affect)에 대한 반응으로 나타난다는 점에서 시선의 문제와 밀접히 연관되어 있고 특히 자끄 라캉(Jacques Lacan)의 정신분석학은 이러한 맥락에서 우리에게 주요한 이론적 성찰 가능성을 제기하고 있다. 그런데 자끄 라캉(Jacques Lacan)에 따르면 우리의 옷들이 감추는 것은 부끄러움을 감추는 것만이 아니라 우리가 가지지 않은 것을 감추는 것이다. 라캉은 수치심을 이러한 존재의 결핍과 연관된 수치심의 존재론(hontologie)으로 확장하여 전개하고 있기도 하다.(Jacques Lacan, *Le Séminaire XVII*) 논문은 라캉의 이러한 수치심의 존재론을 라캉의 정신분석 체계 안에서 팔루스(phallus), 이미지, 시선(regard), 그리고 얼굴이라는 개념을 중심으로 해명해 나가고자 할 것이다. 라캉은 수치심을 상상적 상호주관성의 차원 속에서의 나타나는 시선의 문제로서 제기하고 있다. 지각적 차원의 대상이 아닌 시선은 라캉의 정신분석학에서 욕망의 원인으로서의 대상 a이며 팔루스의 개념과 밀접히 연관되어 있다. 논문은 예비적 단계로서 이러한 팔루스의 개념에 대한 해명 후에 관음증과 노출증에서 나타나는 시선과 수치심의 관계를 검토해 나갈 것이다. 그리고 거식증의 병리적 양상을 수치심과 시선의 문제와 연관 하에서 검토하면서 정신분석학적 치료론에서 얼굴(visage) 개념의 중요성을 결론적으로 제기하고자 할 것이다.

라캉에게서 이미지는 단순히 환영과 오류의 근원이 아니다. 이미지는 자신의 생존을 유지하기 위해 주체가 창조해내는 일종의 분신이기도하기 때문이다. 거울 앞에선 누구나 그 거울로부터 투명하게 비추어지는 자신을 확신하지 못하듯이 거울은 주체에게 항상 눈과 시선(regard) 사이에 어긋남을 던져주는 스크린으로 기능한다. 거울에 반영된 얼굴은 눈과 시선사이에서 구축되어지는 공간이자 나의 존재를 받쳐 주는 기표이지만 동시에 불안과 결핍이 잠재해있고 어떤 의미를 요구하고 있는 무엇이기도 하다. 많은 이들이 지적하듯이 라캉의 임상에서 정신병자는 실재의 상태 속에 가두어진 자이고 그래서 상징계로의 진입이 이루어지지 못한 자이다. 반면에 신경증자는 실재와의 대면이 부인되거나 연기된 채 욕망의 환상이 과도하게 투여되는 자아 이상/초자아의 환상 속에 시달리는 자이다. 여기에서 라캉 치료론의 중요한 쟁점으로서 거울단계에서의 이미지가 지닌 역할의 중요성을 다시 검토해야 할 필요성이 제기된다. 왜냐하면 논문은 얼굴이 실재의 불가능성과 상상계의 과도한 동일시를 너머 주체가 주체로서 살아가기 위해 구성하는 유동적 외양이자 허울로서 기능함을 적극적으로 사유하고자 하기 때문이다. 그래서 모든 주체가 삶 속에서 다양한 얼굴을 구성하듯이 끊임없이 유동하며 형성되는 그러한 내면의 구성적 장으로서의 얼굴의 개념을 주요한 치유적 개념으로서 논문은 결론적으로 제기하고 있다.

2. 수치심과 팔루스

많은 영화들이 보여주듯이 짝사랑하는 남자의 앞에서 얼굴이 빨개지는 소녀의 모습과 같이 부끄러움, 혹은 수치심은 불안할 때 몸에 땀이 나는 현상과 같이 마음과 육체가 동전의 앞뒷면처럼 연결되어 있는 정서이다. 그리고 안면 홍조증이 설명하듯이 육체와 욕망의 분리가 얼굴을 통해 연출되는 미묘한 신경증이기도 하다. 그런데 프로이드에게서 근원적 불안이 어머니와 아이의 관계에서부터 비롯되는 상실경험으로부터 나타나는 현상이라면 수치심의 정서는 구조적으로는 이러한 이자적 관계로부터 비롯되지만 불안보다 뒤에 형성되는 정서이자 사회적 성장 속에서 그 양태가 얽혀지고 변형되어 지는 복잡한 정서이다.

우선 프로이드의 논의부터 간략히 살펴보자. 사실 프로이드는 수치심 자체를 정신분석의 중요한 연구 대상으로 검토하고 있지 않다. 그리고 자넹에 따른다면 프로이드는 일차적 수치심과 이차적 수치심과의 경계를 명확히 하지 않은 채로 다양한 텍스트에서 수치심을 일별하고 있다. 우선『꿈의 분석』에서 프로이드는 깨어있는 상태에서는 부끄럽지만 많은 사람들의 꿈에서 발견되는 나체의 쾌감을 말하면서 인간은 어느 순간에는 노출되고 보여주고 싶은 어떤 소망이 존재함을 주목하고 있다.(지그문트 프로이트,『꿈의 해석』, p. 297) 또한 〈여성성〉에 관한 글에서 프로이드는 "특별히 유별한 여성적 특성으로 여겨지는 수치심도 사람들이 생각하는 것보다 훨씬 더 인습적인 것으로서, 거기에는 성기의 결점을 덮어 버리기 위한 보다 근본적인 목적이 있는 것으로 생각됩니다."(프로이트,『새로운 정신분석 강의』, p.178.) 라고 이야기하고 있다. 프로이드에 따르면 우선 부끄러움은 보여 지지 않아야 할 것을 감추는 것으로부터 온다. 그리고 이러한 생각으로부터 여성은 페니스가 부재하기에 결핍된 존재이고 이 결점을 덮기 위해 베일이 필요하다는 점에서 부끄러움은 여성에게 우세한 정서로서 프로이드는 이야기하고 있다.

우리의 논의에서 중요한 프로이드의 수치심에 대한 언급은 '꼬마 한스'에서 수치심과 억압의 관계를 설명하고 있는 부분이다. (프로이드는 어린 시절 고추를 드러내며 소변을 보기를 즐겼던 한스가 어느 순간 수치심을 느끼게 되면서 소변을 숨어서 보게 되는 데 이러한 과정에서 억압의 문제를 제기하고 있다. 프로이트,『꼬마 한스와 도라』, p.139.) 라캉은 프로이드의 '꼬마 한스'의 예에서 수치심과 팔루스(phallus)의 관계를 주목하면서 팔루스라는 개념을 중심으로 수치심을 여성만의 문제로 보는 것이 아니라 인간의 구조적이고 존재론적인 문제로서 바라보아야 함을 명확히 하고 있다.

우선 라캉에게서 팔루스는 프로이드적 의미에서 성적 기관으로서의 페니스와는 다른 개념이다. 팔루스는 이러한 기관의 기능, 즉 상상적이고 상징적인 기관이라 할 수 있다. 팔루스는 기의 없는 기표이며 이 기표는 욕망의 이유를 부여하는 특수한 기표이다. 하지만 "주체는 궁극적으로 무에 불과한 남근(생물학적인 차원에서는 여성에게는 없는 것이고 남성에게는 거의 없는 것으로 라캉은 이야기한다.)을 완벽한 만족을 매개하는 육체적 기관으로 승격(혹은 비하) 시킴으로써 결여를 메우려고 한다."(홍준기,『오이디푸스 콤플렉스, 남자의 성, 여자의 성』, p.63.) 상상적으로 혹은 상징적으로 팔루스는 존재하지만 그것은 실제로는 결핍(manque)된 무엇으로 "팔루스에 대해 주체가 갖는 입장 혹은 태도, 더 정확히 말하면 주체가 팔루스에 대해 갖는 구조적, 논리적 위치의 관점에서, 혹은 팔루스와 관련해서 각 주체가 취하는 향유의 방식에 따라 남녀"가 구분되어 진다.

라캉은 팔루스를 시각적 충동과의 연관 속에서 여러 번 설명하고 있는데 우리의 시각적 충동이 향하는 곳에서 발견되는 결핍으로서의 팔루스의 문제를 잘 보여주는 그림을 우선 살펴보도록 하자.

위 작품은 이탈리아 매너리즘 화가 안토니오 주치(Antonio Zucchi)의 〈에로스와 프시케〉라는 그림이다. 그림은 에로스와 프시케의 신화에서 신랑인 에로스의 모습이 궁금했던 프시케가 궁금증을 이길 수 없어 한밤중에 기름 등을 켜고 에로스를 보려 하는 순간 기름이 떨어져 에로스가 깨어나는 그 순간을 장면화하고 있다. 그런데 이 그림에서 프시케가 바라보는 것은 에로스의 얼굴이 아니다. 오히려 그녀의 시선이 향하는 곳은 에로스의 남근이고 주치는 이 남근을 꽃다발로 가리고 있는데 세부를 클로즈업한 그림을 자세히 보면 꽃은 에로스의 팔루스를 가리고 있다. 그리고 라캉은 이 그림의 중심에서 이 꽃다발이 감추는 것에서 남근의 부재를 주목한다. 즉 꽃다발이라는 스크린에 가려져 눈은 아파니시스(aphanisis : 사라짐)를 발견하게 되고 여기서

성은 사라짐이자 결핍으로 설명되며, 이 나타남과 사라짐의 움직임을 통해 욕망이 탄생한다는 것이다. 즉, 신화적 인물 프시케가 희랍어에서 영혼(l'âme)을 에로스가 욕망을 의미함을 상기한다면 이 그림이 포착하는 순간은 프시케가 에로스를 마주하는 순간으로 프시케는 Φ (moins phi) 라는 상징을 발견하는 주체의 탄생을 그려내고 있음을 라캉은 이야기한다.

> "내 자신이 여러 번 이야기 했듯이, 나는 기표의 결핍이 산출되는 자리의 상징으로서 그것을 Φ 라는 상징으로 지시했다.(...) 이 그림에서 (...) 모든 기표들 사이에서 Φ라는 상징의 특권이 드러나고 있다. 이 기표는 항상 숨어 있고, 감추어져 있다. (...) 욕망의 순수 기표와의 주체의 명명되지 않은 관계, 왜냐하면 그것은 이름 붙일 수 없고, 말할 수 없는 것이기 때문인데, 그 관계가 육체라는 건물 전체의 어딘가에 정확히 자리 잡힌 기관으로 투사되고 있다."(Lacan, *Le Séminaire, livre VIII, Le Transfert*, p.282/292.)

이러한 라캉의 사유에서 팔루스의 의미를 이해했을 때 우리가 서론 부분에서 이야기한 우리가 옷을 입는 이유는 부끄러움을 감추는 것만이 아니라 우리가 가지지 않은 것을 감추는 것이라는 말의 좀 더 깊은 의미를 이해할 수 있을 것이다. 라캉은 어머니의 가슴과 아이의 관계에서 어머니를 육체 전체로 인지하는 프로이드의 포르-다 게임의 단계에 대한 재해석으로부터 팔루스의 속임수가 드러나는 단계를 규명하고 있다. 이 단계는 바로 오이디푸스 이전 단계에 위치하는데 여기에서 등장하는 것은 팔루스를 가진 어머니가 아닌 팔루스가 존재하지 않는 어머니를 알게 되는 아이의 단계이다. 그런데 이 단계에서 아이는 팔루스의 술책(le leurre du phallus)을 기획한다.(Lacan, *Le Séminaire, livre VI, La relation d'objet*, p.351.) 아이는 그것이 있다는 듯이 보여주려 한다(donner-à-voir). 즉 어머니가 팔루스가 없다는 것을 발견한 아이는 어머니의 결핍을 우선 가리려고 하고 그리고 메우려고 한다. 이 단계에서 "아이는 술책의 상호 주관적인 변증법에 참여한다. 근본적으로 채울 수 없는 어머니의 욕망이라는 만족될 수 없는 것을 만족시키기 위해 아이는 그가 할 수 있는 몇 가지 방법을 통해 그 자신이 속임수의 대상이 되고자 하는 길에 참여한다. 메울 수 없는 이 욕망을 속이는 것이다. (이것은 아이를 팔루스로 대체하고자 하는 어머니의 편과 팔루스가 되고자 하는 아이의 편 양쪽에서 일어난다.)"(위의 저작, p. 71.) 아이는 자신을 어머니에게 팔루스로서 제공한다. 이 팔루스는 아이가 창출한 이미지이고 그러하기에 어머니와의 관계에서 자신의 자기애적 환상으로부터 탄생한 것이다.

라캉이 이자 관계에서 드러내는 것은 대타자(Autre)의 장소에 있는 결핍을 알게 되면서 이러한 어머니를 메꿀 수 있는 것의 팔루스의 이미지, 이 상상적 팔루스의 집요함이다. 그런데 어머니의 거세를 감추고 메우기 위한 이 팔루스는 상상적인데 왜냐하면 아이는 없거나(여자아이) 아주 작을 뿐이기 때문이다(남자아이). 이 대타자를 매혹시키기 위해서, 그의 사랑을 붙잡아 매기 위해서 아이는 팔루스의 상상적 이미지를 만들어낸다. 아마도 어머니와 아이의 관계가 지속적으로 서로의 팔루스의 결핍을 부정하고 서로가 서로의 결여를 메워줄 수 있다고 상상한다면 이 결핍은 당분간 감추어질 수 있고 아이는 '기만의 천국'에서 살 수 있으리라. 하지만 인간의 삶에서 이것은 불가능하다. 그 거짓말이 밝혀지는 순간, 즉 아이가 그 팔루스의 기능을 할 수 없다는 것이 대타자에게 드러나는 그 놀람의 순간, 이 주체의 팔루스가 무(rien)임이 드러나는 순간 대타자에 의해 주체는 박탈되고 아이는 근원적 수치심에 좌절하게 된다. 이와 같이 라캉은 수치심을 대타자의 시선의 응답으로서 팔루스를 둘러싸고 벌어지는 감춤과 드러냄의 놀이에서의 놀람의 순간으로 이야기하고 있는데, 이제 대상 a로 순환되는 시선의 문제를 통해 수치심의 문제를 해명해 보도록 하자.

3. 수치심과 시선 / 대상 a

라캉에 따르면 '거울 단계'론에서 조각난 육체의 아이는 처음으로 거울 앞에서 이미지와의 동일시를 통해 통합된 자아, 이상적 자아(ego idéal)를 오인을 통해 상상적으로 구성한다. 이 이미지는 그에 따르면 환희(jubilation)의 순간이자 인간의 삶에서 지속적으로 작동하는 행복의 환영적 기억이기도 하다. 그것은 성장 속에서 자기 망각되는 순간이지만 동시에 집요하게 존재하는 것이기도 하다. 그런데 라캉은 거울의 다른 측면, 이미지의 다른 측면에는 근원적인 유기적 혼란, 근원적인 좌절(détress), 생명의 찢겨짐의 불안이 존재함을 주목한다.(Lacan, *Ecrits*, pp.113-116. 유아의 좌절의 경험에 대해서 라캉은 프로이드가 〈억압, 증상 그리고 불안〉의 글에서 Hilflosigkeit(라캉은 이것을 détress로 번역하고 있다.) 로부터 제기되는 문제를 존재론적 불안의 개념으로 제기하고 있다.) 그것은 바로 혼란스런 상태로 존재하는 일련의 정서들(affects)로 이루어진 조각난 육체라는 실재(réel)이다.(여기에서 라캉의 실재에 대해 간단히 주목할 필요가 있다. 실재가 상상계와 상징계의 효과들에 의해 산출되는 현실(réalité)이 아님은 이미 많은 연구들에 의해 지적된 바 있다. 실재는 우선 상상계와 상징계 밖에 존재한다. 그것은 항상 같은 자리에 있는 것이며 말할 수 없고 상상 불가능한 것 이고 불가능성(l'impossible)이다. 실재는 하지만 기표를 통해(기표의 실패를 통해), 즉 기표의 연쇄인 상징계를 통해 (거기에는 구멍이 있다.) 가정될 수 있는 것이다. 그런데 라캉은 육체 역시 대타자와 실재와의 관계에서 사유해야 함을 주장하고 있다. 의학적 육체를 비판하면서(의학적 육체는 기능에 의해 작동하는 하나의 완결체를 구성하는 상징적 육체이다. 그런데 라캉에게는 항상성의 원칙을 거절하고, 또한 쾌락의 원칙을 거절하는 육체의 이상한 운동이 존재한다.)정신분석학적 관점에서의 육체를 설명하는 다음 글에서 라캉은 "육체는 기표의 작용에 의해 스스로를 대타자를 맞이할 준비하고 있다. Le corps fait le lit de l'Autre par l'opération du signifiant."라고 말하고 있는데 여기서 육체는 대타자의 욕망의 대상을 표상하는 은유로서 정의된다. 우리는 라캉에게서 세 가지 육체를 생각할 수 있을 것이다. 상징계의 육체는 주이상스를 비우고 분리하는 상징계의 작용에 의한 육체, 거울 단계에 나타나는 조각난 육체에 일관성이라는 생각을 부여하는 상상적 육체, 그리고 살아있는 육체이자 대타자의 주이상스의 육체로서의 실재의 육체가 그것이다. 육체를 이렇게 임의적으로 세 차원으로 분리하였지만 RSI의 관계는 복잡한 얽힘 속에서 존재하며 육체 역시 이러한 구조적 관계로부터 바라보아야 한다. Lacan, ≪Conférence donnée à l'institut français de milan≫, in *Scilicet* n° 1 pp.51-59) 아이가 거울을 통해 구축하는 이미지를 통해 조각나고 찢겨진 정서들은 통합하고 이러한 이미지에의 동일시를 통해 아이는 근원적 불안으로부터 자신을 방어하게 된다. 그래서 이러한 거울단계에서의 일차적 동일시에 의해 환영적으로 탄생하는 이상적 자아로서의 이미지는 아이를 구원하는 이미지이지만 항상 실재와 상징계의 길 사이에서 흔들리고 있다.

그런데 라캉은 이 이상적 자아는 자아가 스스로를 대상으로 여기는 자아이자 동시에 대타자의 시선 속에서 그 응답을 찾는 기능을 수행함을 주목하고 있다. 거울단계가 나와 타자를 구분하기 시작하는 단계라는 점에서 아이는 자기가 발견하게 된 이미지들이 타자에게도 동일시되고 인정될 수 있는지를 타자의 눈을 통해 확인하려 한다. 하지만 그 눈은 모호한 눈이자 주체에게 두려운 낯설음(inquiétante étrangeté)을 야기하는 눈이기도 하다. 그래서 라캉의 거울 단계의 이미지가 드러내는 사실은 근원적으로 존재하는 시선의 매력과 동시에 그 불안이기도 하다. 아이가 거울 그리고 어머니의 눈에서 발견하는 것은 투명한 거울의 반영이 아니라 보는 것의 어떤 불가능성이자 결핍이다. 그래서 눈으로부터 시선(regard)의 탄생이 진행된다. 라캉에게 시각(vision)과 시선(regard)은 분열되어 있다.(라캉은 이 저작에서 모리스 메를로-퐁티(Maurice Merleau-Ponty)의 『가시성과 비가시성 Le visible et l'invisible』을 중심으로 시선의 문제에 대한 정신분석학적 논의를 그의 대상 a 개념을 가지고 전개하고 있다. Lacan, *Les quatre concepts fondamentaux de la psychanalyse Livre XI*, pp.83-89.) 시선은 해부학적인 눈이 포착하는 시각을 너머 있는 것으로 욕망을 추동하는 것이지만 어떤 대상으로 고정되는 것은 아니다. 시선은 라캉에게서 그것을 너머 붙잡을 수 없는 무엇으로 존재한다고 할 수 있다.

그런데 라캉은 여기서 시선을 대상 a와 연관시켜 정의한다. 라캉의 대상 a의 개념은 대단히 복잡한 개념으로 그의 사유가 상상계(imagimaire), 상징계(symbolique), 실재(réel)에 대한 관심의 변화에 따라 진행되어 왔다고 평가되듯이 대상 a는 세 개념(RSI)의 관계에 따라 다르게 정의되는 개념이다. 우리는 서론에서 수치심이 불안보다 늦게 나타나는 정서(affect)임을 이야기한바 있다. 라캉은 불안을 인간의 존재론적이고 구조화된 정서로 이야기 하면서 그것을 일종의 대상으로 이야기하고 있다.(정신분석적 의미에서 대상은 필연적으로 어떤 사물이나 물건을 의미하는 것이 아니다. 그리고 내적 혹은 주관적 존재와 대립되는 것도 아니다. 라플랑슈와 퐁탈리스는 프로이트에게서 이 대상이라는 개념을 마음의 불꽃, 원한 등등의 정념과 같은 대단히 넓은 개념으로 이해할 것을 제안한다. 정신분석학에서 대상은 인식적 개념에서의 객관성을 의미하기 보다는 대상이 충동 혹은 욕망의 대상이란 의미에서, 즉 지각적 대상이나 과학적 대상이라는 의미가 아닌 대상으로서의 대상성(objectalité)이란 의미에서 이해되어야 한다. 그래서 충동 혹은 욕망의 대상은 정신분석학에서 환영적 대상이 근본적임을 말하는 데로 나아가게 된다.) 라캉은 불안을 기표로서 포착할 수 없는 대상으로서 이야기 하고 있는데 대상 a는 욕망과의 운동이라는 관점에서 본다면 기표로 붙들어 매어지지만 항상 무엇인가가 남겨지는 잔여이기에 포착 불가능한 불가능성의 실재이고 이상한 향락과 연관된다는 점에서 주이상스 응축물(plus-de-jouir)이라고 할 수 있다. 라캉은 주이상스의 응축물과 연관된 대상들로 가슴(입), 똥(항문), 시선(눈) 그리고 목소리들을 주요한 네가지의 예로 들고 있다. 이것들은 육체의 조각들로서 대타자와 함께 이루어지는 작업 즉, 어머니와 아이가 함께 나누는 쾌락의 대상이다. 하지만 이것들은 그것의 아이의 생의 초기에서부터 생물학적, 본능적 차원을 잃어버리고 걸치기(étayage) 개념이 보여 주듯이 관계적 망 속에 들어가는 것이기도 하다.

라캉이 시선을 대상 a와 연관시킨 이유는 시선에는 시각으로부터 탄생하지만, 즉 우리의 육체의 부분 대상인 눈으로부터 잘려지고 육체와 분리된 무엇인가에 아이가 매혹되고 있다는 사실이 존재하고 있다는 점이다. 그래서 이 욕망의 장으로서의 이미지인 그림(tableau)에는 항상 기하학적 시각과 사물이 주체에게 되돌려주는 어떤 무엇의 교환 사이에서 가림막이기도 한 스크린이 형성된다는 사실이다. 즉 대타자와 주체사이의 매개의 장소로서 스크린의 핵에는 대상 a가 자리 잡고 있다는 것이다.

라캉에 의한다면 욕망의 대상은 각자의 판타즘 속에 있다. 어떤 의미에서 각자의 판타즘의 존중 사이에서 사랑의 가능성이 존재하는 것이기도 하다. 이 판타즘이 깨지는 순간에 사랑에 참여한 주체는 배반감과 절망에 신음한다. 이 판타즘이 깨지는 순간은 또한 팔루스로 존재함(여성)을 혹은 팔루스를 소유하고(남성) 있다는 팔루스의 술책이 드러나는 순간이자 각각의 주체에게 깊은 수치심을 야기하는 순간이다. 스탕달이 〈연애론〉에서 여성은 욕망과 새침함 사이에 정확한 거리를 두어야만 한다고 지적하듯이 부끄러움은 감춤과 드러남의 긴장 사이에서 존재하는 것이고 이 긴장에 대한 타인의 존중을 요구하는 것이다. 독특한 페티시즘이 있는 사람과 정상적인 사람과의 사랑을 가정해보자. 이 둘의 사랑은 독특한 페티시즘이라는 고유한 성적 상징계를 지니고 있는 자에 대한 정상적인 자(그(그녀) 역시 고유한 성적 상징계를 지니고 있을 것이다.)의 수락에 따른 약정이 있을 경우에 가능하다. 그래서 항상 이 약정이 깨질 경우 주체는 배반감, 수치심에 힘들어 하는 것이기도 하다. 그런데 이 약정이 깨지는 것은 어떤 시선에 의해서이다. 그 시선은 시각적인 차원을 너머 있기에 볼 수 없는 것이고, 동시에 욕망의 운동이 추동되는 것이자 표상의 형상들인 그림에서 우리의 시각이 본 것으로부터 미끄러져 지나가는 것이며 주체들 사이의 가면의 놀이에 핵심을 구성하는 것이다.(Lacan, *Les quatre concepts fondamentaux de la psychanalyse*, pp.83-89.) 라캉은 그래서 사르트르의 『존재와 무』에 나타난 수치심에 대한 사르트르의 글은 "수치심, 부끄러움에 대한 현상학으로 타자의 시선에 의해 산출된 특이한 수치심과 연관된 두려움"을 서술하고 있음을 주목한다. 그리고 수치심의 현상학이란 "상상적 상호주관성의 차원 속에 존재한다. 그것은 타인이 나를 보는 것을 내가 보는 이중의 응시이고 거기에서 어떤 제삼의 개입자는 보이는 나를 본다. (...) 단지 내가 타인을 보는 것만이 아니다. 나는 나를 보는 그를 보며 어떤 보는 자(voyant)는 나를 본다. 그것은 제 삼의 항(보는 자)을 내포하는 데 즉 그는 내가 그를 보는 것을 알고 있다."라고 이야기 하고 있다.(Lacan, Les *Ecrits Techniques de Freud*, p.332.)

아마도 관음증과 노출증에 대한 예는 시선과 수치심에 관계에 관한 예를 가장 잘 보여주는 예일 것이다. 라캉은 시선을 축으로 벌어지는 상호 주관성의 변증법이 드러나는 중요한 예로 관음증과 도착증을 다음과 같이 제시하고 있다. 시각적 충동이 도착으로 나타나는 관음증에 관해, 라캉은

"관음증은 어떻게 진행되는가? 보는 자의 행위의 순간에 주체는

어디 있고 대상은 어디 있는가?(...) 주체는 도착증자로서 원환의 끝에 위치한다. 원환은 대상의 주위를 돈다. 대상은 미사일이고 미사일은 도착하여 과녁을 타격한다. 대상은 여기서 시선이다. 시선은 주체인데 그를 타격하여 정확히 과녁에 맞추어 버린다."(Lacan, *Les quatre concepts fondamentaux de la psychanalyse*, p.204.)

욕망의 원인(대상 a)이 욕망의 조건이라면 관음증자에게 시선은 욕망의 운동의 절대적 조건이다. 그 시선은 무엇인가? 그는 대타자가 결핍되어 있다는 것을 인정하지 않는다. 관음증자는 시선을 통해 타자의 내밀한 무엇을 자신이 노출되지 않는 다는 조건하에서 타자를 욕망의 시선으로 담고자 한다. 그는 타자의 이미지 속에 그것이 아무 것도 아님을 부인한 채 외양 너머 무엇이 있음을 지속적으로 추구하는 자이다.

노출증자의 경우를 살펴보자. 노출하는 행위의 기술은 그 주체가 타자가 가지지 않은 무엇인가를 보여주는 것에 있다.

그는 "이 드러냄의 행위를 통해 노출증자는 타자를 단순한 시각적 매혹 속에서 존재하는 것과 거리가 먼 무엇인가 속에 포획하고자 하는 것이다. 그리고 그는 타자가 지니고 있지 않다고 가정되는 무엇인가를 드러내는 쾌락의 행위를 통해 타자가 결핍된 무엇인가 속에 몰입시키는 것이고 동시에 수치심 속에 관여시키는 것이다."(Lacan, *Le Séminaire, livre VI, La relation d'objet*, p.272.)

노출증자가 찾는 것은 시선이 나타나는 순간, 여성이 비명을 지르는 그 순간이다. 노출증자는 그냥 목격자일 뿐인 타자가 부끄러워하거나 놀라기를 바란다. 어떤 의미에서 사실 그 사람은 누구여도 되는 사람이다. 외설이 주체의 욕망의 이면을 드러내듯이, 노출증자의 도착적 행위는 수치심의 이면이자 시선이 드러내는 대상 a의 의미를 드러내는 것이기도 하다. 라캉의 표현에 따른다면 노출증자가 의도하는 것은 대타자의 장속에서 시선이 나타나게 하는 것이기 때문이다. 그래서 노출증자는 대타자의 장에서 어떤 주이상스를 포착하고자 하는 도착의 주체이기도 하다. 노출증자는 위에서 설명한 팔루스를 두고 벌어졌던 어머니와 아이의 관계에서 대타자의 시선을 그 자신의 욕망의 시선, 즉 자기의 팔루스를 인정하기를 바랬던 그 욕망의 시선으로 대치하면서 대타자를 되찾아 오기를 갈망한다. 그 자신이 연출하는 허구적 연극의 주연 배우로서 그는 대타자가 행한 배반으로부터 겪었던 그 수치심을 노출을 통해 회복하려 하는 자이자, 다시 대타자로부터 인정받고 싶어 하는 자이다. 반면에 관음증자는 열쇠구멍 사이로 보는 장면으로부터 어머니와의 상상적 합일 불가능성을 부인하며 여전히 그 소유의 환상을 꿈꾸고 있다. 도착의 이 두 양태에 대해 라캉은 죄 없는 자이기도 한 그들은 대타자가 존재하기를 바라는 자라고 서술하고 있다. 그리고 그들은 대타자의 구멍을 매우기를 위해 노력한다는 점에서 대타자의 귀환을 믿는 신자라고 주목하고 있다.

라캉에 의하면 결핍의 팔루스를 부인한 채 주체가 팔루스의 술책의 운동에 들어가는 순간 주체는 구조적으로 존재론적으로 자기애적 상처를 받게 되어있다. 어머니는 아이의 요구에 응답하는 어머니이자 동시에 다양한 욕망이 부여된 여자이자 인간이다. 자기애적 상처는 대타자의 욕망을 욕망하는 주체가 대타자의 시선에 의해 그 주체의 거세라는 결핍이 드러나는 순간에 발생한다. 외출에서 돌아온 어머니가 학교에서 백점을 맞은 시험지를 보여주는 아이에게 무덤덤하게 잘했어 하고 대답하는 순간 아이가 꿈꾸었던 팔루스의 응답으로서의 시선대신에 어머니의 시선의 애매함(결핍된 시선)에 아이는 상처를 받게 된다. 그리고 아이는 수치심을 느끼게 된다. 수치심은 그래서 상상적 팔루스에 의해 형성되었던 아이의 어떤 자신의 이미지가 추락하는 순간이기도 하다. 이 추락이 너무나 심각하게 되는 경우 인간은 수치심에 의해 죽을 수도 있고 더욱이 산다는 것 자체의 수치심(honte de vivre)을 느낄 수도 있다.(Lacan, *Le Séminaire XVII, L'envers de la psychanalyse*, p.220.)

현상학적으로 본다면 성적 도착증자에게 의식적 차원의 부끄러움은 거의 부재하고 있다. 자넹은 파슈(Pasche)의 논의를 다음과 같이 주목하면서 도착증에 대해

> "도착증자는 타인을 그 총체성으로 지각하거나, 그를 인정하거나, 혹은 그를 사랑하는 것, 그리고 사랑받는 것을 거부한다. 그래서 도착증자는 스스로 자신의 인격을 타락시키는 것에서 자신의 주이상스를 발견한다. 수치심은 자주 도착의 대가로서 존재한

다."(Janin, p.1693.)라고 주목하고 있다.

자넹이 지적하듯이 도착증자의 행위는 자가 성애적이고 근원적으로는 피학적인 판타즘이다. 사르트르는『존재와 무』에서 자신이 대상을 바라보는 시점에서 대상이 나를 바라보는 순간 대상으로 환원된 나를 발견하는 순간 수치심을 느꼈음을 이야기 한다. 다시 되돌아온 시선에 의해 수치심을 느꼈다면 그것은 대상으로 환원된 나, 즉 시각적 충동으로 환원된 나를 발견했기 때문이다. 정신분석에서 충동은 때로는 본능으로도 해석되는 용어이기도 하고 라캉에 따른다면 부분 충동은 오직 만족을 위해 떠도는 운동이자 그 의미를 찾지 못한 승화되지 못한 리비도이기도 하다. 관음증이나 노출증에서 수치심을 발견한다면 그것은 충동으로 환원된 인간, 순수한 섹스로 환원된 인간을 우리가 발견하기 때문이다. 아마도 그 순간은 많은 포르노 영화에서 보여주는 상투화된 장면에서의 어떤 이상한 느낌이기도 하다. 포르노 영화에서 행위를 연기하는 여배우는 보통의 영화에서 금지된 정면의 시선을 향한다. 이 정면의 시선은 관객을 시각에서 가장 현실적인 감각인 촉각으로 전환시키는 것이다. 하지만 이 순간은 일종의 브레히트적 소격효과로서 기능하기도 한다. 그래서 관객은 이 순간에 이상한 불편함을 느끼기도 하는데 그 이유는 관객이 그 순간 환상으로부터 현실을 마주하기 때문일 것이다. 육체로 환원된 그들에게서 우리는 환상의 측면을 택할 수도 있고, 누군가의 시선을 감지할 수도 있으며, 혹은 벌거 벗겨진 인간들의 스펙터클에서 인간과 동물의 그 경계를 확인할 수도 있다. 결론적으로 말한다면 수치심은 이러한 선택들의 중핵 속에 위치하고 있는 것이라 이야기할 수 있을 것이다.

4. 육체의 수치심 – 거식증

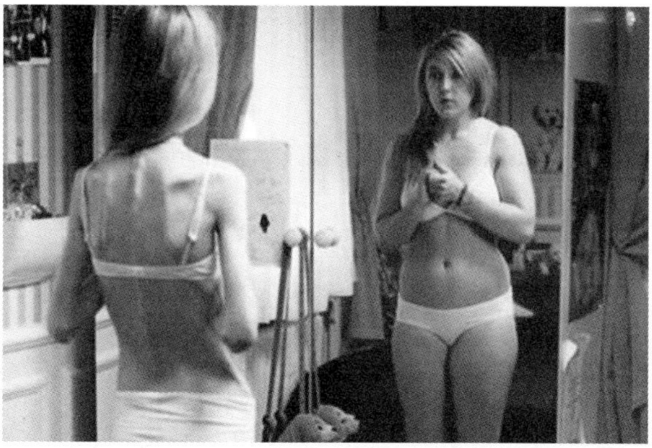

위의 사진을 보자. 사진 속에 소녀는 거울을 통해 무엇을 보는 것일까? 위 그림에서 수치심은 어디에 있는 것일까? 거울의 바깥에 거식증에 걸린 한 소녀가 있다. 그 소녀는 해골과 같은 죽음의 형상과 같은 모습으로 거울 밖에 서 있다. 우리는 그녀의 뒤 모습만을 볼 수 있을 뿐이다. 그리고 거울 속에는 수줍게 손을 모은 채 현실의 소녀를 바라보는 뚱뚱한 소녀의 시선이 있다. 소녀의 실재와 반영의 이미지 사이에는 공백의 공간이 자리 잡고 있다.

임상이 보고하듯이 폭식증이 남자에게 지배적이라면 거식증은 주로 여성들에게 지배적인 증상이다. 거식증에 걸린 소녀를 인위적으로 연출해놓고 있는 위의 이미지는 현대 시대의 매체에 의해 생산되는 미적 이상으로서의 이미지와 그 이미지의 불가능성에 소진되고 있는 어떤 소녀의 이미지로 일단 읽힐 수 있을 것이다.

그런데 잠시 카프카의 〈단식 광대〉라는 작품을 살펴보자. 짧은 그 소설은 다음과 같이 이야기하고 있다. "그때는 도시 전체가 단식 광대에 대해 관심을 보였다. 단식하는 날이 하루하루 늘어날수록 관심은 더욱 높아졌다. 모두가 적어도 하루에 한번은 단식 광대를 보고자 했다. 나중에 가서는 종일 조그만 격자 창살 우리 앞에 죽치고 앉은 예약 신청자들도 있었다.(...) (의심이 되어) 관객이 뽑은 감시인들도 있었다. (...) 알 만한 사람들은 모두 단식 광대는 단식 기간에는 결코, 어떤 일이 있어도, 강요를 당한다 하더라도 음식물을 먹지 않으리라는 것을 잘 알고 있었다. 그의 예술의 명예가 그것을 금지시키는 것이었다." 사람들은 점차 단식하는 그를 잊어갔고 결국에는 그만이 단식하는 자이자 동시에 단식에 만족하는 관객이 되었다. 그런데 그는 안타깝게도 그 일로 만족을 느껴본 적은 없었다. 왜냐하면 그는 말하기를 "저는 제 입에 맞는 음식을 발견하지 못했기 때문입니다. 만약 제가 그런 음식을 찾아낸다면, 이런 이목을 끄는 짓은 하지 않았을 것이고 당신이나 다른 모든 사람들처럼 배불리 먹었을 것입니다." 라고 고백하면서 마지막 숨을 거둔다.(프란츠 카프카, 「단식 광대」, pp.165-182.) 카프카의 〈단식광대〉는 거식증자의 피학증과 대타자와의 관계에 대한 많은 시사점을 던져주는 작품이다.

라캉은『가족 콤플렉스』에서 이유(離乳)콤플렉스(Le complexe de sevrage)에 대해 주목하고 있다.(Lacan, *Les complexes familiaux*, 거식증에 관한 라캉적 해석에 따른 임상의 예들에 대해서는 다음의 글을 참조했다. Gilbert Hubé, ≪L'anorexie mentale, impasse de l'envie」≫,) 그런데 라캉이 거식증에서 주목하는 것은 대단히 복잡하다. 우선 충분히 수유 받지 못해 완전한 만족을 얻지 못한 아이가 이유 콤플렉스를 통과하는 도중에 갑작스럽게 침입한 동생을 맞이하게 된다. 이유 콤플렉스 단계에 있는 아이는 동생이 만족한 상태에서 어머니의 젖가슴에 들러붙어 있는 모습을 본다. 그런데 라캉이 거식증에서 주목하는 것은 이러한 유년기의 형성과정과 오이디푸스 콤플렉스 시기와의 이상한 결합이다. 아이는 이유의 과정에서 만족되지 않는 결핍의 경험을 하게 된다. 위에서 우리가 살펴본 이상적 자아의 환희 대신에 거식증의 아이는 반쯤 만족된 상태에서, 즉 우리가 위에서 설명했던 조각난 육체의 경험이 상상적 육체로 통일되지 않은 채 다음의 상황을 맞이하게 되는 것이다. 동생이 태어났고 아이는 동생이 어머니의 가슴속에 행복하게 매달려 있는 것을 본다. 동생에 의해 그 자리에 있어야 할 자신 대신 다른 아이가 어머니의 가슴에 매달려 있는 것을 본다는 것이다. 라캉에 따르면 그 행복의 이미지에 대한 아이의 시선은 invidia의 시선, 탐욕(voracité)의 시선이다.(라캉은 invidia ('그 자리에 없는 것에 대해 탄식을 하다.'라는 의미의 라틴어)가 videre ('보다'라는 의미의 라틴어)에서 유래하고 있음을 지적하고 있다. Lacan, *Les quatre concepts fondamentaux de la psychanalyse*, p.131.) 탐욕(voracité)이라는 말로 라캉은 거식증 증상에서 나타나는 구강적 충동과 시각적 충동의 연관성을 미묘히 암시하고 있다. 이 이미지에 대한 시선으로부터 아이는 미래에는 몸과 이미지가 통일되는 완전함의 상태가 도래 할 것이라는 기대 속에서 성장하며 이 이미지를 기대하며 아이는 상징계에 진입하게 된다.

라캉의 복잡한 이야기를 정리한다면 아이는 이유의 과정에서 불충분한 만족에 의해 강제적으로 어머니로부터 박탈당한다. 이 박탈로부터 아이는 결핍의 경험을 얻게 된다는 것이다. 이 과정을 통해 아이는 이상적 자아의 손상을 입게 된다. 게다가 동생의 탄생으로부터 아이는 이상한 이미지를 질투와 욕망이 결합된 그러한 시선으로 바라본다. 동시에 어머니 가슴에 들러 붙어 있는 동생의 모습으로부터 미래에 지금의 결핍을 메울 이미지를 상징화하게 된다. 어떤 의미에서 아이는 조각난 육체에 통합적 기능을 제시하지 못하는 상상적 육체의 빈곤한 이미지와 수동적으로 바라본 상징적 육체의 이미지의 과정이라는 모순된 갈등의 과정 속에 위치해 있는 것이다. 그래서 거식증의 아이를 특징짓는 이미지는 몸과 정신이 분리된 그러한 이미지이다. 그래서 라캉은 이 자아 이상의 이미지가 유령(double)과 같은 것으로 육체와 분리된 무엇으로 작동한다고 이야기하며 이러한 형성과정을 거식증의 무의식적 형성과정으로 가설화한다. 여기서 잠시 아브라함 토록(Abraham Torok)의 함입(incorporation)의 개념을 살펴볼 필요가 있다. 토록은 아이의 텅 빈 입(bouche vide)의 예를 통해 우유를 먹는 아이가 말을 배우게 되는 과정을 통해 서 텅 빈 입의 결핍을 언어를 통해 대치해 나감을 내사(introjection)라는 과정으로 설명하고 있다. 타자(어머니)가 이 역할을 제대로 수행하지 못할 때 아이는 입의 공백(vide), 은유적 의미에서 허기를 메꾸기 위해 상상적 사물을 삼키게 된다. 상상적 사물이 무의식 깊이 박혀 있는 것이 함입이며 이것은 상실에 대한 애도의 작업의 실패의 결과이기도 하다. 여기에는 타자로부터 받은 깊은 상처가 있으며 주체에게 비밀로 감추어지는 깊은 수치심이 존재한다.(아브라함 토록은 2차 세계대전 당시 유태인 포로수용소에서 살아남아 프랑스로 망명하여 활동한 정신분석가 이다. 그는 '함입'에 관한 장에서 다음과 같이 말하고 있다.

> "우리가 수치심, 은밀함에 대해 이야기할 때 누가 창피해야하고 누가 숨어야 할지에 대해 정확하게 말할 필요가 있다. 파렴치함, 치욕, 부당한 행위에 대해 죄를 무는 것이 주체인가? (...) 하나의 지하묘지(crypte-감추어진 내적 비밀)를 세우기 위해서는 수치스런 비밀이 자아 이상의 역할을 수행하면서 하나의 대상으로 존재해야만 한다. 그것은 자신의 비밀을 간직하는 것이고 자신의 수치심을 가리는 것이다. 애도가 (은유적) 말들과 함께 잘 수행되지 않는다면 그것은 수치심을 위해 사용된 은유들이(애도의 과정에서 환기 된다면) 이상의 상실에 의해 무효화되는 이유이다. 주체의 해결책은 수

치심의 효과를 비밀 속에서 쇠락되기를 기다리면서 폐기하는 것 뿐이다."(Abraham Torok, *L'écorce et le noyau*, Champs/Flammarion, 1987, p.267.)

거식증의 존재는 그래서 스스로를 버려진 존재로서 보고 있는 존재이다. 또한 주체는 어머니의 가슴에서 우유를 먹고 있는 동생을 향해 탐욕에 빠진 시선을 던지고 있다. 즉, 동생의 입과 어머니의 가슴사이에서 벌어지는 그 이미지에 대해 주체는 입을 벌린 채 그리고 탐욕의 시선으로 어떤 질문을 던지고 있다. 위에서 살펴보았듯이 거식증의 주체에게는 거울 단계를 통과하며 형성되었던 자기애적인 상상적 이미지가 제대로 존재하지 않는다. 그래서 거식증의 주체는 실재와 상징계의 관계가 형성되어지지만 좋은 형식의 장소로서의 육체의 상상계는 빈곤하게 존재하고 있다는 점이다.(라캉은 『세미나 13권, 신톰(Le sinthome)』에서 제임스 조이스의 문학세계를 정신분석학적 입장에서 분석하고 있다. 조이스는 어릴 적 구타를 당할 때 육체의 고통을 별로 느끼지 못하기도 했다. 그의 문학세계는 실재와 상징계의 연결만이 있고 상상계는 심각하게 파손되어 있다. 만약 조이스가 구원이 되었다면 그것은 글쓰기의 행위를 통해 가능했을 것이라고 질베르 위베(Gilbert Hubé)는 주목하고 있다. 그래서 거식증자에게 상징적 육체를 만들어 내는 것은 중요한 치료적 과제이기도 하다.)

라캉은 거식증은 무(rien)를 먹는다라고 이야기 한다. 시몬느 비너(Simone Wiener)의 해석에 따르면 이 무를 먹는다라는 것은 은유이다.(Simone Wiener, p.145.) 거식증자가 무를 먹는다면 그것은 그들의 육체를 참혹함까지 이끌게 하는 육체에 대한 수치심으로부터 무엇인가를 방어하기 위해서다. 음식물에 대한 거부, 타인이 음식을 먹는 것을 보면 나타나는 구토의 증상들은 육체에 달라붙어 있는 그들의 수치심을 드러내는 피학적 주이상스이다. 중독자가 끊임없이 탐닉하는 것은 비워진 육체에서 요구하는 충동의 순환이지만 대상 a를 통해 그것은 만족될 수 없다? 위 그림에서 소녀는 거울 속에 무거운 육체를 본다. 이 무거운 육체는 끊임없이 비워져야 한다. 토록의 말에 따른다면 함입된 그의 상상적 육체를 위해, 모든 주이상스로부터 깨끗해진 어떤 육체를 가지기 위해, 그래서 관음증과 노출증의 주체가 결여를 메꾸어야 할 대타자가 존재함을 믿는 신자라고 한다면 거식증의 대타자는 모든 학대에도 노예가 주인의 주이상스를 위해 섬기듯이 대타자의 명령에 따르는 그러한 육체이다. 비너는 "거식증자의 시선의 차원은 내면화된 미적이상에 의해 현존한다. 하지만 그것은 그의 육체의 시각이 불러일으킬 수 있는 두려움을 감수함에도 불구하고 그것은 결국 타자의 시선의 요구이기도 하다. 하지만 타자의 시선이 실존적 생존을 보장하는 것이라 할지라도 아마도 이 주체는 육체적인 그의 이미지의 현실을 볼 수 없을 것이다."(시몬느 비버, p. 147.) 거식증자가 느끼는 육체에 대한 수치심으로부터 카프카의 〈단식광대〉가 먹고 싶었던 그 맛의 음식을 찾아내는 것, 그 어려운 과제가 치료의 창조적 공간에 놓여 있음을 비너는 주목한다. 비너는 주목하기를 현대의 이미지 문화의 폭압적인 확산으로부터 더욱 확산되어 가는 이러한 거식증의 증상에서, 그 거식증의 소녀들에게 필요한 이미지가 현대사회의 이미지 문화의 모델에서 발견될 수 없음을 명확히 한다.

5. 수치심의 가능성과 얼굴

70년대에 라캉은 수치심을 존재 질문과 연결시키는데 철학의 존재론의 용어를 특이한 그만의 일종의 말놀이로 변형하여 'hontologie'라는 말을 사용하고 있다. 이 수치심의 존재론이란 존재 자체와 연관된 수치심이라는 정서(아펙트)의 문제이다. 그것은 팔루스를 소유하려는 것에의 결핍이 아니라 존재로의 결핍, 즉 임상적 작업을 통해 드러나는 산다는 것의 수치심으로 불리는 것이기도 하다. 여기서 수치심이란 자신의 존재에 의해 당황하게 된, 혹은 존재 그 자체의 결핍에 의해 당황하게 된 주체이기도 하다. 그래서 수치심이란 말하는 존재의 조건이자 너무나 많은 충동을 가진 무거운 (육체) 존재의 수치심이자 동시에 존재한다는 사실의 결핍으로서의 수치심이다. 당황하게 된 주체, 무로부터 당황하게 된 주체, 자신의 육체로 환원된 주체 이 모든 주체는 말하는 주체이다. 존재의 당황함 앞에서 아무 말이나 하는 존재가 아니라 단순한 기표의 효과에 떠도는 주체가 아니라 존재는 바로 어떤 의미화를 요구하는 자이다. 아마도 우리가 거울을 바라보는 이유는 그러한 말함의 무언의 행위일 것이고 이 무언의 행위로부터 나의 정체성의 안정성을 찾고자 하는 노력일 것이다. 여기서 부끄러움의 가치가 등장한다. 프로이드가 위험을 예견할 때 불안신호라는 것이 존재한다고 하듯이 부끄러움은 수치의 나락으로 떨어지기 전에 우리에게 존재로서 살아가야 한다는 어떤 윤리를 지켜야 한다는 신호이기도 하다.

수치심은 스스로가 나체라는 사실을 깨닫는 순간 비로소 생겨나는 것이다. 하지만 우리는 의사 앞에서 나체가 될 때 부끄럽지 않을 수 있다. 우리에게 어떤 병이 있다는 것, 결점과 흠이 보여질 수 있다는 것, 단 그것에 대해 무치(無恥)하는 것이 아니라 그것으로부터 놀라고 깨닫게 될 때 수치심은 우리에게 중요한 윤리적 가치로 되돌아 올 수 있을 것이다. 여기서 잠시 질베르 위베가 그의 글에서 적고 있는 거식증자의 말을 들어보자.

> "(환자는 말하기를) 그것들을 바라보면서 어떤 것도 느껴지지 않아요.(...) 나는 색들을 봐요, 하지만 그것은 어떤 것도 생각나게 하지 않아요. 시선은 죽었어요. 나는 얼룩들을 보고 어떤 얼굴들을 보아요. 나는 아무것도 볼 수 없어요. 어떤 것도 의미를 주지 않아요."(시몬느 비버)

환자의 고백 속에는 시각은 존재하지만 시선은 결핍되어 있다. 본다는 행위는 어떤 의미도 없고 그것은 어떤 시선에 의해서도 유혹되지 않고 있다. 사물들은 그녀를 더 이상 응시하지 않고 있다. 여기서 논문은 얼굴이라는 개념을 중요한 인문치료의 가능성으로 제시하고자 한다. 라캉은 타자(어머니, 아버지, 형제, 자매)와의 만남에서 형성되는 외양으로서 상블라블(semblable)이란 개념을 일종의 이상적 자아의 형식으로 제기한 바 있다. 상블라블은 다른 모습들(타자들)에서 스스로를 위치시키는 외양이라 할 수 있을 것이다. 라캉은 이러한 이미지(상상계의 맥락에서)의 기능의 필연성과 그것의 기만적인 가능성을 동시에 지적한다. 라캉이 기만의 가능성에 지속적으로 경계를 표했다면 그 이유는 아이가 거울 속에 투영된 이미지로부터 대타자의 확인을 받고자 하는 인간의 욕망과 상실을 부정하는 자기애적 환상의 집요함이 인간에게 지속적으로 나타나고 있다는 사실 때문일 것이다. 하지만 상블라블은 비슷하다는 의미이지 동일하다는 의미는 아니다. 그 이미지에는 거부하고 싶은 낯섬과 이상함이 동시에 존재하고 있기 때문이다. 얼굴은 당연히 스펙터클의 사회가 조장하는 아름답고 멋있는 외양으로서의 얼굴을 이야기 하는 것이 아니다. 논문이 주장하고자 하는 거울에 반영된 얼굴은 눈과 시선사이에서 구축되어지는 유동적인 공간이다. 그것은 세월 속에서 변화되는 얼굴에 대한 나의 다른 모습에 대한 질문이기도 하다. 지오르지오 아감벤(Giorgio Agamben)은 "얼굴은 진리를 위장하고 감추는 무엇이라는 의미에서 시뮬라크르(simulacre)가 아니다. 얼굴은 얼굴을 구성하는 다양한 모습들(faces)이 함께 어우러진 존재(l'être-ensemble)로서의 시뮬타스(simultas)이다. 얼굴의 진리를 포착한다는 것은 닮음이 아니라 모습들

(faces)의 동시성(simultaneité)과 이것들을 함께 유지시키고 결합시키는 불안한 힘(puissance)들이다."라고 주목하고 있다.(Giorgio Agamben, *Moyens sans fins—Notes sur la politique*, pp.111-112.)

어쩌면 얼굴에 대한 마주섬은 인문치료의 최종적 과정에 속하는 것일 수도 있다. 다만 다양한 얼굴들 속에는 부끄러움, 수치, 분노, 불안 등등 수많은 정서들이 복잡한 방식으로 드러나 있고 또한 얼굴은 주체의 증상이라는 의미에서 다양한 성찰적 가능성을 인문치료에 던지고 있다고 생각한다. 얼굴이라는 이 개념을 중심으로 이미지를 활용한 인문치료의 가능성을 모색하는 것이 필자의 의도이기도 하다. 추후의 연구 속에서 이러한 과제를 약속하는 것으로 이 글을 마치고자 한다.

■ 이 글은 필자의 논문 〈수치심과 시선 - 라캉의 수치심에 대한 고찰〉(『인문과학연구』 제48집 2016. 3 : 357-382)을 수정 보완한 것이다.

■ 참고문헌 ■

André Green, ≪Passivité–passivation : jouissance et détresse≫, in *Revue Françaisepsychanalyse*, n 63, P.U.F, 1993.

Claude Janin(2003), ≪Pour une théorie psychanalytique de la honte≫, In *Revue Française de Psychanalyse*, Paris : P.U.F., tome LXVII, numéro 5.

Gilbert Hubé, ≪L'anorexie mentale, impasse de l'envie」≫, in *La clinique lacanienne*, 2003/1 (no 6). Éditeur : ERES.

Giorgio Agamben, *Moyens sans fins–Notes sur la politique*, Rivages poche Petite Bibliothèque, 1995.

Jacques Lacan, *Écrits*, Seuil, Points, 1966.

____________, *Le Séminaire VI, La relation d'objet*, Seuil, 1994.

____________, *Le Seminaire VII, L'éthique de la psychanalyse*, Seuil, 1998.

____________, *Le Séminaire VIII, Le Transfert*, Seuil, 1991.

____________, *Le Séminaire X, L'angoisse*, Seuil, 2004.

____________, *Le Seminaire XI, Les quatre concepts fondamentaux de la pscdhanalyse*, Seuil, 1973.

____________, *Le Séminaire XVII, L'envers de la psychanalyse*, Seuil, 2001.

____________, *Le Seminaire XXIII, Le sinthome*, Seuil, 2005.

____________, *Les Ecrits Techniques de Freud*, Seuil, 1975.

____________, ≪Conférence donnée à l'institut français de milan≫, in S*cilicet n° 1*, pp. 51–59

Schneider, M. (1996), ≪Le franchissement du seuil, Freud et la thématique du regard≫, in *Clinique Méditerrqéennes, Césure du regard, Cliniques du visuel*, Toulouse : Erès, numéro 51/5.

Simone Wiener, ≪En quete de rien?≫, in *Essaim*, 2008/1, n 20.

우카이 사토시(Ukai Satoshi), 〈어떤 감정의 미래–부끄러움의 역사성〉, 『흔적, (1)』, 문화과학사, 2001.

이동수, 「구약성경에 나타난 부끄러움」, 『장신논단』 14, 장로회신학대학교 기독교 사상과 문화연구원, 1998.
지그문트 프로이트, 『정신병리학의 문제들』, 열린책들, 1997.
________________, 『새로운 정신분석 강의』, 열린책들. 1997.
________________, 『꿈의 해석』, 열린책들, 2003.
________________, 『꼬마 한스와 도라』, 열린책들, 2003, p.139.
홍준기, 『오이디푸스 콤플렉스, 남자의 성, 여자의 성』, 아난케, 2008.
프란츠 카프카, 권혁준 역, 「단식 광대」, in 『카프카 단편집』, 지식을 만드는 지식, 2013.

서사학과 발달적 스토리텔링 치료

이 민 용

1. 들어가며 : 내러티브, 인간, 발달적 스토리텔링 치료

우리 인간은 내러티브(narrative), 즉 이야기를 통해 서로의 생각과 느낌을 나누며 세상과 소통한다. 또 우리는 이야기를 통해 세계를 이해하고 해석한다. 삶은 이야기이다. 이야기는 삶과 유사한 구조로 되어 있다. 묘사, 논증, 설명과 같은 다른 언술들과 달리 이야기는 구체적인 시간 · 공간의 배경 속에서 주인공이 다른 인물들과 어울려 사건을 경험해나가는 것을 표현한다. 우리의 삶 역시 '나'라는 인물이 주인공이 되어 가족, 친구, 직장동료 등의 다른 인물들과 어울려 가정, 학교, 직장과 같은 자신의 공간 속에서 21세기라는 시대적 시간 배경 속에서 자신의 한평생 시간을 보내면서 이런 저런 사건을 겪는 것이라고 할 수 있다. 지식은 명제적 지식과 서사적 지식으로, 사고는 논리적 · 과학적 사고와 에피소드적 사고로(Bruner, 1986: 11-13), 각각 둘로 나눌 수 있다면, 여기서 서사적 지식, 에피소드적 사고는 모두 내러티브를 통한 것이다. 에피소드는 곧 이야기이다. 감각기관을 통해 들어온 외부 정보가 주로 일차적인 사실 기억으로 남는다면, 감각기관으로 인지된 그 많은 사건과 경험들이 어떤 유기적인 연관을 맺고 일관된 흐름을 갖게 되면 에피소드적 기억이 된다. 이럴 때 이것들이 어떤 의미와 가치를 지니는 것은 주로 서사적 사고와 기억 때문이다. 인지과학자 마크 터너 Mark Turner는 『문학적 마음』(*The Literary Mind*)이라는 책에서 "인지과학의 핵심 문제는 사실 문학적 마음의 문제들이다." "스토리가 마음의 기본 원리이다"라고(Turner, 1996) 밝혔다. 또한 그는 비유(parable)가 사고 · 앎 · 행동 · 창조 · 말하기 등과 같은 인간 마음의 근본이라고 말하면서, 우리의 경험과 지식 그리고 사고가 대부분 스토리로서 조직되어 있다(organized as stories)라고 주장한다(Turner, 1996). 이런 점에서 우리는 '호모 나랜스 homo narrans'이고[1] '이야기하는 동물 (storytelling animal)'이라고(MacIntyre, 1984) 할 수 있다.

한편 사람들은 예로부터 이야기를 통해 즐거움과 행복을 느끼기도 하고 마음의 고통에서 벗어나기도 하였으며 이야기로써 고민거리와 마음의 문제들을 풀어내고 삶의 위안을 받기도 했다. 그래서 이야기는 정신분석을 비롯한 심리치료나 상담에서 기본 수단이 되어 왔을 뿐만 아니라, 최근에는 그 자체로서 이야기 치료, 내러티브 치료, 스토리텔링 치료[2] 등의 이름으로 독자적인 치료 방법으로 활용되고 있다.

그러면 이렇게 인간의 본성을 이루고 마음의 기본 원리로서 우리의 삶과 밀접할 뿐만 아니라 사람들에게 마음의 위로를 주고 마음의 문제들을 해결할 수 있도록 해주는 데에 활용되고 있는 내러티브를 사람들이 건강하고 튼튼한 심성을 유지하는 데에도 활용할 수 있지 않을까? 이 글에서는 이러한 문제의식에서 출발한다. 내러티브는 이미 그 중요성에 주목한 여러 분야에서 활용되고 있다. 문학은 물론이고, 상담학, 심리학, 의학, 간호학, 신학, 언론학, 광고학, 법학, 사회학, 인류학, 역사학, 교육학 등에서 널리 활용하고 있다.[3] 특히 교육 분야에서도 내러티브를 활용한 실천과 연구가 활발하다. 교육 현장에서 내러티브 활용은 이제 국어, 영어는 물론이고 수학까지도 스토리텔링으로 강의하겠다고 하는 상황으로 전개되고 있다. 연구 분야로 보더라도 내러티브 교육 관련 연구들이 활발하며 이것은 내러티브 교육학회가 결성되어 활동하는 것으로도 표현되고 있다. 특히 내러티브를 활용한 교육 중에서 심성교육 관련 연구들도 있다.[4] 그러나 이와 관련해서 서사학과 스토리텔링 치료의 관점에서 접근한 연구는 별로 없는 상황이다. 이 글에서는 내러티브에 관한 학문인 서사학과 내러티브의 치유적 활용 방법인 스토리텔링 치료의 관점에서 예방적 · 발달적 스토리텔링 치료에 접근하려고 한다. 의학에는 병을 치료하는 작업이 중요하지만, 예방 의학에서처럼 병에 걸리지 않도록 평소에 건강을 잘 유지하는 방법에 관한 연구도 중요하다. 스토리텔링 치료에도 심리적 고통이나 불편함, 마음의 문제를 치료 · 치유하는 것이 중요하지만, 마음의 건강과 올바른 심성을 육성하고 견지하도록 하는 것 역시 인생의 발달

단계에 따른 인격적 성장을 돕는 예방적 · 발달적 스토리텔링 치료(preventive-developmental storytelling therapy)로서 중요하다. 발달적 치료는 발달적 교육과 밀접한 관련이 있다. 이것은 특히 아동 청소년들이 가지고 있는 사회적 · 정서적 능력을 발전시키고 계발함으로써 인생의 발달 단계에서 직면하게 되는 삶의 문제들을 극복할 수 있도록 돕기 때문이다. 자존감, 공감능력, 사회성 등의 능력을 발전시킴으로써 유치원이나 학교에서의 생활, 교우관계, 진로 선택의 고민 등에서 오는 발달단계의 문제들을 쉽게 해결할 수 있도록 하기 때문이다. 그래서 이것은 예방적 치료의 성격을 지니기도 한다. 이 글에서는 특히 서사학의 서사 층위론(theory of narrative layers)을 통하여 스토리텔링 치료의 방법을 발달적 치료의 방향으로 활용하는 방법에 관해 연구하고자 한다.

2. 발달적 스토리텔링 치료의 서사적 근거

앞에서 필자는 서사학과 스토리텔링 치료의 관점에서 내러티브를 활용하여 발달적 스토리텔링 치료에 접근하는 연구를 하겠다고 하였다. 그러면 내러티브가 발달적 스토리텔링 치료에 유용할 수 있는 이유나 근거는 무엇인가? 그것은 우선 스토리텔링(storytelling)에서 텔링의 측면, 즉 내러티브의 스토리가 소통되는 매체의 관점에서 생각해볼 수 있다.[5] 내러티브 개념은 문학의 3대 장르 중에서 서정 문학이나 드라마 문학과 구별되던 서사시(epic, epos), 민담, 소설과 같은 서사문학에서 출발하여 현대에는 영화, 만화, 애니메이션, 컴퓨터 게임 등의 여러 영역으로 확산되어왔다. 내러티브 개념은 최근 이렇게 좁은 의미의 개념에서 광의의 개념으로까지 급속히 확장되었는데, 이는 이미 40여 년 전에 이 사실을 선구적으로 인식하고 서사학 연구의 길을 개척한 롤랑 바르트의 말에서도 확인할 수 있다. 그가 "세상에는 수없이 많은 내러티브가 존재한다. 지극히 많은 종류의 장르가 있고 그 하나하나가 다른 여러 매체를 가진다."고(Barthes, 1975: 237) 밝힌 대로 내러티브의 종류와 매체는 다양하다. 내러티브는 문자나 책으로만 전달되는 것이 아니라 말, 그림, 영상, 동작 등을 통해서도 전달될 수 있다. 매체들은 언어 이전의 단순한 소리와 동작에서 그림, 말, 노래, 문자, 책, 만화, 영화, 애니메이션, TV, 컴퓨터게임에 이르기까지 시대 발전에 따라 등장하였다.

한편 내러티브는 우리 인류의 원시시대와 고대는 물론이고 중세 시대까지 대부분 말을 통해 전달되었다. 단순한 소리나 동작, 그림은 내러티브를 충분히 전달하기에는 한계가 있었고, 문자는 이 시대에 없었거나, 있더라도 별로 쓰이지 않았기 때문이다. 사실 문자에 의한 내러티브 전달이 본격화된 근대 이후에도 대부분의 일상 이야기는 말로 전달되었고 이것은 영화, 애니메이션, TV 등을 통한 전달이 유례없이 등장한 현대에도 마찬가지이다.

그런데 이렇게 인류의 유년기에 해당하는 중세 이전에는 다른 대안이 없이 거의 말을 통해 내러티브가 전달되었다는 사실이 발달적 스토리텔링 치료와 관련해서 중요하다. 그리고 이것은 인간 개개인의 경우에도 해당된다. 우리가 어렸을 때는 아직 문자를 모르고, 알더라도 깊이 있는 개념이나 학문적인 방법을 익히기 이전이었기 때문에 주로 말을 통해 교육이 이루어질 수밖에 없다. 그리고 이때의 말도 개념적이고 학문적인 말이 아니라 구체적인 인물과 상황 속에서 어떤 맥락을 가지고 얘기되는 내러티브 방식으로 되어 있다. 그래서 이 시기의 발달적 치료는 인류사적인 맥락이나 개인사적인 맥락으로나 내러티브를 통해 이루어질 수밖에 없다. 다시 말해 교육 중에서도 수학 · 영어 · 경제 교육 등과 달리 가장 초보적이고 먼저 이루어지는 교육이라고 할 수 있는 심성 교육은 내러티브를 통한 방법이 되기 쉽다.

이러한 사실은 2300년 전 플라톤이 자신의 저술 『국가』에서 주장한 것에서도 확인할 수 있다. 이 책에서 플라톤은 올바름이 서는 교육은 당시까지 이야기와 이야기를 형상화한 예술을 통해서 주로 이루어졌다는 점을 인정하고 여기서 기존의 이런 교육을 어떻게 하면 철학으로써 업그레이드시킬 것인가를 고민한다(플라톤, 박종현 역주, 1997: 401c-401e, 537e-539d). 이처럼 내러티브는 그 속성상 인류의 유년기에 그리고 이후인 현대에도, 유아나 청소년뿐만 아니라 성인들에게도 마음 교육과 심성 교육에 유용하게 활용되고 있다.

또한 내러티브는 파편적인 경험들을 연결시켜 줄거리를 구성하여 구체적인 시간과 공간을 배경으로 사건들을 전개함으로써 추상적이지 않고 구체적이라는 장점이 있다. 그래서 상대에 적합한 시간과 공간을 설정하여 이야기로써 접근해 갈 수 있다. 예컨대 어린 아이에게 이야기할 경우 어린 아이의 연령 수준과 공간 수준에 맞게 이야기가 설정될 수 있다. 어린 아이 또래의 주인공들이나 그들과 관계될 수 있는 인물들이 어린 아이가 접할 수 있는 공간에서 그들이 겪을 만한 사건들이 진행되는 것으로 표현될 수 있기 때문이다. 또 내러티브에는 등장인물들이 있어서 그 인물이 중심이 되어 사건이 진행됨으로써 이야기를 주고받는 사람들 중심으로 정보를 연결하여 흥미와 관심을 많이 끌 수 있다.

한편 우리는 스스로의 정체성을 주로 내러티브를 통해 형성한다. 앞에서 언급한 대로 내러티브는 우리 마음의 기본 원리이고 우리의 생각이 대부분 서사적 사고로 되어 있기 때문이다. 수세기 동안 철학자들은 우리에게 영향을 끼치는 것은 객관적인 세계뿐만 아니라 우리가 그 세계를 표현하고 해석하는 방식임을 인식하고 있었다(티모시 윌슨, 강유리 역, 2012: 19). 폴 리쾨르는 우리가 이야기를 통해 현실을 해석하고 이해할 수 있으며, 우리 자신의 정체성과 생각을 내러티브로써 정립하게 된다고 주장한다. 그는 이 정체성을 시간성 및 이야기와 관련해서 다룬다. 그에 따르면 시간적 존재인 인간에게 시간은 원래 추상적인 것이어서 그 자체로는 인식되기 어렵다. 우리가 인식하는 시간은 그 속에서 일어나는 사건들을 통해서 체험된다. 그런데 이러한 시간 속 체험들의 세계는 그 자체로는 파편적인 불협화음의 세계다. 질서도 없고 그 속에서 일관된 의미도 찾기 힘들다. 그래서 이러한 시간 속의 체험들이 질서와 의미를 가지려면 이야기의 세계로 포섭되어야 한다. 이야기에는 시간 경험의 순서에 질서를 부여하고 의미의 연결고리를 구성하는 힘이 있기 때문이다. 이야기의 "플롯(plot) 덕분에 목표와 원인과 우연들은 전체적이고 완전한 어떤 행동이 갖는 시간적인 통일성 아래 규합된다(Ricoeur, 1984)."

주체는 이야기를 통해 이러한 시간 체험을 자신의 경험으로 하고 자기 이해를 심화시키게 되면 자기 정체성을 확보하게 된다(Ricoeur, 1988: 246). 이것을 리쾨르는 이야기 정체성(identité narrative; narrative identitiy)이라고 한다. 이처럼 우리는 이야기를 통해 자신의 정체성을 형성할 수 있다. 그래서 우리는 이야기를 통해 올바른 심성을 형성할 수 있는 것이다. 세계에 대한 "우리의 해석은 자기 자신에 대한 개인적 내러티브(personal narrative)에 뿌리를 두고(티모시 윌슨, 강유리 역, 2012: 23)" 있기 때문이다.

이밖에도 내러티브는 얘기된 내용에 의미와 가치를 부여할 수 있으며, 간접경험이나 추체험(追體驗)을 제공하고 모델링을 하고 대안을 제시하는 힘이 있어서 발달적 스토리텔링 치료에 유리하다. "사람들은 어린 시절 주양육자들과의 교감으로부터 비롯되는 인간관계에 관한 '핵심 내러티브(core narrative)'를 갖고 있으며, 이런 내러티브는 마치 거름망처럼 성인이 된 후의 인간관계 해석에 (때로는 부정적인 방향으로) 영향을 끼친다. 간단히 정리하면, 우리가 세상을 해석하는 방식은 굉장히 중요하다. 우리의 해석은 자기 자신과 사회적 세계(social world)에 대해 각자가 형성하는 내러티브에 뿌리를 두고"(티모시 윌슨, 강유리 역, 2012: 23) 있다.

3. 서사학의 서사 층위론

앞에서 내러티브가 발달적 치료와 밀접한 관계를 맺어왔고 거기에 유용한 근거를 제공하고 있다는 점을 확인했다. 그러면 이러한 내러티브의 기본 구성은 무엇이고, 그것들을 발달적 스토리텔링 치료에 활용할 방법은 없을까? 서사학에서는 내러티브를 단일한 층위로 보지 않고 대개 내용과 표현의 2층위로 나눈다. 즉 무엇(what)이 일어났는가 하는 내러티브의 내용과 그것을 어떻게(how) 나타낼 것인가 하는 표현 층위의 구분이 그것이다. 서사학자 시모어 채트먼은 내러티브의 내용을 스토리(story)로, 내러티브의 표현을 서사담화(narrative discourse)라고 말한다(Chatman, 1978: 22). 패트릭 오닐도 다음과 같이 말한다.

> "모든 현대 서사학 이론이 토대로 삼는 기초적인 층위 구분은 정확히 말해 스토리(story)와 담화(discourse), 두 층위로 나누는 것이다(패트릭 오닐, 이호 역, 2004: 35)."

이처럼 2층위 서사 이론을 주장하는 서사 이론가들은 많지만 그들이 말하는 서사 층위의 명칭은 조금씩 다르다. 그들의 이름과 서사 2층위 모델의 명칭을 열거하면 다음과 같다.

아리스토텔레스 – (로고스+뮈토스), 빅토르 쉬클로프스키(1921/1965) – (파불라 fabula + 슈제트 syuzhet), 츠베탕 토도로프(1966) – (스토리 histoire + 담화 discours), 시모어 채트먼(1978) – (스토리 story + 담화 discourse), 제럴드 프랭스(1982) – (서술된 것 the narrated + 서술 narration), 코핸/샤이어스(1988) – (스토리 story + 서술 narrtion)(패트릭 오닐, 이호 역, 2004: 35~37).

그러나 서사 이론가들이 모두 이런 서사 2층위 모델에 만족하는 것은 아니다. 몇몇 이론가들은 3층위 모델을 주장한다. 3층위 서사 이론을 제기하는 서사학자들의 이름과 서사 층위의 명칭을 정리해보면 다음과 같다.

제라르 주네트(1972) – (스토리 histoire + 이야기 récit + 서술 narration), 미케 발(1977) – (스토리 histoire + 이야기 récit + 서술된 텍스트), 제라르 주네트(1980) – (스토리 + 서사 narrative + 서술하기 narrating), 리몬–케넌(1983) – (스토리 + 텍스트 + 서술), 미케 발(1985) – (파불라 + 스토리 + 텍스트), 마이클 툴란(1988) – (스토리 + 텍스트 + 서술) 등(패트릭 오닐, 이호 역, 2004: 35–37).

그들은 이 모델이 2층위 모델의 서사 담화를 다시 나누어 (추론된) 과정과 그 (실제) 생산 결과로 구분하는 데에 더 효과적이라고 주장하기도 한다. 이 3층위 모델의 특징은 2층위 모델에 텍스트를 따로 내세우거나, 서사성을 내세우기도 한다는 것이다. 서사성은 2층위 모델의 담화를 텍스트 내적 담화로 보고 텍스트 외적 담화를 따로 강조해서 표현한 것이라고 할 수 있다.

한편 여기에 텍스트 환경이나 수용자, 텍스트 맥락 등을 추가하여 4층위론을 주장하는 경우도 있다. 특히 패트릭 오닐은 내러티브의 층위를 다음과 같이 네 층위로 나누고 각각의 구성요소들도 간단히 밝히고 있다(패트릭 오닐, 이호 역, 2004: 194).

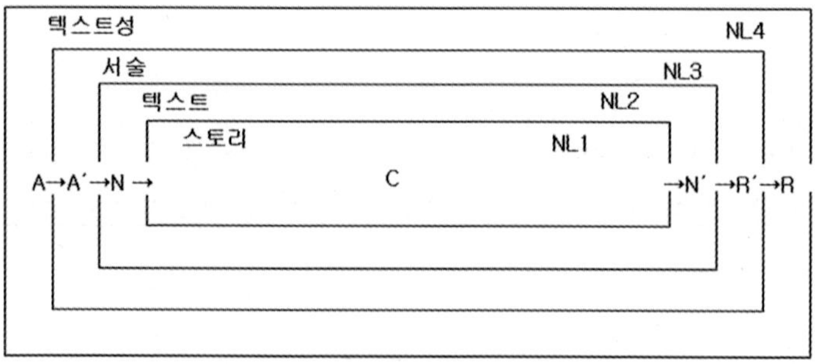

서사 층위들과 서사 세계들

실제 작가	내포 작가	서술자	인물들	피서술자	내포 독자	실제 독자	서사 층위
(A	A'	N	C	N'	R'	R	NL)

여기서 내러티브의 제1층위(NL1: Narrative Layer 1)는 스토리 층위이며, 채트먼이 주장한 서사담화 층위가 내러티브 제2층위 텍스트(text) 층위와 제3층위 서술(narration) 층위로 세분된다. 그리고 여기에 텍스트성(textuality)이 내러티브의 제4층위로 추가되어 있다. 패트릭 오닐은 이를 다음과 같이 정리하고

있다. 즉, "①스토리는 텍스트로부터 재구성된 일련의 서술된 사건들이고, 따라서 일종의 추상 개념이다. ②텍스트는 구체적이고 불변하는 생산 결과, 즉 지면에 인쇄된 단어들 외의 다른 무엇도 아니며, 서술 층위에서 이루어진 결정들의 (추론된) 결과이며, 연구자에게 있어 텍스트의 관심사는 스토리와의 차이에 있는 것으로 여겨진다. ③서술은 다층화된 텍스트 내적 과정, 즉 지면에 인쇄된 단어들의 (추론된) 원인이며, (스토리와 마찬가지로) 텍스트로부터 재구성된 것이다. 서술과 마찬가지로, ④텍스트성(textuality)도 하나의 과정으로, 작가가 텍스트를 생산하고 독자가 그것을 수용하는 상호작용의 과정이다(패트릭 오닐, 이호 역, 2004: 42f)."

그런데 패트릭 오닐의 내러티브 4층위 모델은 다시 둘로 나뉠 수 있다. 구체적인 텍스트와 여기서 추상적으로 추출된 스토리, 서술, 텍스트성이 바로 그것이다. 그래서 필자는 이를 다시 조합하여 텍스트와[6] 스토리, 텍스트와 서술(서사담화), 텍스트와 텍스트성으로 세 층위로 나누고, 이 층위들에서 다음과 같이 발달적 스토리텔링 치료에 접근해보기로 하겠다.

4. 내러티브의 추상적 세 층위와 발달적 스토리텔링 치료

4.1. 스토리 층위를 중심으로 한 발달적 스토리텔링 치료

앞에서 스토리가 내러티브의 내용이라고 했다. 그러나 사실 그 자체는 아니다. 내러티브의 내용에는 인물 · 사물 · 사건들이 많이 있고 그것들을 밑받침하는 소재들이 또 많이 있으며 그것들이 드러나는 장면들도 많이 있다. 스토리는 이러한 것들 중에서도 이것들을 관통하는 핵심적인 줄거리를 말한다(Chatman, 1978: 267). 그래서 스토리는 내러티브를 이루는 핵심으로서 추상적인 성격을 지닌다. 그리고 이것은 매체 독립성을 지님과 동시에 매체 전환성을 지닌다. 예컨대 춘향전 스토리는 춘향전 민담 · 소설 · 판소리 · 만화 · 뮤지컬 · 영화 · TV드라마 · 라디오 드라마 등과 같이 춘향전 스토리가 들어가 생길 많은 춘향전 문화콘텐츠 작품과 독립적으로 추상적으로 존재할 수 있다. 그리고 이 춘향전 스토리는 여러 매체에 들어가 표현될 수 있다. 춘향전 소설 · 영화 등의 작품이 홍길동전 문화콘텐츠들과 구별될 수 있는 이유는 그 스토리가 다르기 때문이다.

그런데 스토리텔링 치료에서는 이러한 스토리가 사람이라는 매체에도 들어가 있다고 본다. 그것을 각 개인의 자기 스토리(I-story)라고 하고 그 스토리가 표현된 내러티브를 "개인적 내러티브 (personal narrative)(티모시 윌슨, 강유리 역, 2012:

23)"라고 한다. 그리고 개인의 내면에는 다양한 여러 스토리들이 있고 그 중에서 개인의 마음을 지배하는 지배적 스토리가 있는 반면에 마음의 한 구석에서 방치되어 소외되어 있는 스토리들도 있다고 본다(Payne, 2006: 5-17), (앨리스 모건, 고미영 역, 2003: 17-24), (이민용, 2011: 231-232). 그래서 마음의 지배적 스토리가 도덕적 · 윤리적 · 인격적으로 튼튼하고 건강해서 심성과 인격을 잘 이끌어갈 때 개인은 정신적으로 건강하고 인생의 발달 단계에서 직면하게 되는 삶의 문제들을 잘 극복해 나갈 수 있다. 자기 스토리는 다른 스토리와 연결되어 융합되기도 하고 다른 스토리에 견인되기도 할 수 있다. 이런 면에서 내러티브 스토리를 통한 심성 교육이 의미를 지닐 수 있다.

앞에서 내러티브가 인류의 유년기부터, 그리고 개인사의 유년기부터 발달적 스토리텔링 치료에 요긴하게 활용되어 왔었다고 하였는데, 이 경우 대부분 내러티브의 스토리를 통한 것이었다고 할 수 있다. 우리는 전통적으로 효성, 형제애, 부부애, 우정, 이타심 등을 내용으로 한 스토리 중심의 이야기를 통해 심성교육을 많이 받아 왔다. 그래서 효자 · 효부에 관한 이야기, 우애 깊은 형제에 관한 이야기, 가난한 가운데에서 고난을 이겨가며 서로 사랑하는 부부의 이야기, 친구에 대한 헌신과 믿음의 이야기, 가난하고 불쌍한 사람을 돕고 복 받은 이야기들을 가정과 학교에서 듣고 자라며 자신의 마음을 돌보고 건강한 심성을 유지하고 키워 왔던 것이다. 동양에서 전통적으로 아동들을 대상으로 발달적 스토리텔링 치료를 했던 대표적인 책이라고 할 수 있는 『소학』에서도 이야기를 통한 심성 교육의 중요성을 다음과 같이 밝히고 있다.

> 어린아이의 학습은 기억하고 외우는 데 그칠 것이 아니라 자신의 타고난 지혜와 능력을 길러주는 것이어야 한다. 따라서 당연히 어릴 때는 먼저 이야기해 주는 것을 위주로 해야 한다. 옛날의 일이나 지금의 일이나 상관없이 매일 고사를 기억하게 하는데 반드시 효제충신이나 예의염치 같은 이야기를 우선 들려주어야 한다. 이를 테면 황향이 더울 때에 부모의 베개에 부채질해 준 일, 육적이 귤을 어머니에게 드리려고 품에 넣었던 일, 숙오가 어릴 때에 머리 둘 달린 뱀을 죽여 남들 모르게 음덕을 쌓은 일, 자로가 부모를 봉양하기 위해 백리 밖에 나가 쌀을 져온 일 등을 단지 세상의 보통 이야기처럼 들려주면 이 도리를 깨달을 것이다. 이처럼 해서 오래오래 익숙해지고 습관이 되면 덕 있는 성품이 자연스럽게 이루어질 것이다.(『양문공가훈(楊文公家訓)』)(주희 · 유청지, 윤호창 역, 2012: 157-158)

여기 『소학』에서는 아이들에게 기억하고 외우게 하는 지식공부뿐만 아니라 "지혜와 능력을 길러주는" "이야기를 우선 들려주어야" 하고, 이로써 "덕 있는 성품이 자연스럽게 이루어질" 수 있을 것이라고 강조하고 있다. 위의 인용문에서도 황향, 육적, 숙오, 자로를 주인공으로 하는 네 가지 이야기를 핵심내용 정도로만 거론하며 예로 들고 있지만, 실제로 『소학』은 많은 부분에서 옛 성현들의 구체적인 이야기로써 어린이에게 발달적 스토리텔링 치료를 실시하려 했다.

『소학』은 크게 내편과 외편으로 나눠져 있는데, 내편은 「교육의 길 [입교(立敎)]」, 「인간의 길 [명륜(明倫)]」, 「고대의 도 [계고(稽古)]」로 되어 있으며 외편은 「착한 행동 [선행(善行)]」과 「아름다운 말 [가언(嘉言)]」로 구성되어 있다. 『소학』은 「입교」와 「명륜」의 내용을 「계고(稽古)」, 「선행(善行)」, 「가언(嘉言)」에서 다시 설명하고 입증하는 중층적인 구조로 되어 있는데, 이곳에서는 특히 앞의 내편에서 다룬 발달적 스토리텔링 치료의 기본원칙들을 내러티브를 통해 입증하려고 하고 있다.

「계고(稽古)」에서는 한대(漢代) 이전의 성현들의 행적을 통해, 「선행(善行)」과 「가언(嘉言)」에서는 한대 이후 성현들의 행적 이야기를 통해 건강한 심성교육을 하고 있다. 『소학』의 「계고(稽古)」의 〈명륜(明倫)〉 편에 실린 다음의 이야기도 과거에 발달적 스토리텔링 치료에 많이 활용되었을 내러티브 스토리라고 할 수 있다.

> 증자는 아버지인 증석을 봉양할 때 반드시 술과 고기를 마련했다. 밥상을 물리려 할 때는 반드시 남은 음식을 누구에게 줄 것인가를 물어보았으며 남은 것이 있느냐고 물으면 증석이 반드시 "있다"고 대답했다. 증석이 죽자 아들 증원이 아버지인 증자를 봉양했는데, 마찬가지로 반드시 술과 고기를 마련했다. 그러나 밥상을 물리려 할 때 남은 음식을 누구에게 줄 것인가를 물어보지 않았으며, 남은 것이 있느냐고 물으면 증자가 "없다"고 대답했다. 이것은 남은 음식을 다시 상에 올리려고 했기 때문이다. 증원의 이런 자세는 입과 몸만

을 봉양하는 것이다. 만약 증자같이 한다면 부모의 뜻을 봉양한다고 할 수 있다. 부모를 섬길 때에는 증자처럼 하는 것이 좋다. (『맹자(孟子)』「이루상」)(주희 · 유청지, 윤호창 역, 2012: 128-129)

유명한 증자를 중심으로 한 이야기를 통해 물질적인 형식적 효도보다는 부모의 마음을 헤아리는 진심어린 효도가 중요하다는 메시지이다. 부모에게도 배려와 마음 돌봄이 중요하다는 것이고 이를 통해 가정에서 심성 바른 사람으로 성장해갈 수 있도록 하는 일이 중요하다는 것이다. 이밖에 밤중에 서로에게 볏단을 몰래 옮겨 더해 주었다는 의좋은 형제 이야기도 교과서에 실리고 지역 공동체의 기념상으로도[7] 만들어져 심성 교육에 활용되는 유명한 경우이다.

서양에서도 도덕적 가치와 모범을 찾을 수 있는 교훈을 담은 이야기로써 발달적 스토리텔링 치료를 실시하여 왔다. 예를 들면 '우정'을 교육하기 위해서는 역사적으로 위대한 인물들의 우정에 관한 이야기, 이솝 이야기 등을 활용하였고, '정직'을 담은 이야기로는 피노키오 이야기, 벌거숭이 임금님 동화 이야기, 소크라테스와 글라우콘의 대화를 담은 플라톤의 〈정의론〉 등을 활용하였다(이재호, 2006: 219). 미국에서도 심성 교육은 누구나 동의하리라 생각되는 정직, 성실, 우정, 책임, 정의와 같은 덕목들을 선택하여 이에 관한 모범적인 이야기를 전달하는 방식으로 이루어졌다(김태훈, 1999: 32).

내러티브 스토리는 매일 우리가 우리의 심성에 조금씩 칠해가는 유화와 같다(티모시 윌슨, 강유리 역, 2012: 25). 마음 돌봄 대상자의 관심과 시대적 요구에 잘 부응할 수 있는 것으로서 발달적 스토리텔링 치료에 효과가 있는 스토리들을 모아서 활용하는 것은 발달적 스토리텔링 치료의 기본 단계라고 할 수 있다. 이것은 우리가 일상생활에서 모국어를 배워 능숙하게 사용하는 것과 비슷하다. 유년시절에 엄마나 가족으로부터 문법규칙이 녹아있는 말을 계속 듣고 부분부분 따라하는 과정에서 저절로 문법규칙을 터득해서 제대로 된 모국어를 능숙하게 구사하는 것과 비슷하다. 이것은 앞의『소학』인용문에서 "단지 세상의 보통 이야기처럼 들려주면 이 도리를 깨달을 것이다."라고 한 것처럼, 콩나물을 기를 때에 그냥 물을 부어주었을 뿐이지만 콩나물이 잘 자라는 이치와도 비슷하다고 비유적으로 말할 수 있을 것이다. 좋은 스토리, 좋은 시나리오에서 좋은 문화콘텐츠가 나올 수 있는 것처럼, 훌륭한 심성적 요소를 보유한 내면의 스토리를 통해 심성 좋은 사람이 만들어질 수 있을 것이기 때문이다. 그래서 이런 치료적 예화(exemplary narrative)로는 허구적 스토리뿐만 아니라 실제 현실 속의 스토리, 경험된 스토리도 활용되기에 좋을 것이다.

그런데 발달적 스토리텔링 치료를 스토리 층위 중심으로 전개하려면, 스토리의 구성요소들을 잘 활용하는 것도 중요하다. 스토리의 구성 요소로는 인물(캐릭터), 사건, 모티프, 시간, 공간 등이 있다. 그래서 심성 교육에 적합한 인물과 사건, 시공간의 배경이 있는 스토리를 발굴하고 적용하는 것이 필요하다. 그리고 이것들을 스토리텔링이 치유적 기능을 하게 되는 핵심 요소나 원리들에 잘 맞도록 활용하는 것도 중요하다. 그러한 원리들로는 동일시, 카타르시스, 객관성, 보편성, 통찰, 모델링 등의 것들이 있는데, 스토리와 그 구성요소들이 이러한 원리를 실현하는 방식으로 활용될 때, 발달적 치료 효과는 커질 것이다.

4.2. 서술(서사담화) 층위 중심의 발달적 스토리텔링 치료

앞에서 언급한 대로 내러티브 2층위론에는 스토리 외에도 디스코스(discourse), 즉 서사담화라는 층위가 있고, 3층위론에는 서술(narration)이 또 있다. 같은 춘향전 스토리라고 해도 소설로 표현된 춘향전 이야기와 만화로 표현된 춘향전, 영화로 표현된 춘향전은 그 성격과 느낌이 많이 다르다. 비슷한 시놉시스를 가지고 시작해도 감독과 작가, 배우에 따라 만들어지는 영화가 많이 달라서 어느 영화는 대박을 터트리고, 어느 영화는 쪽박을 찰 수 있다. 그래서 좋은 문화콘텐츠를 만드는 능력이 좋은 대본을 가지고 있는 것보다 더 중요할 수도 있다.

이렇듯이 현실에서 추출된 스토리가 우리의 내면에 받아들여져 마음의 영사막에 상영될 때는 같은 스토리라고 해도 그것이 어떻게(how) 표현될 수 있는가 하는 점이 아주 중요하다. 외부에서 스토리를 받아들이더라도 내면에 어떤 내러티브로 제작해서 그것을 마음에 견지할 수 있도록 하는가 하는 것이 발달적 스토리텔링 치료에서 중요할 수 있다는 것이다. 사람마다 같은 현상을 서로 달리 받아들이고 달리 반응할 수 있는 경우가 있기 때문이다. 이것들이 축적되면 심성이 서로 다른 사람들이 될 수 있다.

현대 서사학에서는 담화의 기능이 확장되는 현대 소설의 추세에 따라 스토리보다 담화의 기능을 강조한다. 그래서 담화가 "스토리를 완전히 관심 밖으로 밀어냈으며, 독자가 관심을 기울이는 스토리의 지위를 의기양양하게 빼앗고 대신 그 자리를 차지하는 데 완전히 성공하였다"고(패트릭 오닐, 이호 역, 2004: 102) 주장되기도 한다. 이것은 스토리의 단순한 표현에 머물던 과거의 서사담화가 아니라 서사담화에 의해 스토리가 생겨날 수도 있는, 서사의 "전복 현상"을 지적하는 말이다.

이러한 관점에서 보면, 도덕적 판단 능력을 기르는 훈련이 중요하다는 면에서, 건강한 내면의 스토리를 만들어 내는 서사 능력(narrative competence)의 배양을 강조할 필요가 있다. 내러티브가, 매일 우리가 우리의 심성에 조금씩 덧칠해가는 유화와 같다지만, 그 내러티브를 수정하려면 겹겹이 쌓인 유화물감을 벗겨내고 새 캔버스 위에 처음부터 다시 시작해야 한다(티모시 윌슨, 강유리 역, 2012: 25). 차라리 아름다운 그림을 만들어 내는 능력을 향상시키는 것처럼 훌륭한 심성이 만들어지는 마음의 시스템을 건강하게 하는 것이 근본적이고 지속적인 해결책이 될 수도 있을 것이다.

이것은 우리나라 도덕교육 과정에 전통적인 도덕교육 방식에서 탈피하여 콜버그(Kohlberg)식의 토론 수업이 새로운 대안으로 등장했던 것과도 연결된다(이재호, 2006: 220). 로렌스 콜버

그는 도덕적인 스토리 중심의 전통적인 심성 교육 방법을 일방적이고 교화적이라고 비판하며 가설적인 딜레마 이야기를 통해 교사와 학생, 학생과 학생들이 서로 대화하고 토론함으로써 학생들의 인성 능력을 발달시킬 수 있다고 주장한다. 예컨대 그는 다음과 같은 딜레마 이야기를 제시하고 학생들의 도덕 판단 능력을 신장시키는 교육의 계기로 삼고자 한다.

> 유럽에서 어떤 부인이 암으로 죽어가고 있었다. 의사가 보기에, 그녀를 구할 수 있는 약이 꼭 하나 있다. 그 약은 마을의 약제사가 최근 발견한 일종의 라디움이다. 약을 제조하는 데 비용도 많이 들었지만, 약제사는 약을 만드는 데 든 비용의 열 배 정도를 약값으로 매겨 놓았다. 다시 말해, 그는 라디움을 만드는 데 400불을 들였고 정량의 약에다 4,000불을 매겨 놓았다. 그 부인의 남편인 하인즈는 돈을 빌리기 위해 아는 사람을 모두 만나 통사정해 보았고, 모든 합법적 수단을 다 동원해 보았지만, 약값의 절반밖에 되지 않는 2,000불 정도를 구했을 뿐이다. 그는 약제사를 찾아가 아내가 죽어가고 있음을 말했고, 좀 싼 값에 팔든지 아니면 모자라는 돈은 외상으로 해줄 것을 간청했다. 그러나 약제사는 이렇게 말했다. "안됩니다. 내가 그 약을 발견했습니다. 그 약으로 돈을 좀 벌어야겠습니다." 모든 합법적 수단을 다해보았지만, 별 수 없었던 하인즈는 절망에 빠진 나머지 아내를 구할 그 약을 훔치러 약제사의 점포를 털 궁리를 한다(Kohlberg, 김민남 역, 2001: 669).

콜버그의 토론 모델에 따르면 발달적 스토리텔링 치료 수업에서 교사는 이 이야기를 들려주고 학생들에게 도덕적 사고를 할 수 있도록 다음과 같은 질문을 던질 것이다. "하인즈는 약을 훔쳐야 하는가, 훔치지 말아야 하는가?" 교사는 이런 질문에서 그치지 않고 "왜 그런가?" "왜 그렇게 판단했는가?" 등의 후속 질문을 던져야 한다.

이런 딜레마 이야기를 통한 토론 수업으로 또 유명한 것은 얼마 전에 우리나라에서 많은 인기를 끌었던 마이클 샌델의 하버드 대학 강의가 있다. 이 강의에서 비롯된 그의 책『정의란 무엇인가』의 최대의 장점은 수많은 실제 사례 이야기를 통해 '정의'의 문제나 정치 철학의 문제에 관한 심성 훈련을 시키려 한다는 점이다. 예컨대 영국 선원 네 명이 난파된 보트에서 살아남기 위해 그 중에서 약한 동료 한 명을 잡아먹고 24일 만에 구조된 사건이나(마이클 샌델, 이창신 역, 2010: 51-52), 독일에서, 어떤 남자가 죽어서 다른 사람에게 잡아먹힐 의향이 있는 사람을 인터넷으로 공고해서 모집했고, 이에 자발적으로 응한 그 남자를 죽여 요리해 먹은 사건을(마이클 샌델, 이창신 역, 2010: 106-107) 놓고 도덕은 결과에 따라 따질 문제인가, 아니면 그 이전의 기본 절대 권리를 전제로 해야 하는가, 혹은 자유의지 존중 원칙은 어디까지 인정해야 하는가 등의 문제를 생각하도록 한다. 또 자기 집에 친구가 피신해온 직후 살인마가 자기 집 문 앞에 찾아와 그 친구를 보았느냐고 물었을 때나, 전혀 마음에 들지 않은 선물을 해준 친구에게 받은 소감을 말해야 할 때 선의의 거짓말을 해야 하느냐 마느냐의 문제에 대해서도 사례 이야기를 놓고 칸트의 정언 명령과 함께 도덕적 판단의 훈련을 하게 한다(마이클 샌델, 이창신 역, 2010: 183-186).

우리는 이렇게 딜레마 이야기를 토론 거리로 놓고 사고 훈련을 하는 것을 서사담화, 혹은 서술의 측면, 즉 제시된 이야기에 대한 후속 이야기 만들기나 이야기 바꿔 만들기 등의 관점에서 생각해볼 수 있다. 앞에서 언급한 딜레마 이야기의 경우에서처럼 학생들에게 본인이 그 주인공이 되었다고 하고 후속 이야기를 만들도록 한 후, 그렇게 이야기를 만든 이유나 그렇게 보는 관점에 대해 설명하고 그 근거를 대며 다른 친구들과 비교하는 작업을 통해 자신의 건강한 서사능력을 키울 수 있을 것이다. 이러한 작업은 서사담화나 서술의 구성 요소인 서술 시점과 관점, 심리적 거리감 등을 건강하게 유지하는 능력을 기르는 것과도 연관이 있다. 이런 경우, 제시되는 치료적 예화가 서술층위의 내포독자가 관습적으로 가지고 있었던 관점이나 입장, 심리적 거리감 등을 뒤흔들고 불완전한 부분을 건강하게 만들어주는 작업이 되어야 할 것이다. 예컨대 그림책『공원에서 일어난 이야기』를(앤서니 브라운, 김향금 역, 2007) 가지고 발달적 스토리텔링 치료를 하는 경우, 네 명의 등장인물들이 같은 시간, 같은 장소(공원)에서 같은 사건을 경험하거나 목격했음에도 시각과 관점, 심리적 거리감 등에서 제각각 다를 수 있음을 깨닫게 됨으로써 상대방의 관점과 입장을 존중해주는 훈련을 하게 할 수 있다.

예화로 제시된 이야기를 놓고 학생들이 후속 이야기를 만들어

나가면서 스토리를 표현하고 서사담화 요소들을 효과적으로 활용하는 능력을 길러주는 것이 발달적 스토리텔링 치료의 한 방향이라고 할 수 있다(이민용, 2011: 281-302).

그런데 건강한 마음의 서사 능력을 키우는 작업과 관련된 이야기로서 앞에서 언급한 로렌스 콜버그나 마이클 샌델의 딜레마 이야기는, 앞 장에서 다룬 발달적 스토리텔링 치료의 내용을 담고 있는 스토리 중심의 이야기와는 그 성격이 많이 다르다. 앞에서 언급한 예에서도 알 수 있듯이 이런 이야기에는 그 자체로 건강한 마음의 사람이나 사건의 내용이 전혀 없다. 오로지 건강한 심성의 능력을 기르기 위한 훈련의 도구일 뿐이다.

4.3. 텍스트성(텍스트 관계성) 층위 중심의 발달적 스토리텔링 치료

지금까지 서사학적 관점에서 내러티브의 두 층위를 중심으로 발달적 스토리텔링 치료에 접근해보았고, 각각에 장단점이 있는 것도 확인했다. 그러면 이러한 각각의 단점들을 극복하고 업그레이드 된 방식으로 할 수 있는 방법은 또 없을까? 제3의 방법으로 서사의 3층위론이나 4층위론을 바탕으로 한 발달적 스토리텔링 치료를 고려해볼 수 있다. 앞에서 언급한 대로 서사학에서 내러티브를 보통 2층위로 논의하는 경우가 많기는 하지만 여기에 머무르지 않고 보다 정교하게 서사 3층위론을 주장하는 서사학자들도 있다. 예컨대 리몬-케넌은 서사 2층위론자인 시모어 채드먼이 얘기한 '담화'로 설명하는 데에 만족한 내러티브의 한 측면을 '서술(narration)'과 '텍스트(text)'로 다시 나누고 '서술'을 서사담화의 추론된 과정으로, '텍스트'를 서사담화의 구체적인 생산결과로 설명한다(Rimmon-Kenan, 1983: 4ff). 그리고 앞에서 얘기한 대로 패트릭 오닐은 여기서 더 나아가 '텍스트성(textuality)'을 추가하여 스토리, 텍스트, 서술, 텍스트성이라는 내러티브 4층위론을 주장하기도 한다. 한편 로만 야콥슨은 정보 소통모델에서 다음과 같이 메시지뿐만 아니라 이 메시지를 보내는 발신자(addresser)와 받는 수신자(addressee), 이 메시지가 관계하는 환경으로서의 상황(context)과 접촉(contact), 그 메시지를 표현하는 코드(code), 즉 매체를 함께 고려하도록 주장한다(로만 야콥슨, 김재일 역, 1989: 215).

상황

발신자 ——— 메시지 ——— 수신자

접촉

코드

야콥슨의 이 정보소통 모델은 내러티브를 통한 소통에도 그대로 적용될 수 있다. 발신자(작가, 화자 등)가 보낸 내러티브 메시지는 발신자와 수신자(독자, 청취자, 관객 등)가 처한 상황에 따라서, 전달 코드에 따라서, 그리고 발신자와 수신자가 각각 어떤 사람인가에 따라 조금씩 다르게 전달될 것이다. 그래서 이것은 다음과 같이 시모어 채트먼의 내러티브 소통모델로 바꿔 표현될 수 있다. 채트먼은 야콥슨의 발신자-메시지-수신자 모델을 다음과 같이 실제작가(Real author)와 내포작가(Implied author), 화자(Narrator), 수화자(Narratee), 내포독자(Implied reader), 실제독자(Real reader)로 더 나누고 이를 함께 고려하여야 한다고 주장한다(Chatman, 1978: 151).

실제 작가···→ ‖ 내포작가 → (화자) → 메시지
→ (수화자) → 내포독자 ‖ ···→ 실제 독자

이것을 패트릭 오닐의 서사 4층위론으로 설명하면, 화자와 수화자는 서사 제2층위인 텍스트 층위에 있고, 내포작가와 내포독자는 서사 제3층위인 서술 층위에 있으며, 실제 작가와 실제 독자는 서사 제4층위인 텍스트성 층위에 있다. 텍스트는 스토리로 추상화될 수 있고, 서술 과정 속에서 구체화될 수 있다. 텍스트성 차원에서는 텍스트가 하나가 아니고 여러 개로 존재하고 변화할 수 있다. 특히 패트릭 오닐의 서사 제4층위에서 텍스트는 작품 속에만 있는 것이 아니다. 수많은 실제 독자들에 의해 달리 수용되는 텍스트가 있을 수 있고, 이미 실제 독자들의 내면에 들어 있는 스토리 차원의 텍스트도 있다. 그리고 제공된 텍스트와 연관될 수 있는 현실의 다른 유사한 텍스트도 있다. 이것은 영화, 그림책, 소설 등의 형식으로 된 텍스트일 수도 있고 다른 세상 사람들이 유사하게 경험한 실제 이야기일 수도 있다. 텍스트성 층위를 중심으로 보면 발달적 스토리텔링 치료에서 이것들이 상호 연계되어야 한다. 그래서 하나의 치료 텍스트가 제공되면 관련 텍스트가 연관될 수 있으며 이것은 또 변형되어 수용되는 텍스트로 바뀔 수도 있다. 그리고 이것은 독자나 참여자 내면의 스토리로 전환될 수 있다. 결국 피드백(feedback)과 쉐어링(sharing)으로 다시 표현되는 텍스트를 통해 새롭게 변형되고 수용될 수 있다. 이런 과정은 수용미학의 지평이론으로 설명되는 다른 텍스트 이론과도 연관될 수 있으며, 해석학적 순환 과정 속에 있는 역동적인 텍스트로 해석될 수도 있다. 이때는 특히 자기 내면의 텍스트나 자신과 연관된 텍스트가 중요하다. 이러한 층위의 스토리텔링치료는 텍스트들이 관계 속에서 서로 공감되고 융합되는 변형의 과정이라고 할 수 있다. 이러한 과정은 서사 제1층위에서 제2층위와 제3층위를 거쳐 제4층위까지 상승하고 하강하는 순환 과정을 거치게 된다.

이러한 과정에서는 제시된 치료 텍스트의 내포독자와 실제 독자의 관점과 심리적 서사능력 구조를 치유적으로 변화시켜주는 작업이 필요하다. 그리고 내담자나 참여자들이 내포작가가 되어 그 텍스트를 자기 스토리(I-stories)로 통합하여 자기 이야기로 다시 쓸 수 있도록 해주는 작업이 필요하다. 이런 면에서 볼 때 내러티브를 발달적 스토리텔링 치료에 활용하는 경우, 앞에서 다룬 스토리와 서사담화(서술)라는 2가지 관점을 넘어서 내러티브에 관계되는 상황과 당사자들, 그리고 그들의 상황과 상호작용을 함께 고려할 필요가 있다. 스토리텔링 치료에서는 이것들이 내담자와 상담가, 집단상담 참여자 사이의 피드백(feedback)과 쉐어링(sharing)의 방식으로 나타나기 때문이다.

발달적 스토리텔링 치료에서는 제시된 치료적 내러티브 텍스트에 구체적인 개인의 경험에서 우러나온 스토리가 결부되고 이것은 다시 이야기를 나누는 사람의 내면의 스토리로 융합될 수 있어야 한다.[8)] 그리고 이 때 스토리가 세분되어 그 구성요소들인 인물과 사건, 모티프, 시간, 공간 등의 요소를 최대한 활용하는 방식이 되면 좋을 것이다. 예컨대 주인공을 비롯한 등장인물의 경우는 발달적 스토리텔링 치료에 적합한 스토리로 다시 만들 때 인물의 대체, 재편성을 통해 새로운 스토리가 가능할 수 있다. 사건을 바꿔서 스토리를 변경시킬 수도 있으며, 모티프 연결의 구조를 바꿔서 스토리 라인이 아주 달라질 수도 있다(이민용, 2011: 115-134).

서사 4층위론에서 강조하는 '텍스트성', 즉 텍스트가 존재하는 상황의 관계적 맥락도 고려하여 서사담화를 사회적인 담론으로[9)] 형성하도록 해서 주위에서 올바른 심성을 지켜나가도록 지지하는 힘을 쌓도록 하는 것도 중요하다.[10)] 그리고 스토리텔링 치료에 적합한 치료적 원리를 발달적 스토리텔링 치료에 잘 관철시켜나가는 것이 또한 필요하다. 스토리텔링 치료의 치료 원리로는 동일시, 보편화, 객관화, 카타르시스, 모델링, 대안제시, 통찰, 무의식의 의식화 등이 있다(이민용, 2011: 217-240). 예컨대 인칭과 관점을 치유적으로 전환함으로써 동일시 · 공감 능력을 배양하는 것이나, 심리적 · 시간적 · 공간적 거리감을 조절함으로써 객관성과 보편성을 획득하도록 하는 것을 얘기할 수 있을 것이다.

이런 면에서 제공된 내러티브에 대해 참여자들이 자신의 개인 이야기로 피드백과 쉐어링을 해주고 이 과정에서 치료사는 촉진자(facilitator) 역할을 적극적으로 할 필요가 있다. 이러한 과정 속에서 학생들이나 이야기 상대자들은 발달적 스토리텔링 치료 내용의 이야기를 단순히 수용하는 것이 아니라 내면의 자기 이야기를 재저작(再著作)할 수 있기 때문이다(비고츠키, 태펀, 2000: 164-165, 175).

텍스트 관계성에서 접근할 때 또 중요한 것은 매체의 치유적 전환과 활용이다. 스토리는 다양한 매체로 옮겨다니며 표현될 수 있다. 이런 점에서 스토리를 다른 매체로 표현함으로써 심성 발달의 시각과 관점, 심리적 거리감, 심리적 모티프 연결 등에서 새로운 계기를 잡을 수 있다. 예컨대 그림책『저승에 있는 곳간』(서정오, 홍우정, 2007) 이야기를 가지고 발달적 스토리텔링 치료를 하는 경우, 이것을 실제로 연극으로 옮겨서 착한 일을 하는 스토리를 행동으로 표현하기도 하고, 선한 일을 하는 방법을 놀이 방식으로 서로 나누면서 기쁨의 정서로 느끼도록 함으로써 스토리와 디스코스(서사담화)를 유기적으로 결합시킬 수 있다. 그리고 이를 다양한 매체로 표현해보는 과정에서 인지와 정서, 행동이 통합된 교육이 될 수 있을 것이다.

5. 맺음말

지금까지 서사학의 관점에서 내러티브를 활용한 발달적 스토리텔링 치료에 관하여 연구하였다. 내러티브가 전통적으로 스토리텔링 치료에 효과적으로 많이 활용되어 온 이유를 살펴보았고, 내러티브가 발달적 스토리텔링 치료에 활용될 수 있는 방식을 구체적으로 논의하였다. 내러티브를 활용한 발달적 스토리텔링 치료를 잘 하려면 내러티브에 관한 연구를 효과적으로 활용하는 것이 필요하다. 그래서 서사학에 주목하고 그 중에서도 내러티브의 층위론을 중심으로 살펴보았다.

내러티브는 주로 내용적인 측면의 스토리와 표현 방식 측면의 서사담화로 나누어 볼 수 있다. 이런 관점에서 발달적 스토리텔링치료를 하는 경우에 건강하고 튼튼한 마음을 유지할 수 있도록 하는 스토리들을 통해 하는 방법이 있고, 다른 한편으로는 딜레마 이야기와 같은 문제적 이야기를 놓고 토론하는 등의 방식으로 내면에 건강한 스토리를 만들어 유지하는 능력을 키움으로써 마음의 건강을 유지하는 방법이 있다.

한편 내러티브를 3층위나 4층위로 간주해서, 텍스트가 존재하는 관계적 맥락과 상황까지 고려할 필요도 있다. 그래서 텍스트가 전달된 단일한 텍스트로만 있는 것이 아니라 여러 주체에서 비롯된 텍스트와 함께 있고 그 텍스트들 간의 상호작용도 있다는 점이 고려되어야 할 것이다. 또 그러한 텍스트를 산출해내는 서술주체의 행위도 고려되어야 할 것이다. 더 나아가 그러한 텍스트와 서술 주체의 행위가 관계를 맺고 있는 서술 상황이나 서술의 장(場, field) 역시 중요할 것이다. 이러한 점을 모두 함께 고려한 발달적 스토리텔링 치료가 되어야 할 것이다. 상담자와 내담자의 이야기가 서로 상호작용하고, 집단상담 참여자들 사이의 이야기가 상호 피드백 되고 쉐어링 되는 과정이 필요한 이유가 여기에 있다.

그리고 이때 스토리텔링에서 얘기되는 서사요소, 즉 스토리의 서사요소인 인물 · 사건 · 시간 · 공간 · 모티프 등과, 서사담화의 요소들인 시점 · 관점, 심리적 거리감, 서술 시간, 서술 공간, 어투나 문체 등도 함께 고려되어야 한다. 물론 여기에 스토리텔링 치료의 원리인 보편성, 객관성, 동일시 및 공감, 카타르시스, 모델링, 통찰 등의 원리도 함께 적용되어야 할 것이다.

지금까지 살펴본 스토리텔링 치료 심성교육에서 더 생각해볼 것은 스토리와 서사담화(서술), 텍스트성이 서로 분리되어 있는 것이 아니라 내러티브 안에서 하나로 융합되어 긴밀하게 얽혀 있다는 점이다. 전통적인 스토리 중심의 심성교육이 주입식 교육이고 학생 개개인의 관심이나 현실과 유리된 내용이라고 학교에서 치부되어 비판받기도 하였다(이재호, 2006: 220-223).

그러나 전통적인 방식의 스토리 위주의 발달적 스토리텔링 치료를 낡은 것이라고 배척만 할 것이 아니라 그 내용의 효과를 인정할 수 있는 것들은 많이 수집하여 활용하는 작업이 필요하고, 그것들을 받아들여 서사담화(서술) 및 텍스트 관계성 층위와 효과적으로 결합해서 활용하면 좋을 것이다. 한편 서사담화 중심의 발달적 스토리텔링 치료의 경우도 그 자체로 도덕 판단 능력과 도덕적 사고 능력을 향상시키는 훈련의 의미도 있지만 심성교육의 내용이 담보된 스토리, 그리고 심성 발달의 계기를 이끌 수 있는 스토리와 결합시키면 더욱 좋을 것이다.

한편 이러한 작업에서 스토리텔링이 무조건 긍정적이고 발달적 치료에 다 좋다고 얘기할 수는 없다. 심성교육에 적합한 어떤 스토리를 선택하고, 그런 스토리의 내러티브를 치료사나 교사 등이 어떻게 치료적 · 교육적으로 잘 활용할 수 있을 것인가 하는 것이 진정 중요한 일이다. 알다시피 실제로 사람들의 심리 상태에 해로운 영향을 미칠 수 있는 영화나 만화, TV 프로그램 등도 주위에 많기 때문이다.

이 글에서는 발달적 스토리텔링 치료를 중심으로 다루었다. 하지만 문제해결적 스토리텔링 치료에도 이런 서사 층위론의 관점에서 접근할 수 있을 것이다. 이것들은 상호 연계되어 있기 때문이다. 예컨대 집단 따돌림, 학교 폭력 등의 문제를 해결하는 후자의 노력은 공감 능력이나 자존감, 올바른 심성을 키워주는 전자, 즉 발달적 스토리텔링 치료 작업과 밀접한 관련이 있기 때문이다.

■ 이 글은 필자의 연구 논문 「서사학의 서사층위론으로 접근한 발달적 스토리텔링 치료」(『헤세연구』 2014. 6월, pp. 229-255)를 수정 · 보완한 것이다.

1) '호모 나랜스 homo narrans'는 "이야기하는 사람"이라는 뜻으로 미국의 영문학자 존 D. 나일(John D. Niles)이 자신의 책 『호모 나랜스: 구술 문학의 시학과 인류학』을 통해 '인간은 이야기하려는 본능이 있고 이야기를 통해 세계를 이해하고 설명한다'고 주장한 이래로, 정보산업 사회에서 문학에는 물론이고 경영, 광고, 문화산업 등에까지 널리 확산되어 쓰이고 있는 용어이다.

2) 영어 '내러티브(narrative)'는 우리말로 '이야기'나 '서사'로 번역되어 사용되고 있다. 그래서 내러티브와 이야기는 일반적으로 같은 의미로 사용되고 있으나 공시적 · 통시적 활용 배경이 다른 부분도 있다. 내러티브가 어원적으로 '알다 know'라는 의미와 연관되어 있고 롤랑 바르트의 언급에서와 같이 문학뿐만 아니라 예술, 역사, 사람들의 일상 언어 등에 널리 들어 있는 것으로 간주된다면, '이야기'는 문학의 범주와 일상적 사용에 많이 얽혀 있다. 한편 스토리텔링은 책이 아닌 컴퓨터나 TV, 영화와 같은 전기전자 매체가 이야기를 활용하는 것이 대세가 된 정보산업 시대에 1990년대에 새롭게 등장하여, 전통적인 내러티브 개념에 매체 활용과 경영 · 광고 · 문화산업 분야에서의 활용 개념이 더해져 강조된 용어라고 할 수 있다.

3) D. Jean Clandinin, F.Michael Connelly 공저 / 소경희, 강현석, 조덕주, 박민정 공역, 『내러티브 탐구 : 교육에서의 질적 연구의 경험과 사례』, 교육과학사, 2007년.; D. Jean Clandin 편 / 강현석, 소경희 등 역, 『연구방법론: 내러티브 탐구를 위한』, 교육과학사, 2011년.; Donald E. Polkinghouse 저 / 강현석 역, 『내러티브, 인문과학을 만나다』, 학지사, 2009년.; 리처드 L. 홉킨스 저 / 강현석, 홍은숙, 장사형 등 역, 『내러티브 학교교육을 다시 디자인하다』, 창지사, 2013년.; Catherine Kohler Riessman 등 저 / 대한질적연구간호학회 역, 『내러티브 분석 : 질적 연구 방법 총서 1』, 군자출판사, 2005년.; 안수찬: 『스트레이트를 넘어 내러티브로: 한국형 이야기 기사 쓰기』, 한국언론진흥재단, 2007.; Jerome Seymour Bruner / 강현석 · 김경수 (옮김), 『(법/문학/인간의 삶을 말하다) 이야기 만들기』, 교육과학사, 2010. 등 참고.

4) 이들 중에서 일부만 언급하면 다음과 같다.
이재호, 「도덕교육에서의 심성과 내러티브」, 『초등도덕교육』(제43집), 2013. 12.
도홍찬, 『이야기, 문학, 도덕교육』, 인간사랑, 2011.
임병덕, 「도덕교육에서 예화의 의의」, 『도덕교육학연구』(제3집), 2002.
조관성, 정은해 (공저), 『우화를 통한 도덕적 사고 연습』, 학지사, 2009. 등

5) 스토리텔링(storytelling)은 스토리와 텔링으로 구성되어 있는데, 여기서 텔링은 말로만 하는 것이 아니라 영상, 만화, 애니메이션, 컴퓨터게임, 음악 등 다른 여러 매체를 통한 전달을 포함하는 개념이다. 이것은 원래 '스토리텔링'이 스토리가 문학 외에도 영화나 애니메이션, 컴퓨터게임과 같은 문화콘텐츠에 들어감으로써 문화산업이 중요하게 된 20세기 말에 등장한 용어라는 점을 생각해도 이해할 수 있다. 'tell'에 대한 다음의 설명도 참고할 만하다. "tell : '눈앞의 상대에게 정보를 주다'라는 점에 역점이 있으며, 반드시 speak, talk 하지 않아도 되며 노래나 몸짓 따위로 tell 하여도 됨. 그 점 relate, narrate에 가깝지만, (1) 알리는 내용과 동시에 알림을 당하는 상대가 강조되는 점, (2)

미래에 대한 예측을 포함하는 점. (3) 보다 구어적인 점 따위가 이들 두 말과 다름." (출처: 한글 워드프로세서 프로그램에 포함된 영한사전(민중서림 에센스 영한사전 제11판, 2008) 'speak' 설명 중에서).

6) 패트릭 오닐은 내러티브 4층위론을 소설을 중심으로 피력하였기 때문에 '텍스트'의 의미가 문자로 표현된 것을 주로 의미한다. 그러나 이 글에서 다루는 스토리텔링은 문자뿐만 아니라 다양한 매체를 통한 텔링을 말하기 때문에 스토리텔링치료에서 말하는 '텍스트'는 문자뿐만 아니라 영화, 애니메이션, 연극 등의 다양한 매체를 통해 텔링된 구체적 표현물을 말한다.

7) 충남 예산군 대흥면의 '의좋은 형제마을'에서는 이 이야기의 발원 지역으로 자처하며 기념상을 세움으로써 형제애를 강조한 스토리의 이야기를 통해 형제 사이의 갈등을 예방하거나 살아가면서 겪게 될 형제 갈등의 문제를 해결하는 데에 기여하고 있다.

8) 예컨대 에리히 케스트너 Erich Kästner의 『마주보기: 마음을 위한 약상자』(윤진희 역, 한문화, 2004.)에 담긴 시 〈인생을 되풀이 할 수 있다면〉은 내러티브가 뚜렷한 시이다. 제시된 이 시에 내담자나 참여자들이 자신의 내러티브를 연결시키고, 이에 대해 다른 참여자들이 피드백과 쉐어링으로 이야기를 계속함으로써 텍스트의 연쇄적인 관계맺음이 가능해진다. 그리고 궁극적으로 이것들은 참여자들의 자기 스토리(I-stories)로 내면화되어 그들의 심성에 영향을 미친다. 이런 작업은 헤르만 헤세의 작품 『데미안』이나 『크눌프』를 통해서도 가능할 수 있다. 황승환: 「낭만주의자 헤세와 융 심리학」, 『카프카연구』(Vol.28), 2012, pp. 165-190 및 채연숙: 「헤세의 『크눌프』, 문학치료학으로 다시 읽기」, 『헤세연구』(Vol. 29), 2013. 6. pp. 49-75 참고.

9) 스토리와 함께 내러티브를 구성하는 두 축이라고 할 수 있는 'discourse'는 '(서사)담화' 혹은 '담론'으로 번역되는데, 전자가 개인적 이야기 차원에서 주로 사용된다면, 후자의 '담론'은 주로 집단적 · 사회적 맥락에서 사용된다.

10) 이야기 상담치료(Narrative Therapy)에서 치료적 기법으로 외부 증인집단을 운영하는 것도 이와 비슷하게 볼 수 있다. 여기서는 내담자가 상담사의 도움으로 문제에 물든 지배적 자기서사를 해체하고 치료적 대안적 서사를 마련하게 한 후에 내담자의 부모나 친구, 존경하는 사람, 상담사들이 증인이 되어 내담자의 그 치료적 대안 서사를 지지해주고 보완해주는 내러티브를 주고받는 방법을 사용하기 때문이다. 엘리스 모건 / 고미영 옮김: 『이야기치료란 무엇인가?』, 청록출판사, 2003 등 참고.

■ 참고문헌 ■

김태훈, 『덕 교육론』, 서울: 양서원, 1999.
도홍찬, 『이야기, 문학, 도덕교육』, 인간사랑, 2011.
모건, 엘리스 / 고미영 옮김, 『이야기치료란 무엇인가?』, 청록출판사, 2003.
브라운, 앤서니 / 김향금 옮김, 『공원에서 일어난 이야기』, 삼성출판사, 2007.
샌델, 마이클 / 이창신 옮김, 『정의란 무엇인가』, 김영사, 2010.
서정오 글 / 홍우정 그림, 『저승에 있는 곳간』, 한림출판사, 2007.
오닐, 패트릭 / 이호 옮김, 『담화의 허구, 서사 이론 읽기』, 예림기획, 2004.
윌슨, 티모시 / 강유리 옮김, 『스토리 : 행동의 방향을 바꾸는 강력한 심리 처방』, 웅진지식하우스, 2012년.
이민용, 「서사 스토리의 핵심요소와 스토리텔링 치료 - 강박증 치료 스토리텔링 치료를 중심으로」, 『독일언어문학』, 2011. 6.
이민용, 「서사 담화와 스토리텔링 치료」, 『뷔히너와현대문학』, 2011. 5.
이민용, 「스토리텔링 치료의 치료 요인과 그 적용」, 『헤세연구』, 2011. 6.
이재호, 「도덕과 수업에서 이야기 교육의 의의와 한계」, 『도덕윤리과교육』(제23호), 2006. 12.
이재호, 「도덕교육에서의 심성과 내러티브」, 『초등도덕교육』(제43집), 2013. 12.
조관성, 정은해 (공저), 『우화를 통한 도덕적 사고 연습』, 학지사, 2009.
주희 · 유청지 엮음 / 윤호창 옮김, 『소학』, 서울: 홍익출판사 2012.
채연숙, 「헤세의 『크눌프』, 문학치료학으로 다시 읽기」, 『헤세연구』(Vol. 29), 2013. 6. pp. 49-75
플라톤 / 박종현 역주, 『(플라톤)의 국가 · 政體』, 서광사, 1997.
한국교육심리학회, 『교육심리학 용어사전』, 학지사, 2000.
Barthes, Roland, "An Introduction to Structual Analysis of Narrative", in: *New Literary History*, VI(Winter 1975).
Bruner, Jerome. C., *Actual Minds, Possible Worlds*(Cambridge, MA: Harvard University Press, 1986.
Chatman, Seymour, *Story and Discourse, Narrative Structure in Fiction and Film*. Ithaca: Cornell University Press, 1978.
Rimmon-Kenan, Shlomith, *Narrative Fiction: Contemporary Poetics*,

London and New York: Methuen, 1983.

Kohlberg, Lawrence, *The Psychology of Moral Development: The Natural and Validity of Moral Stages, Essays on Moral Development II*. San Francisco: Harper & Row Publishers [김민남 (역), 『도덕발달의 심리학: 도덕단계의 본질과 타당성』, 서울: 교육과학사, 2001.]

MacIntyre, Alasdair C., *After virtue : a study in moral theory*. 2nd ed. Notre Dame, Ind. : University of Notre Dame Press, 1984. [알래스데어 매킨타이어 / 이진우 역, 『덕의 상실』, 문예출판사 1997.]

Payne, Martin, *Narrative Therapy*, second edition, London: SAGE Publications Ltd, 2006.

Ricoeur, Paul, *Time and Narrative*, Volume 1, translated by Kathleen Blamey and David Pellauer, Chicago and London : University of Chicago Press, (1984)[1983].

Ricoeur, Paul, *Time and Narrative*, Volume 3, translated by Kathleen Blamey and David Pellauer, Chicago and London : University of Chicago Press, (1988)[1985].

Turner, Mark, *The Literary Mind*, New York, Oxford: Oxford University Press, 1996.

인문치료에 있어서의 현대예술의 선이해(先理解)

신 성 열

1. 현대예술과 인문치료?

오늘날 지속적으로 발전하는 첨단 매체인 디지털 테크놀로지는 현대예술(미술)의 작품제작과 수용에 있어서 새로운 예술(미술)개념의 변화를 가져오고 있다. 많은 예술가(미술가)들이 이러한 매체를 이용하여 창작활동을 하고 있는 것 역시 일반적 현상으로 되었다. 이는 새로운 예술개념 및 예술작품의 생산으로 이어지고 예술가, 관람객의 위상에 새로운 인식변화를 가져오게 하였으며 예술의 전통적 개념에 대한 변화가 빠르게 진행되고 있음을 의미한다. 이것은 새로이 태동된 예술개념이 이를 정당화시킴으로써 예술에 있어서 중요한 것은 재료, 기술 그 자체라기보다는 그것과 관련된 '예술정신', '예술개념'이라는 것을 확인시켜준다.

특히 20세기 초 현대예술과 기술문명의 관계를 살펴보면, 20세기 초에 이탈리아에서 일어난 신예술 운동으로 불리는 미래파(Futurism)는 정적인 예술에 반대하고 동적인 감각의 새로운 형식으로 과거의 미학과 단절하고 기계문명을 찬미했다. 그리고 이들은 “우리가 화폭 위에 재현하고 싶은 것은 역동적 세계의 고정된 한 순간이 아니라, 세계의 역동성 그 자체이다.”라고 선언하였다.(월간미술, 1999.) 이러한 기계미학에 대한 열광적인 환호와 덧붙여 1919년 발터 그로피우스(Walter Gropius)는 미술학교와 공예학교를 병합하여 설립한 바우하우스(bauhaus)를 통해 건축을 주축으로 삼고 예술과 기술을 종합(월간미술, 1999.)하려고 했다. 그리고 1920년대에 프랑스, 독일, 스위스의 전위적인 미술가와 작가들이 본능이나 자발성, 불합리성을 강조하면서 기존 체계와 관습적인 예술에 반발한 문화 운동으로 불리는 다다이즘(Dadaism)이 대표적이다.(월간미술, 1999.) 여기서 ‘다다’는 어린이가 갖고 노는 말 머리가 달린 장난감을 의미한다. 즉 이러한 연유에서 차용한 기계미학의 의미는 당대예술의 중심내용이며 정신이었다.(Hnas Sedlmayr, 남상식 역, 2004.) 대표적으로 뒤샹(Duchamp Marcel, 1887~1968)의 레디메이드(ready made, 기성품)는 단지 새로운 매체라기보다 기존의 소통방식을 거부한 저항적 예술정신으로 개념미술(conceptual art)을 새로운 예술양식으로 탄생시킨 예이다. 이는 기성품을 그 일상적인 환경이나 장소에서 옮겨놓으면 본래의 목적성을 상실하고 단순히 사물 그 자체의 무의미성만이 남게 된다는 것이다. 뒤샹은 “이제 미술은 더 이상 어떤 대상을 평평한 캔버스 위에 재현하거나 혹은 인간의 감정을 다양하게 표현하는 방식이 아니라, 기성 제품에 사인을 함으로써 일상적인 사물이 예술 작품이 된다는 것"이라고 했다.(월간미술, 1999.) 이처럼 예술개념과 소통의 변화는 비디오, 컴퓨터, 인터넷 등 전자, 디지털매체를 매개로 한 현대예술의 특징 중 하나이다. '대중매체(mass media)'를 근간으로 하는 현대예술 또는 현대미술은 '인간의 정체성 문제', 작가와 관객사이의 '주체, 객체의 의미', '실재와 가상현실의 혼동', '삶의 실존' 등 인식론적 문제까지 접근하고 있다. 그러나 예술의 전통적 개념들을 부정하는 새로운 개념과 현상에 대한 문제제기는 상당부분 설득력이 있으면서도 정작 그 수용에 있어서는 적지 않은 문제와 논란을 야기하고 있다.

리샤르 포레스티에(Richard Forestier)는 "건강은 안락하고 자유로운 삶을 의미하는 것이다. 안락함과 자유롭다는 것은 구분되어야 한다. 인간의 신체적, 정신적, 사회적 차원의 자유는 건강의 정도를 결정한다. 그러나 건강이 인간의 삶에서 언제나 유지되는 것은 아니다. 또 유지된다 하더라도 그 건강이 행복의 필요충분조건은 아니다. 어디에나 의학적으로 볼 땐 건강하지만 행복하지 않은 사람이 있다. 행복을 위해서는 건강과 동시에 삶의 질이 담보되어야 한다. 삶의 질의 담보, 즉 웰빙(well-being)의 추구가 인간의 삶에 있어 예술치료 혹은 예술의 역할이다."(Richard Forestier, 김익진 역, 2013.)라고 했다. 물론 여기서 웰빙은 육체적, 정신적 건강의 조화를 통해 행복하고 아름다운 삶을 추구하는 삶의 유형이나 문화를 통틀어 일컫는 개념임은 주지의 사실일 것이다.

따라서 필자는 현실적 삶, 그리고 인문치료와 연계해서 진정한 커뮤니케이션 예술이 무엇이며 대중 속에서 대중과 함께 하는 가장 친근한 예술이 무엇이고, 누가 관객이며 누가 예술가인가, 그리고 디지털매체가 예술로 인정될 수 있는가에 대해 살펴보고자 한다. 물론 여기서 '대중'에 대한 의미는 대중을 어떻게 바라보는가에 따라 '불특정 다수(mass)', '민중(people)', '많은 이들이 좋아하는(popular)' 관점으로 볼 수 있다. 본 글에서는 특정한 구분 없이 혼용하여 그 의미를 담고자 했다. 그리고 이러한 논의를 통해 디지털시대의 현대예술의 향방을 검증하고, 한편으로 새로운 대중매체인 커뮤니케이션 예술이 단순 예술, 또는 미술학적 논의를 넘어 인문치료의 나아가야 할 방향을 모색하고자 한다.

2. 현대예술의 패러다임

현대사회는 대중매체 중에서 최고의 정보전달 시스템이라 할 수 있는 '인터넷'을 중심으로 사회구조가 바뀌고 있다. 이는 필연적으로 인간 또는 인간이 사회구조를 바라보는 패러다임도 바뀌게 하고 있다. 그리고 예술, 특히 미술에 대한 개념과 정의, 역할, 형식과 내용 또한 이러한 패러다임에 의하여 필연적으로 상당부분 변화를 겪고 있다. 특히 90년대부터 급속히 발달한 인터넷은 21세기 현대인들의 생활패턴을 완전히 바꾸어 놓았다고 해도 과언이 아니다. 주변을 살펴보더라도 컴퓨터와 인터넷 문화는 이미 없어서는 안 될 일상적 생활의 일부가 되어버렸다. 이 때문에 대중매체의 급속한 확산은 그 폐해에 대한 많은 논란과 비판에도 불구하고 새로운 소통의 매체로 당당히 자리매김하고 있으며 사용자들은 점점 더 늘고 있다. 그래서일까? 모든 시대에는 그 시대가 안고 있는 문제가 있었으며, 그 시대를 이해하거나 그 문제를 해결하거나 또는 새로운 문제를 제기, 해결하고자 하는 다양한 사상과 철학들이 존재하여 왔다. 예술 또한 동시대의 인간에 의하여 행위 되어지는 것이므로 시대의 패러다임 속에서 존재할 수밖에 없을 것이다.

예술은 본질적으로 커뮤니케이션의 한 방식이라고 볼 수 있다. 예술은 언어, 문자, 캔버스, 색채, 비디오 등 사물과 기호를 소통의 도구로 삼으면서 변화되어 왔다. 즉 다양한 예술도구의 변화는 예술에 있어서 소통의 의미와 성격변화를 가져왔다. 그러므로 예술가가 새로운 재료를 사용할 때 어떤 매체를 사용하는가에 따라 새로운 경향의 '매체예술'이 되었다. 최근 들어 미디어 아트(Media Art)라는 용어가 빈번히 사용되고 있다. 그리고 실제 그 용어가 지칭하는 대상은 비디오 아트와 같이 영상 매체를 활용한 예술로부터 컴퓨터를 기반으로 한 예술에 이르기까지 광범위한 영역에 걸쳐 있음을 볼 수 있다.(미학대계간행회, 2007.) 물론 고대 중국이나 고대 그리스로부터 오늘에 이르기까지 예술에 관한 수많은 논쟁 중에서 예술과 현실의 관계는 끊임없이 지속되었다고 해도 과언이 아닐 것이다. 일반적으로 예술은 현실을 그대로 반영(reflection)하는가? 또는 재현(representation)하는가? 아니면 굴절(refraction)하는가? 나아가 예술적 표현(expression)으로 나타내는가? 예술과 철학은 모두 언어가 기술적으로 사용될 때와 거의 같은 방식으로 현실에 대해 말한다고 볼 수 있다. 또한 예술은 표상적(表象的)인 것이라고 할 경우, 예술이 어떤 것을 지시할 뿐만 아니라 예술가가 지각하고 이해하는 방식을 전달하기도 한다는 의미이다. 그래서 예술은 흔히 그 이전에 만들어진 예술들을 지시하는데, 예술이 의미를 획득하는 것은 바로 그 때문이다.(김혜숙 · 김혜련, 1998.)

톨스토이(Lev Nikolaevich Tolstoy, 1828~1910)는 "현대 사회의 예술은 그것이 비정상적인 양상으로 흘러가고 있음이 이미 극에 달했다."(Tolstoy, 耿濟之 역, 1985.)고 했다. 흔히 예술은 회화, 조각, 음악 등 '순수예술'과 연극, 무용, 영화, 비디오예술 등 '비순수예술'로 분류할 수 있을 것이다. 그렇다면 이 두 예술의 특징은 무엇인가?

우선 순수예술은 한 예술가가 하나의 미디엄(medium)을 사용한다는 데 있다. 일반적으로 예술가는 자신이 사용하는 미디엄과 도구를 완벽하게 이해하고 컨트롤하며 이러한 능력은 평생에 걸친 노력에 의해 얻어 지는 것이 보통이다. 이와 반대로 비순수예술은 복수의 미디어간 상호작용이 완벽히 정의되어 있지 않으며 미디어를 다루는 도구도 완벽히 이해되거나 컨트롤되지 못한다. 바로 이러한 점이 비순수예술의 예술적 가치가 낮게 평가되는 가장 큰 원인으로 작용하기도 한다. 그러나 컴퓨터라는 매체는 여러 종류의 미디어를 동시에 제공한다. 또한 이 매체는 순수예술의 강점인 '재현성(representation)', 즉 시공간을 뛰어넘어 완벽하게 재현할 수 있는 능력을 지닌다. 따라서 컴퓨터는 복합예술이면서 높은 예술성을 지니는 작품을 가능케 하는 대표적 매체라고 할 수 있다. 오늘날의 예술가들은 복잡한 현실을 표현하기 위하여 풍자(諷刺), 왜곡(歪曲)과 같은 다양한 표현방식에 전통적 표현방식을 더하는 등 혼합 경향의 작품을 제작한다. 특히 미술의 영역에서는 그 형태 역시 매우 다양해지고 있다. 잡지, 영화, 인터넷, 애니메이션, 뮤직 비디오, 디자인 등 대중매체들이 발달하면서 현대 미술가들도 장르의 구분에 관계없이 여러 장르를 함께 보여주거나 혹은 혼합하는 경향의 작품을 만들고 있다.

랭펠드(Langfeld)는 "어떤 주어진 미적 태도는 정신적 법칙과 그 유기체의 조건과 그리고 존재하는 객관적 조건에 달려 있다. 또한 그들 사이에 항상 존재하는 상호작용이 있는데, 정신적 태도에서의 변화는 예술대상에서의 변화를 야기하고, 외적 필요에 의한 대상에서의 변화는 정신적 태도의 변화를 야기한다."고 했다.(Langfeld, 1920.) 리오타르(Jean-Frangois Lyotard, 1702~1789)는 "새로운 세계는 비물질성들, 가령 디지털화된 정보나 혹은 합성된 색깔과 소리들에 의해 구성될 것이며, 이것들은 언제나 자의적으로 변화될 수 있는 것들이다. 그럼으로써 지금까지 물질적인 객체들과 관련된 현실에 대한 이해가 변화될 것이며, 누구나 정보화 세계에 적합한 새로운 감수성을 발전시키게 될 것이다."라고 했다. 그리고 그는 "오늘의 예술은 만약 아직 '예술'이라면, 그것은 어떤 영역 안에 등록되기 때문에 그런 것이다. 작품 혹은 어쨌든 예술로서 받아들여지는 모든 것은 - 어느 지적 이해를 이끌기 전에-있는 감정을 이끈다."(김혜숙 · 김혜련, 1998.)라고도 했다. 이처럼 리오타르의 말을 인용하지 않더라도 우리는 사회의 변화를 원하든 원하지 않던 간에 이미 정보화 사회 속에 깊이 자리하고 있다.

그러면 오늘날 대중매체가 현대예술에 어떠한 영향을 주었는가? 이를 구체적으로 살펴보면, 대중매체 수용자들은 대화의 단절과 개인주의화에 대한 우려와 달리 새로운 언어와 새로운 방식으로 소통의 장을 만들고 사회의 역동성을 구성하는 물질, 공간, 시간 같은 요소를 매우 빠른 속도로 변화시켰다. 일반적으로 디지털 혁명 혹은 기술공학적 혁신에 의한 대중매체들(컴퓨터, 레이저 사진술, 디자인, 위성, 비디오 등)은 예술개념 뿐만 아니라 예술 표현형식의 기술적 측면을 전면적으로 변화시키고 있다. 이러한 변화 속에서 이제 기술공학적 대중매체, 그리고 매체에 대한 정의는 혼란스러울 정도로 다양하게 제기되고 있다. 그 구체적인 예로 회화를 보면, 현대미술에 있어서 회화에 표현된 매체는 더 이상 단순한 '수단'의 의미를 부여하는 것이 아니라 매우 적극적이고 능동적인 의미를 부여하고 있다. 엘리안 스트로스버그(Eliane Strosberg)의 말을 보자.

> 회화와 같은 표현 양식은 존재 기반이 약해지는 반면, 다른 형식은 융성하고 있다. 과학이 그렇게 만든 원인 중의 하나이다. 기술은

> 예술가와 예술 형식 사이의 관계, 즉 화가의 손 및 눈에 대한 관계, 그리고 음악가의 귀에 대한 관계를 변화시키고 있다. 연출가와 대중 사이의 커뮤니케이션 본질 자체가 수정되고 있는 것이다. 지난 몇 십 년 동안 예술과 과학의 전통적인 경계가 점점 허물어져 왔다. 테크네(techne)는 다시 한 번 고대의 정신적인 차원을 발견하였다. 미학과 논리학의 신들은 올림피아로 되돌아와 일상에 시와 호기심을 위한 공간을 만들고 있다.(2002)

전통적 예술은 기술의 발달과 밀접한 관계를 유지했지만 이 때 기술은 언제나 부가적인 보조 수단의 기능만을 수행했었다. 그러나 기술과 예술은 전통적 주종관계에서 완전히 벗어나 대등하고 상호 보완적인 관계를 형성하고 있다. 여기서 기술은 물질적 현실에 국한된 '전통적인 기술'의 의미를 벗어나 '지적인 지식과 정보'라는 의미를 지니며, 이러한 의미에서의 기술과 적극 교류하는 예술이 새로운 현실을 만들어 가고 있다. 또한 '매체작품'이라는 개념의 성립에서 가장 중요한 현상은 과거와는 완전히 다르게 인식되는 예술, 기술, 그리고 현실의 관계이다. 이처럼 예술, 기술, 현실 간의 이상적인 상호작용을 기대하는 매체이론가들의 경향은 사실 그들만의 독특한 특징은 결코 아니다. 이러한 점은 일찍이 아방가르드(avant-garde) 예술이나 바우하우스의 전통에서도 찾을 수 있다.

아방가르드는 전위예술(前衛藝術)로 20세기 초 프랑스와 독일을 중심으로 자연주의와 의고전주의(擬古典主義)에 대항하여 등장한 예술운동이다. 여기서 '전위'란 군대용어이며 전투할 때 선두에 서서 적진을 향해 돌진하는 부대의 뜻이다. 이는 예술에 전용(轉用)되어 끊임없이 미지(未知)의 문제와 대결하여 이제까지의 예술개념을 일변시킬 수 있는 혁명적인 예술경향 또는 그 운동을 뜻하게 되었다.(월간미술, 1999.) 그래서 디지털 테크놀로지가 예술계에 가져온 변화는 단절적 혁명이라기보다 포스트모더니즘(postmodernism)의 절충주의 및 대중주의의 극대화된 감수성이라고 할 수 있다. 1970년대 이후 그 진면모를 드러내기 시작한 포스트모더니즘은 모더니즘과 아방가르드의 이름으로 고수해 오던 순수예술의 관념을 붕괴하였다.

포스트모던 시대의 예술은 모든 창작적인 시도가 가능하다. 그 동안 예술 그 자체를 위한 예술에 집착하던 모더니즘의 끈질긴 절대 진리, 혹은 유일선(唯一善) 추구는 새로운 포스트모더니즘 예술의 물결과 함께 사라지고 있다. 모더니즘의 끝없는 개혁 추구는 예술에 큰 피로를 느끼게 했고, 새로운 예술 추구 방식을 찾게 만든 것이다. 포스트모더니즘는 하이 모더니즘(High Modernism)의 지나친 심각함에 대해 반발하면서 예술에서 새로운 태평함, 즐거움, 절충주의를 추구했다. 특히 건축부문에서 시작되었다고 보고 있는 포스트모더니즘은 문학, 미술, 음악, 무용 등 모든 예술 분야에서 절정을 이루고 있다. 예를 들면, 새로운 포스트모던 예술의 전형적인 모습으로 미국 라스베가스의 건축물, 해프닝 공연, 지하 영화, 팝 아트, 그리고 비디오 아트 예술가 백남준이 대표적인 인물로 거명되고 있는 비디오 예술 등이 포함된다. 이는 타이트하고 치밀한 형식과 엄격한 미학기준을 지니는 모더니즘 예술과는 달리 포스트모더니즘 예술은 미완성적이며, 절충적이다. 나아가 포스트모더니즘은 대중문화를 적극적으로 수용하지만 그렇다고 결코 소위 말하는 고급문화(high culture)를 배격하지 않는다. 포스트모더니즘은 대중문화와 고급문화의 요소들을 서로 혼합시켜 받아들이고 있다. 그러면서도 동시에 예술의 범위를 확장시키고, 모더니즘이 그토록 고집하던 예술의 미학적인 경계를 허물어 버린다. 광고의 영상이나 텔레비전 화면의 만화경 같은 풍경도 예술로 흡수된다. 모더니즘 예술이 새롭고, 미래지향적이면서도 고급예술에 대한 맹목적 추구였다고 본다면, 포스트모더니즘은 과거에 대한 향수(享受)와 새로운 예술에 대한 열정을 함께 부담 없이 혼합시키는 것이다. 포스트모던 예술은 예술 역사상에 있었던 모든 예술 형식이나 장르를 절충시켜 사용하고 있다. 그래서 포스트모던 예술은 그 동안 학계에서나 문화계에서 소외시킨 예술에 대한 관심을 높인다. 예술에서의 권위와 장벽은 무너지고 문화의 폭발 현상이 나타나는 것이다.(김혜숙 · 김혜련, 1998. / 월간미술, 1999.)

예술은 삶의 현실과 떨어져 있지 않으며, 내용 및 형식상에 있어서 예술에만 고유한 재료와 수단은 따로 존재하지 않는다. 디지털 테크놀로지의 진보에 발맞추어 발전 혹은 변화하는 동시대 예술의 현황은 이러한 포스트모던한 개방성을 극대화시키고 있다. 예술과 테크놀로지는 분리시킬 수 없도록 완벽한 결합을 이루었다. 네트워크로 연결된 컴퓨터 단말기들이 과거의 미술관을 대체하였으며, 가상과 실재의 구분은 점점 모호해지고 있다. 이처럼 1900년대 초에 등장하여 동시대 미술의 경우, 그 주요 주제를 제공해 온 몸 담론과 사이보그 담론은 현실의 경험을 위협하는 가상적 경험에 대한 예술계의 반응이라 할 수 있다.(미학대계간행회, 2007.)

모든 예술에 있어 컴퓨터의 역할은 커지고 있다. 현대 과학기술의 산물이었던 사진이나, 영화뿐만 아니라 회화와 판화 그리고 음악까지 컴퓨터는 불가결한 매체가 되고 있다. 예를 들면, 판화가는 목판이나 동판에 그림을 새겨 넣듯이 컴퓨터 그래픽 편집기를 이용해 그림을 그리고 컬러 프린트로 출력하는 새로운 형식의 판화 작품을 창작하고 있다. 심지어 회화 작업에 있어서도 붓질을 하다 어긋난 부분이 생기면 일러스트나 포토샵의 레이어 기능을 아쉬워하기도 한다. 결국 '컴퓨터가 매체작품'이라는 새로운 장르를 창조해 나간다. 그것은 예술가로서 전통적 예술 환경 또는 공간 내에서의 개별 작업 양식에 대해 더욱 불안하게 하는 원인이 되고 있다.

오늘날 예술가들은 이미지의 종합, 소리의 종합, 텍스트의 종합을 찾고자 한다. 또한 인간적이고도 인공적인 운동, 환경의 역동성, 분위기의 전이(轉移)를 끌어들이고자 한다. 이러한 경향은 그 모든 것들을 하나의 이음새 없는 전체로, 하나의 통합적 작품으로 나타난다. 즉 소리, 이미지, 텍스트 들은 동시적으로 디지털 테크놀로지를 통해 예술과 기술, 현실과 가상의 종합적 표현으로서의 매체작품으로 성립하고 있는 것이다.

3. 현대미술과 매체

오늘날 디지털 예술에서의 예술과 기술의 완벽한 결합은 과거 르네상스 시대를 연상시킨다. 1960년대에 이미 시작된 순수예술과 대중문화의 구분이 사라지면서 디지털 시대가 시작된 것이다. 앞서 언급했듯이 디지털 예술의 성격은 포스트모던적 절충주의로 특징지어질 수 있다. 즉, 이 새로운 예술 형식 안에는 예술과 기술이 혼합되어 있을 뿐만 아니라, 현재의 문화 형식과 과거의 문화 형식이 결합하고, 국지적 문화 전통과 감수성이 세계화된 국제적 양식과 상호 작용한다.(미학대계간행회, 2007.) 레오나르도 다 빈치(Leonardo da Vinci, 1452~1519) 이후 과학과 예술은 다른 길을 걸어왔다. 피상적인 관찰에 의하면 과학과 예술은 스펙트럼(spectrum)의 반대편에 위치한 것처럼 보인다. 그러나 과학과 예술 모두 무질서한 것처럼 보이는 자연세계와 인간의 내면세계로부터 질서와 아름다움을 발견하고자 한다는 공통의 목표를 추구한다는 점에서 어쩌면 상이점 보다는 유사점이 더 많을 수도 있다. 단지 과학이 인간의 이성에 의존하여 논리적으로 전개되면서 주관적인 감성을 가급적 배제하는 반면, 예술에는 인간의 이성뿐 아니라 감각과 감성이 예술 활동의 근간이 된다는 방법론적 차이가 두드러지게 나타난다고 볼 수 있다. 과학과 예술의 이런 위상관계는 여러 학자에 의해 제시되었고, 이에 따른 예술작품의 분석과 이해, 창작도 그러했다. 과학기술이 예술에 영향을 끼친 사례는 무수히 많다.

현대 예술가는 컴퓨터의 기계적이며 자동적인 것으로서의 도구를 사용하는 것이 아니다. 그 도구는 예술가의 신성한 생각을 재현하는 단순도구이다. 즉 도구가 중요한 것이 아니며 그 도구를 통하여 무엇을 표현할 것인가가 중요하다. 현대예술, 특히 현대미술은 그 기본 존재 의의부터 과거와는 다르다. 사물을 객관적으로, 보이는 그대로 표현하는 것은 아마도 예술가가 추구하는 것 중 극히 작은 부분에 지나지 않을 것이다. 따라서 현대예술에는 사물의 실체를 표현하는 노력, 인간의 인지심리에 관한 예술가 나름대로의 견해와 감상자에게 전달하려고 하는 메시지 등이 어지럽게 교차하고 있다. 따라서 예술작품을 이해하는 것이 그만큼 어려워졌다. 디지털매체시대 예술의 한 대응이 그 매체적 특수성으로 인하여 이를테면 수공성, 신체성을 극대화하는 방식으로 나타냈던 것이 오히려 순진하고 일차적인 방식이었고, 예술가의 위기담론 자체가 역설적으로 하나의 효과일 수 있었다면 최근 이들의 회화작품들을 보면 회화의 위기가 단지 매체, 도구 자체의 문제만은 아닐 것이다. 왜냐하면, 이들이 전통적인 회화 도구인 붓과 물감을 만지고 있지만, 실제로 보거나 만들어내는 작품은 전혀 다른 패러다임 속에 놓여있기 때문이다. 이를테면 도구는 옛것이나 그 시선과 몸은 이미 디지털 시스템 안에서 작동하고 있다는 것이다. 컴퓨터 환경은 말할 것도 없고, 심지어 핸드폰에 내장되어 있는 디지털 카메라의 일상적 잠식은 화가들의 보는 눈을 자연스럽게 기계화한다. 따라서 화가들은 붓과 물감으로 카메라의 파인더로 본 풍경을 재현하거나 포토샵으로 재편집, 조작해 그리거나 흉내를 낸다. 또는 웹에서 볼 수 있는 아이콘이나 문자들을 회화의 한 형태로 불러오기도 한다. 그렇다면 디지털매체시대 현대미술은 이미 벗을 수 없는 이 새로운 기계, 체계의 틈새를 지시하는 정도의 역할로 그 마지막 역할을 다할 수밖에 없는 것인가? 필자는 대중매체를 통한 현대미술의 대표적 경향으로 '미디어 아트'와 '디지털 아트(digital art)'를 살펴보고자 한다.

우선 "미디어아트란 무엇인가?" 모든 미술작품은 물질적인 매체(media)에 의해 구체화된다. 미디어아트란 용어는 사실 모든 미술작품에 적용될 수 있다. 그러나 현대사회에서 미디어란 말은 '대중에게 많은 정보를 전달하는 목적을 가진 매체(mass media)'를 의미하는 것이다. 따라서 현대적 의미의 미디어 아트는 바로 이러한 대중매체, 즉 현대 커뮤니케이션의 주요 수단인 사진, 영화, TV, 비디오, 컴퓨터 등 대중에의 파급 효과가 큰 미디어 테크놀로지를 미술에 적용시킨 예술을 의미하는 것이라고 정의할 수 있다.(미학대계간행회, 2007.) 그렇다면, "디지털아트란 무엇인가?"하는 질문은 우선 혁신적인 디지털매체와 기존의 아날로그매체를 비교함으로써 답변될 수 있을 것이다. 디지털아트란 컴퓨터 테크놀로지의 활성화와 더불어 등장한 디지털매체를 기반으로 이뤄지는 예술형식들을 총칭하는 용어이다. 디지털아트는 다른 말로 컴퓨터아트 혹은 뉴미디어아트라고도 하며, 경우에 따라 웹아트, 인터넷아트, 멀티미디어, 상호작용적 설치작품(installation), 디지털 영화 등의 형식으로 실현된다.

기존의 아날로그 매체를 사용하는 예술 형식의 범주에는 회화, 조각, 건축 등 전통적인 형식들도 있으나, 사진, 영화, 비디오 등 미디어 아트들도 포함된다. 오늘날 디지털아트의 파급력이 날로 커지면서 '미디어 아트'를 컴퓨터에 기반을 둔 예술로 한정시키기도 한다. 그러나 사진의 발명 이래 이미지의 대량 복제와 보급을 가능하게 하는 예술적 매체들이 등장하기 시작했고, 이러한 대중매체의 속성을 소유한 예술을 통틀어 미디어아트라고 하는 것이 더 일반적이다. 단, 컴퓨터아트가 등장하기 이전의 사진, 영화, 비디오 등의 미디어아트는 매체의 속성이 전통예술의 매체와 유사하게 아날로그적이라는 데서 디지털아트와 결정적으로 구분된다. 이런 점에서 디지털아트는 기존의 미디어아트와 차별화되어 뉴미디어아트로 명명되기도 한다.(미학대계간행회, 2007.)

그리고 벤야민(Benjamin Walter, 1892~1940)을 통해 기술의 발전이 예술의 탈신비화를 가속시켜 예술을 민주화시키고 사회에 대한 비판적, 참여적 거리감을 확보할 수 있게 한다는 점을 살펴보자. 그는 「기술복제 시대의 예술작품」(1936)이라는 글을 통해서 "전통예술의 본래적 사용가치는 종교의식과 상관이 있으며, 이 의식적 가치를 기술복제시대 이후 전시가치가 대신한다." 고 했으며, 예술과 관련하여 사진과 영화라는 새로운 기술매체가 야기한 철학적인 변화를 제기했다.(W. Benjamin, 반성완 편역, 1983.) 또한 그는 사진과 영화의 매체적 속성은 바로 이미지의 기계적 재현 및 복제 가능성으로 기술매체의 기계적 복제와 예술의 상관성을 다음과 같이 설명한다.

> 우선 예술작품의 기계적 복제가 작품의 '아우라(Aura)'를 배제시킨다는 점이다. "아무리 가까이 있더라도 어떤 먼 것의 일회적 나타남"으로서의 아우라는 예술작품의 일회적 현존성으로 인해 작품이 지니게 되는 성스러운 분위기이다. 그러나 이제 예술작품의 기술적 복제 가능성은 그 같은 아우라를 제거함으로써 예술작품으로 하여금 지금까지 종교적 의식 속에서 살아온 기생적인 삶의 방식으로부터 벗어나도록 하였다.(미학대계간행회, 2007.)

즉 벤야민은 기술복제 시대의 예술작품에 일어난 결정적 변화를 '아우라의 붕괴'라고 정의하였다. 아우라는 유일한 원본에서만 나타나는 것이므로 사진이나 영화와 같이 복제되는 작품에는 아우라가 생겨날 수 없다고 하였다. 또 아우라는 종교 의식에서 기원하는 현상으로 '가깝고도 먼 어떤 것의 찰나적인 현상(einmalige Erscheinung einer Ferne, so nah sie sein mag)'이라 정의하였다. 그러나 그는 르네상스 이후의 예술에서도 과거의 종교적 숭배가 세속적인 미의 숭배로 대체되었으므로 아우라가 존재한다고 보았다. 아우라는 예술작품의 원본이 지니는 시간과 공간에서의 유일한 현존성이 있어야 한다. 그러므로 사진이나 영화처럼 현존성이 결여된 작품은 아우라가 없다는 것이다. 독특한 거리감을 지닌 사물에서만 가능한 아우라는 복제품이나 대량생산된 상품에서는 경험될 수 없는 것이다.(김문환,

1994. / 월간미술, 1999, 이정호 외, 2011.)

벤야민의 견해대로, 기계적 복제예술은 종래의 순수예술의 아우라를 제거하고 예술을 종교로부터 해방시켰다. 다시 말해, 전통적 예술은(특히 미술은) 그 유일무이성(唯一無二性)으로 인해 종교적 가치에 필적하는 예술의 고유한 가치, 즉 아우라를 소유하고 있었으나, 복제 기술의 발전으로 등장한 사진 및 기타 미디어 아트는 쉽게 복제될 수 있는 가능성으로 인해 아우라를 상실하였다. 그는 아우라의 상실을 예술사에서의 진보로 판단한다. 즉 예술은 오랫동안 종교에 기생하던 방식을 버리고, 현대 대중사회에 맞는 민주주의적 존재 방식을 취하게 되었기 때문이다. 일체의 디지털 아트는 예술의 일회성, 유일무이성을 부인하는 복제예술의 한 형식이다. 그럼에도 가상현실을 구현하는 예술작품들은 실재하지 않는 존재를 '재현'하기도 한다는 점에서 기존의 복제예술과는 다른 관점에서 고찰될 필요가 있다. 디지털 아트는 자주 '지시(presentation)' 대상이 없는 재현을 한다. 물론 재현이 외부세계의 지시대상을 전제로 한다면, 디지털아트의 재현은 재현보다는 지시라 하는 것이 더 적절해 보인다. 그런 의미에서 디지털아트의 창조는 '복제(reproduction)'보다는 새로운 형식의 '생산(production)'으로 기술되는 것이 더 적절해 보인다. 이때 창조되는 것은 넓은 의미에서의 '가상현실'이다. 컴퓨터는 데이터를 변환하여 현실을 모방하는 이미지들을 만드는 것이 아니라, 그 자체로 현실이라 할 가상현실을 구성하는 이미지를 구성하는 이미지들을 만든다.(김문환, 1994. / 월간미술, 1999.

/ 이정호 외, 2011.) 이처럼 한정된 공간에서 일회적으로 향유되었던 예술은 기술복제에 의해 점차 전시기회가 늘어나게 되고 종교로부터 독립해 그 새로운 기능을 수행하게 되었다는 것이다. 그의 말처럼 기술복제로 인해 이제는 다채로운 인쇄물과 인터넷을 통해서 직접 접하기 어려운 예술작품들을 곧바로 내 집 안방에서 볼 수 있게 되었다. 때론 인쇄물이나 웹 사이트에서 본 색채로 그 이미지들을 기억하던 눈이 막상 작품의 원본을 확인한 후 그 차이에 깜짝 놀라기도 하는 점이 없진 않다. 또한 인터넷 화면 위에 펼쳐지기 때문에 실제 작품을 보았을 때 다가오는 예술가의 터치나, 섬세한 마티에르(matiere) 등을 통한 작품의 진솔성을 감상할 기회가 부족한 것은 사실이다. 그것은 크기, 재료, 입체감, 주변의 분위기와의 조화 등 실제 작품이 가지고 있는 느낌이 왜곡될 수 밖에 없다는 점을 감안하여야 하는 점에서 들뢰즈(Gilles Deleuze, 1925~1995)가 확립한 개념인 시뮬라크르(simulacre)가 원본성을 대신한다는 이야기도 이미 낡은 이야기가 된 것이다.

들뢰즈의 시뮬라크르는 단순한 복제의 복제물이 아니라, 이전의 모델이나 모델을 복제한 복제물과는 전혀 다른 독립성을 가지고 있다. 이는 모델의 진짜 모습을 복제하려 하지만, 복제하면 할수록 모델의 모습에서 멀어지는 단순한 복제물과는 다르다는 것을 의미한다. 왜냐하면 들뢰즈의 시뮬라크르는 모델과 같아지려는 것이 아니라, 모델을 뛰어넘어 새로운 자신의 공간을 창조해 가는 역동성과 자기정체성을 가지고 있기 때문이다. 따라서 단순한 흉내나 가짜(복제물)와는 확연히 구분된다. 들뢰즈가 시뮬라크르를 의미와 연계시켜 사건으로 다루면서 현실과 허구의 상관관계를 밝힌 이후, 시뮬라크르는 현대철학의 중요한 개념으로 자리 잡았다.(월간미술, 1999.) 따라서 컴퓨터 기술에 의하여 기존 이미지의 복제, 모방, 차용, 합성이 가능하게 되었다. 이는 기존 작품을 마치 하나의 기호단위로 차용하여 재생한 것으로 매체의 확산과 함께 매체의 혼합현상도 두드러지게 나타난다. 사진, 인쇄, 복사, 영화, 비디오, 설치, 퍼포먼스 등이 복제 또는 혼용되고 합성된 대표적인 것이다. 그런데 이러한 복제, 모방, 차용, 합성 등이 가능한 매체는 그 작품의 진본성과 진리에 대한 문제를 불러일으킨다. 나아가 복제와 네트워크 예술에서 인간의 폐쇄된 자아의식에서 벗어나 서로가 만나는 공동의 장에서 통합된 공동의식을 가질 수 있을 것인가 역시 문제점으로 지적되고 있는 것이다.

미래는 다양한 문화와 문명이 만나는 시대이다. 그리고 그것들이 하나되는 시대이다. 철학과 예술이, 또는 예술과 과학기술이 하나되는 시대이다. 들뢰즈도 철학이 만일 지금처럼 미래에도 예술의 본질에 대해서만 국외자적으로 언급하는 데 만족한다면 결코 그 빈곤에서 벗어날 수 없을 것이라고 충고한다. 왜냐하면 미래에는 철학도 예술과 함께 활동하고 미지의 현실, 가상 공간에서 예술과 교류하거나 만남을 통해서 예술에 적극적으로 개입하며 예술과 충돌할 때 더욱 생동적 역할을 할 수 있다고 생각하기 때문이다. 예술과 과학기술과의 관계도 마찬가지이다. 미래의 문명과 문화에서는 그 내부적 임계(臨界, virtual space)성의 주장이 무의미해질 것이 분명하다. 미래는 모든 면에서 이종공유(interface)의 시대이고 융합(convergence)의 시대가 될 것이기 때문이다.(이광래, 2007.)

4. 나눔과 공유, 그리고 예술

1890년대 모리스 드니(Denis Maurice, 1870~1943)는 "회화는 전쟁터의 말이나 또는 나부와 같이 이야기이기 이전에 본질적으로 일정한 질서를 가지고 선택된 색채로 덮인 평면이다."고 하면서 '등가(等價)'이론을 전개한다. 즉 물체와 공간은 일루션주의(illusionnism)적으로 표현되어서는 안되며, 색채표면 등가를-그것의 자율적인 미적 가치와 표현 가치가 예술적 그림의 원래 내용을 결정함을 통해서 '재현'되어야 한다는 것이다. 이는 당시 진보적인(상징주의와 후기인상주의) 화가들의 생각을 요약하고 있다. 그리고 선, 색채, 표면 등의 비묘사적, 표현적인 성질을 근거로 한 아르누보(Art Nouveau)의 대담한 실험적 디자인은 회화와 밀접한 분야에서 처음으로 추상의 영역 을 확대시켰다고 볼 수 있다. 또한 그는 '회화란 평면 위에 물감 덩어리'라고 한 말이 모더니즘미술을 대변하듯이(Hnas Sedlmayr, 남상식 역, 2004.) 컴퓨터 등 디지털매체의 미술이란 '모니터 평면의 펄스의 이미지'라는 말로 바꿀 수 있을 것이다. 왜냐하면 조각이나,

설치미술 등도 컴퓨터 모니터 위로 보여지면 모두가 평면으로 바뀌기 때문이다. 모든 마티에르는 모니터 위에서는 펄스라는 전자신호로 단일화된다. 그래서 르네상스시대에 회화가 현실을 일루전(illusion)으로 보여주려 했던 것처럼, '회화란 평면 위에 이미지이다.'라는 고전적인 의미의 회화관으로 되돌아갈 수 있다는 것이다. 물론 여기서 일루젼은 환각(幻覺) 또는 환상(幻想)을 말한다. 일종의 착각으로 본래는 실재(實在)하지 않는 형상을 마치 실재하는 것 같이 지각하는 작용 및 그 형상(形象)을 일컬음. 미술에서는 시각적 일루전을 적극적으로 이용하여 특이한 작품을 만들어내고 있다. 일반적으로 예술이 창조해내는 세계가 다소 현실(또는 진실)같이 보이더라도 허구에 불과하다고 한다면 예술의 본질은 일루전이라 할 수 있다. 이와 같은 입장을 취하는 콘라드 랑게(Konrad Lange, 1855~1921)는 예술의 창작에 있어서 향수의 목적인 미적 쾌감은 의식적인 자기기만으로서 일루전의 유희에 바탕하고 있다고 하여 '예술 환상설'을 주장했다.(월간미술, 1999.) 그런데 모니터 상에서는 사물의 즉물성이나 표현기법은 별 중요한 것이 아니고 다시 내용이 중요하게 된다. 작가가 고도의 기술자이거나, 자기만의 어떤 노하우를 가질 필요가 없기 때문에 우리가 어떤 것을 표현하고자 할 때 어떻게 표현할 것인가는 전혀 문제가 되지 않는 것이다. 그것은 포토샵, 일러스트 등의 엄청난 파워의 프로그램들이 우리들이 원하는 것은 무엇이든지 손가락 하나만 움직이면 해결해주고 있으므로 어떻게 표현 할 것인가의 기술적인 문제는 이제 작가의 문제가 아니라, 소프트웨어 프로그래머들의 문제인 것이다. 따라서 어떤 내용을 담고 있는가의 문제가 될 것이다.

모더니즘 시대의 예술은 작가가 아틀리에(Atelier)라는 독립적인 공간에서 홀로 사유한 개인적 산물인데 반하여 오늘날 대중매체시대의 현대예술에서는 수용자와의 쌍방향적 의사소통의 구조가 성립되는 것으로부터 비롯된다. 특히 사이버 공간에서의 상호작용을 가능케 하는 예술품은 전통적 예술개념에서 보는 완결적 작품이 아니라 감상자가 참여함으로써 완성되는 매우 유동적이고 개별적인 체험을 제공하는 하나의 시스템과 같다고 할 수 있다. 이러한 맥락에서 예술가 정신의 독립성, 예술작품의 자율성은 자연히 감소되기 마련이다. 이것은 예술가의 창작 행위와 작품의 성격이 테크놀로지에 압도당한 결과라고 볼 수 있다. 그런데 새로운 매체를 이용하는 예술의 창조자나 감상자는 이 매체를 사용할 수 있을 뿐만 아니라 그 의미도 이해하는 능력을 지니고 있어야 한다. 불행하게도 대중매체에 의한 현대예술은 관객의 참여, 쌍방향적 소통의 이름하에 취향의 평균화와 세속화(世俗化)를 낳기도 한다.

우리는 대중매체성을 지닌 현대예술이 예술의 범위에 대한 이론적 재구축의 문제, 즉 "지금 우리에게 예술(미술)이란 무엇이며 어떠해야 하는가?"라는 문제를 제기함을 확인하게 된다. 이미 살펴봤듯이, 현대적 예술 개념의 형성 자체가 새로운 미디어 출현 및 그에 다른 문화 전반의 변화와 연관해서 이해될 수 있는 것이다. 또 한편으로 디지털 테크놀로지와 예술의 결합은 다시

금 이러한 현대적인 예술개념에 영향을 끼치게 된다. 따라서 우리는 더 이상 기존의 예술개념 및 그와 연관된 철학적 담론을 고수할 수가 없는 상황에 처해 있다.(미학대계간행회, 2007.) 그리고 전통적인 예술과 결정적으로 차별화되는 특징은 '가상현실(virtual reality)'과 '상호작용성(interactivity)'이라고 할 수 있다. 손쉬운 이미지 삽입과 조작 방식을 제공하는 디지털 테크놀로지는 예술가로 하여금 실제로 존재하지 않지만 실재와 대단히 유사한 이미지를 창조할 수 있게 한다. 사이버 공간에서 경험되는 가상현실은 15세기에 원근법이 발명된 이래 미술가들이 추구해 온 자연 모방의 꿈을 거의 완벽하게 성취시켜 주는 것처럼 보인다. 또한 많은 경우 디지털 아트는 예술가와 감상자의 상호작용 혹은 감상자의 참여를 요구한다. 네크워크상에서 완성되는 디지털 예술작품들에 있어서 예술가와 감상자의 상호 작용은 작품의 실현을 위해 필수불가결한 요소이다. 디지털아트는 이처럼 예술가와 감상자의 전통적이고도 모던한 구분을 포스트모던하게 내파하면서 종래의 예술개념을 전복(顚覆)한다.(미학대계간행회, 2007.)

현대 예술가는 분명하고, 일반적으로 따를 만하다고 여겨지는 노선(route)을 더 이상 갖고 있지 않다. 이러한 점은 오늘날 로마네스크(Romanesque), 고딕(Gothic), 르네상스(Renaissance) 내지 바로크(baroque)에 비견할 만한 양식이 존재하지 않는다는 사실에서 드러난다. 그러나 이러한 방향성의 결여는 예술가에게 새로운 자유를 가져다주었다. 즉 현대예술은 전통적 예술과는 달리 열려져 있다. 따라서 "예술이란 무엇인가?"라는 물음에 대해 오늘날은 매우 다양한 대답이 존재한다. 그러나 대답이 다양하다는 것은 그만큼 예술의 의미가 불확실하다는 점을 드러내는 것이다.(K. Harries, 오병남 외 역, 1988.) 오늘날 직, 간접으로 대중매체의 영향을 반영하지 않는 아방가르드 예술이란 거의 없다. 휴즈(R. Hughes)는 순수예술이 그 자체로서는 대중매체와 경쟁할 수 없다고 하였다.

> 팝 아트는 조급하게 꽝꽝댔다. 그 방법은 다른 매체로부터 배웠던 것이다. 그러나 그것이 미술관을 떠나서 살아남을 수 있는 기회는 어디에도 없었다. 마찬가지로 유감스럽게도 미술관 미술이 현실세계의 광상곡 같은 상업적 작품과 겨룰 수 있는 방법은 어디에도 없다. … 회화와 대형매체 사이의 어떤 대결에서도 회화는 결코 이길 수 없다.(1980)

그리고 이러한 예술작품의 기술적 문제를 예외로 논의한다면 그 대중매체로 인하여 21세기 삶의 형식은 나눔과 공유의 시대가 될 것이다. 그것은 현대 사회가 지닌 하나의 긍정적인 특징으로서, 대중매체가 널리 보편화됨에 따라 자신에게 친숙하여 보잘것없어 보이는 정보라 할지라도 그것을 필요로 하는 불특정 다수의 사람들과 정보를 나누는 가운데 새로운 정보에 접하게도 된다. 또한 새 정보를 창출하기도 한다. 우리는 이미 개별적으로 컴퓨터 등 대중매체를 통하여 많은 지식과 정보를 공급하기도 하고 제공받으면서 살아가고 있다. 현대 사회는 이처럼 자신만의 작은 지식 정보라 할지라도 그것을 필요로 하는 사람들과 부담 없이 손쉽게 나누는 보람과 즐거움을 누리면서 살아가게 될 것이다. 무엇보다도 사이버 공간에서 만들어지는 예술의 가장 두드러진 장점이자 가치는 아마도 '나눔, 공유의 철학'일 것이다. 다시 말하면, 현대예술이라는 것은 우리의 삶의 일부가 될 것이며, 삶 자체가 될 것이고, 모든 사람은 예술가이며, 인터넷 속에서는 감상자 또한 예술가이다. 왜냐하면 그들은 작품 속에 적극적으로 개입하고, 변환시키며, 자기 것으로 만들고 있다. 따라서 오늘날 예술가들은 예전의 예술가들처럼 오랫동안 연습하거나, 많은 시간을 필요로 하는 직업적 예술가가 될 필요도 없으며, 자신의 일상 속에서 느낀 삶의 철학을 예술로서 표현하면 된다. 이러한 대중매체가 지닌 가능성의 힘은 예술이라는 특수성을 보이지 않게 묻어 버렸다. 그러나 그 발달 목적은 결국 인간을 위한, 인간에 의한 삶의 질의 향상이라는 측면에 있기 때문에 그 예술적 표현의 가능성이 그 어느 때 보다도 가장 진정한 인간의 욕구를 반영한다.

한편, 디지털 테크놀로지와 예술의 결합은 그것이 단지 '기술에 대한 예술의 굴복'이 아니며 새로운 매체의 출현이 모든 변화를 가능케 하리라는 매체 결정주의적 사고로 귀결되어서는 안 된다. 게다가 미디어아트나 디지털아트의 예술적 근거에 대한 물음이 수반되어야 한다. 물론 이러한 물음에 앞서서 예술에 대한 개념적 패러다임의 전환이 이루어져야 한다. 아마도 새로운 예술개념은 매체와 예술간의 근본적 소통이 이루어져야 할 것이다. 그럴 때만이 피에르 레비(Pierre Levy, 1956~)의 예언, 즉 "이른바 '세계적 차원의 엔지니어'는 21세기의 주요 예술가들이 될 것이다"라는 것이 현실적으로 실현될 수 있을 것이다.(미학대계간행회, 2007.)

이제 우리는 예술의 문제는 단지 예술 작품만의 문제가 아닌 예술가, 예술 감상층 그리고 예술계라는 것의 존재방식 문제라는 조지 딕키(G. Dickie)의 입장을 이해할 수 있을 것이다. 뿐만 아니라 딕키의 예술론의 핵심은 예술계 내에서 이러한 자격을 수여하는 행위 속에서 문화적 의미를 찾아보자는 논의에 있다고 보아야 할 것이다. 왜냐하면 딕키는 "어떠한 문화산물에 예술이라는 자격을 공적으로 수여(conferring status)한다고 할 때, 그 행위 이면에는 결코 단순하지 않은 복잡한 과정이 개입되어 있다."(박성봉, 1995.)고 했기 때문이다. 딕키는 예술에 대해 '인공성(artifactuality)'과 '감상의 후보로서의 자격 수여'라는 두 가지의 필요조건으로 구성되어 있는 것으로 보았다. 그 요건을 살펴보자.

우선 첫 번째 요건으로 모든 예술 작품은 인공적인 사물의 조건을 갖추고 있어야 한다고 본다. 즉 분류적 의미에서 어떤 대상이 예술 작품이라고 할 때에는 적어도 그 대상이 인공품들 중의 어떤 것이어야 한다는 것이다. 그렇다면 그의 이러한 주장은 어떻게 이해해야 할까? 그가 말하는 '인공성'이란 기존의 인공품이나 자연물을 물리적인 힘으로 가공하지 않고도 예술가에 의해 예술로서 취급되어 미술 전시회라는 새로운 맥락 안에 놓이면 인공성을 획득하게 된다는 것이다. 예술 작품의 둘째 필요조건은 감상의 후보로서의 자격 수여에 관한 것이다. 이 조건은 예술 작품이 제도적 존재라는 인식에서 나온 것인데, 여기서 제도적 존재란 어떤 제도에 의해 일정한 기준과 절차에 따라 수여된 자격이나 지위를 지칭하는 것이다.

예술계는 음악, 문학, 조각, 연극, 회화 등의 체계로 이루어져 있고, 각 체계에 속하는 대상들에게 예술의 자격을 부여하기 위한 고유의 제도적인 배경을 가지고 있다. 이 예술계에 의해 감상 후보로서의 자격이 수여되어야 비로소 예술 작품이 되는 것이다. 따라서 좋은 예술이건 나쁜 예술이건 관계없이 가치중립적이고 분류적인 의미에서 모든 예술 작품에 대해 정의하고자 했던 그는 실제의 감상이 아니라 감상의 '후보'라는 잠재적 가능성을 예술 작품의 필요조건에 포함시켰던 것이다.(김혜숙 · 김혜련, 1998.) 그리고 딕키의 또 다른 주장을 보자.

> 도대체 무엇이 시이고, 그림이고, 연극인가 하는 것을 배울 경우, 우리는 그것들이 과거로부터 인간의 행위에서 유래되어 온 산물이면서 동시에 어떠한 지향점을 갖고 우리에게 제공되는 대상들이라는 점을 잊지 말아야 한다. 우리가 어떤 대상에서 예술작품을 식별할 줄 알게 되었을 때, 설사 그러한 판단이 잘못된 것이라 하더라도 우리는 어떤 식으로든 문화적인 역할을 담당하고 있는 것이다.(1984)

일반적으로 많은 예술가들은 과학기술은 본질적으로 기계적인 것이며 인간의 심성을 억누름으로써만 발전한다는 태도를 견지하며, 과학기술에 대해 부정적이거나 소극적인 자세를 취하고 있다. 그러나 대부분 디지털매체를 위시한 대중매체의 작품들 상당수가 테크놀로지가 낳은 현대 문명의 부조리를 묘사하고 있다는 사실은 아이러니컬하다. 이제 단토(Athor Danto)의 견해를 보자.

> 이제 단단한 외피는 부서졌고, 적어도 자의식의 편린과 같은 것에 도달했으며, 역사는 종결되었다. 이전에는 미술사 스스로 짊어졌던 짐을 이제는 철학자들에게 넘겨줘 운반하도록 할 수 있다. 그리고 역사의 짐에서 해방된 미술가들은 자신이 원하는 어떤 방식으로든, 자신이 원하는 어떤 목적을 위해서도, 심지어 어떤 목적도 없이 자유롭게 미술작품을 만들게 되었다. 이것이 바로 현대미술의 징표다.(1997)

그에 의하면, "미술작품이 어떻게 보여야 하는지에 대한 어떠한 선천적 구속도 존재하지 않게 되었다. 그것은 어떤 것으로도 보일 수 있다. 바로 이 사실 하나가 모더니즘의 의제를 종료시켰다."(Athor Danto, 1997.)고 했다. 그리고 칸딘스키(Wassily Kandinsky)는 "예술가에게 주어진 과제는 형식의 지배가 아니라 내용에다 형식을 맞추는 것이다."라고 했다. 즉 예술가의 임무라는 것은 형태를 지배하는 데에 있지 않고, 형태를 내용에 적합하도록 만드는 데 있는 것이다.(Wassily Kandinsky, 권영필 역, 1979.)

예술가들이 이러한 환경의 변화에 반응하는 것은 필연으로 보인다. 이러한 상황에 맞추어 국내의 컴퓨터, 인터넷 등 디지털 테크놀로지 매체를 이용한 작업들은 꾸준히 실험되고 있는 것도 사실이다. 이는 한 예술가가 다양한 분야를 추구하고 끊임없이 자기변신을 하고 있기도 하며, 미디어아트와 설치미술의 전반적인 확산의 경향으로 예술이 점차 종합화로 가고 있음을 보여주는 것이다. 따라서 오늘날 다양한 현대예술 작품들은 새로운 소통의 매체로 자리 잡고 있는 사이버 공간상의 디지털 문자를 실재의 예술적 차원으로 끌어들임으로써 정보화시대를 반영하는 새로운 예술장르의 출현을 암시하고 있다. 뿐만 아니라 소통, 감정, 기호, 언어체계, 대화, 대중, 온라인, 오프라인, 가벼움, 즐거움, 단순함 등의 철학적 성찰의 대상이 될 가능태로 남아 있다.

오늘날 예술이 이처럼 종합화의 양상을 보이는 것처럼, 현대사회에서 어떤 현상을 총체성으로부터 분리 독립시켜서 연구한다는 것은 매우 난해할 수 있겠지만, 보다 다양한 시각과 지속적 연구만이 예술적 가능성과 총체성을 보여줄 수 있을 것이다.

5. 인문치료의 또 다른 과제?

예술에 있어서의 창조는 이미지의 형상화라고 말할 수 있다. 왜냐하면 인간의 삶 자체가 많은 이미지 속에서 시작되며 그 이미지 속에서 끝날 수 있기 때문이다. 그래서 창조는 이러한 이미지에 어떤 형상을 부여하고 교정해 가면서 그 삶의 이미지를 가장 명료하게 창출하는 것 자체를 의미할 것이다. 가장 창의적인 예술가는 새로운 인생관, 세계관을 제시하는 것이다. 물론 "문필가는 매일 매일 일정량의 지면을 채우는 것을 배워야 한다. 화가는 어떤 분량의 화폭을 메우는 훈련을 쌓아야 한다."(Kevin Wall, 박갑성 역, 1992.)는 점을 간과해서는 안된다. 그럼에도 창의적 예술가는 그 표현 방법이 구태의연한 것이라도 하등에 상관이 없을 것이다. 즉 순수한 눈을 가진 사람을 말한다. 아무런 선입견을 갖지 않는 시각에 의해서 현실이 투명하게 드러난다. 이는 사물이나, 사건, 사회에 대하여 새로운 시각으로 보려는 패러다임의 변화를 뜻한다. 현대사회는 이처럼 새로운 인식이 요구되는 시점에 와 있다. 사이버상의 예술가들은 어떠한 독점권도 행세하지 않는다. 그들이 만든 소박한 예술을 함께 나누고 소통하고자 할 뿐이다. 더 이상 감상자도 예술가도 따로 존재하지 않는다. 대중매체는 우리 삶에 깊이 개입하여 이젠 우리 삶의 일부가 되어있다. 그것은 진정한 소통의 예술이며 대중 속에서 대중과 함께 하는 가장 친근한 예술소통방식이 된 것이다. 그것은 예술가의 작품에 대한 설명이나, 제작 의도, 감상자들의 촌평,

전문평론가의 작품평론을 직접 한 화면에서 볼 수 있으며 작가와 관객의 쌍방향 직접소통으로 현대예술의 대중교감에서 중요한 부분이 되어가고 있다.

디지털 테크노롤지는 동시대 예술계에도 혁명적인 변화를 가져왔다. 이제 음악가들은 디지털 테크놀로지에 의존하지 않고서는 작곡을 하지 못하는 상황이 될 수도 있다. 그런가 하면, 이러한 매체의 영향으로 단 한 명의 작곡가가 오케스트라와 가수들과 함께 작업하지 않고도 충분히 풍부한, 때로는 새로운 음향효과를 얻을 수 도 있다. 이는 시각예술의 경우도 마찬가지이다. 포토샵 같은 이미징 프로그램은 초보자조차도 예술을 할 수 있는 수단이 되며, 기존의 예술가들도 컴퓨터 이미징 프로그램에 대한 의존도를 점점 더 높여 가는 추세에 있다. 뿐만 아니라, 디지털 테크놀로지는 예술가들에게 새로운 아방가르드의 영역을 펼쳐 보였다 할 수 있다.(미학대계간행회, 2007.) 이를 대변할 수 있는 현대사회는 다양성을 전제로 한 다원주의를 받아들이고 있으며, 개성을 존중하며 공동체의식으로의 전환이 올 수 있을 것이다. 그러므로 그에 따른 현대예술과 미술에 대한 다양한 이론적 연구가 필요한 것이다. 예술치료에서 작품에서 느껴지는 미적 즐거움과 긴장은 기본적인 요소다. 하지만 예술치료에서 추구하는 미적 가치는 객관적인 기준에 의해 정해진 절대적이고 보편적인 아름다움과는 거리가 있다. 예술치료에서 아름다움이란 단순히 즐거움을 주는 것이다.(Richard Forestier, 김익진 역, 2013.)

리샤르 포레스티에는 "미학적 예술이든, 장식예술이든, 쾌락을 위한 예술이든, 실전 예술이든 아니면 치료적 예술이든, 그 어떤 형태로든 예술은 인간의 존재적 가치를 찾는 데에 결정적 역할을 한다. 이를 위해 인간은 그가 살아있다는 것을, 그리고 그가 인간적 존재라는 것을 알고 있어야 한다. 이것이 바로 '존재의 인식'인데, 이는 자기 존중과 자기 신뢰 그리고 자기 확신을 위한 가장 기본적인 요소다. 예술치료는 바로 이 세 가지 목표를 바탕으로 실행되어야 한다. 이 자기존중과 자기신뢰, 자기확신이라는 세 요인은 개인이 속한 사회 안에서 이해되어야 한다."고 했다.(Kevin Wall, 박갑성 역, 1992.) 또한 이것은 타인에 대한 확신, 신뢰, 존중 역시 마찬가지로 중요하게 고려되어야 한다. 이처럼 자신과 타인에 대한 확신, 신뢰, 존중을 바탕으로 인간에 대한 존중이 성립되며, 인간에 대한 존중이야말로 치료 활동을 위해 기본적으로 준수해야 할 규칙이다. 예술 활동에 정신적 차원의 개입이 진행된다면 환자의 손상된 정서적 역량을 복구시키거나 재교육(Kevin Wall, 박갑성 역, 1992.)시킬 수 있을 것이다.

결국 현대예술은 디지털 테크놀로지를 매개로 다양한 예술장르의 경계를 해체하는 동시에 철학 등 인문학 분야와 적극 연계되어야 할 것이다. 오늘날 예술(미술)과 반예술(반미술)의 경계는 사라지고 있다. 특히, 현대미술의 대중소통 기능과 역할이 변화됨으로써 일정한 검증장치 없이 감상자와 작품이 직접 마주 대하는 상황이 일반화되고 있다. 이러한 대중매체성을 지닌 작품과 감상자의 직접소통은 무비판적, 무분별적 보급과 수용의 과정에서 또 다른 문제를 낳을 수 있다. 그러므로 대중매체성으로 대변되는 디지털 테크놀로지에 의한 현대예술의 영역은 그 자체적 논의뿐 아니라 인문치료분야에서도 심도있게 연계하여 다양한 연구가 진행될 텍스트라 할 수 있다.

■ 이 글은 필자의 논문 「현대미술의 대중매체성과 예술철학적 의미」(인문과학연구 30집, 2011.)를 수정, 보완한 것이다.

■ 참고문헌 ■

김문환, 『미학의 이해』, 문예출판사, 1994.
김혜숙 · 김혜련, 『예술과 사상』, 이화여자대학교출판부, 1998.
미학대계간행회, 『현대의 예술과 미학』, 서울대학교출판부, 2007.
박선규, 『현대미술도 예술인가』, 신원, 1997.
박성봉, 『대중예술의 미학』, 동연, 1995.
월간미술, 『세계미술용어사전』, 월간미술, 1999.
이광래, 『미술을 철학한다』, 미술문화, 2007.
이정호 · 김성환 · 홍건영, 『철학의이해』, 한국방송통신대출판부, 2011.
Dickie, George, 오병남 역, 『현대미학』, 서광사, 1990.
Eliane Strosberg, 김승윤 역, 『예술과 과학』, 을유문화사, 2002.
Hnas Sedlmayr, 남상식 역, 『현대예술의 혁명』, 한길사, 2004.
Richard Forestier, 김익진 역, 『예술치료의 모든 것』, 강원대학교 출판부, 2013.
Kevin Wall, 박갑성 역, 『예술철학』, 민음사, 1992.
K. Harries, 오병남 외 역, 『현대미술: 그 철학적 의미』, 서광사, 1988.
Tolstoy, 耿濟之 역, 『藝術與人生』, 臺灣 遠流出版, 1985.
Wassily Kandinsky, 권영필 역, 『예술에 있어서 정신적인 것에 대하여』, 열화당, 1979.
W. Benjamin, 반성완 편역, 『발터 벤야민의 문예이론』, 민음사, 1983.
Athor Danto. After The End of Art: Contemporary Art and the Pale of History. (Princeton Univ. Press, 1997),
Dickie, George. Art and the Aesthetic: an institutional analysis. Cornell Univ. Press. 1974.
Dickie, George. The Art Circle: a theory of art. New York: Heaven Publications. 1984.
Langfeld, H.S. The Aesthetic Attitude. New York: Kennikat Press. 1920.
R. Hughes. The Shock of the New Ⅶ:Mass Production and the Pressure to go Pop. the Listener, 6 November. 1980.

제2부 개인과 인문치료

대화 분석을 통한 부부갈등대화 양상 | **정성미**

서간문, 소통의 글쓰기와 치유 | **유강하**

대화 분석을 통한 부부갈등대화 양상

정 성 미

1. 서론

부부대화는 가정 내에서 부부 사이에 이루어지는 2인 대화로, 부부의 갈등대화는 부부 두 사람 사이에서 이루어지는 다툼대화, 논쟁적 대화를 의미한다. 이 논문의 목적은 부부갈등대화의 분석을 통해 부부갈등대화의 특징을 고찰하는 것이다. 부부의 갈등대화의 구조를 분석하는 것은 대화에 나타난 부부갈등의 문제점을 확인할 수 있다는 데 의의가 있다.

2014년 통계청 자료에 따르면 2014년 결혼 건수는 30만 5500건이고, 한국의 이혼 건수는 11만 5500건에 달하므로 결혼의 3분의 1 이상이 이혼을 하는 추세이다(통계청, 2014:1). 이혼 건수가 하루에 317쌍에 이를 정도로 이혼으로 인한 가정 해체 문제는 심각하다.

현대사회는 유교문화가 붕괴되어 가고 있고, 이에 따라 남성과 여성들의 부부관계에 대한 가치관도 혼란을 겪고 있다. 여성은 부부 사이에 친밀감과 의사소통에 대한 욕구가 강해진 반면 남성은 여성과 비교하여 유교적 사고방식에서 벗어나지 못한 채, 부부 간 정서표현에 어려움을 겪고 있다. 이러한 부부의 기대와 가치관의 차이는 부부갈등의 원인을 제공할 수 있다. 또한 가정 밖에서의 인간관계는 개인주의와 치열한 경쟁으로 인해 친밀한 관계를 형성하기 어려우므로 가정 내에서의 관계, 특히 부부관계에 대한 기대감은 더 상승할 수 있다.

이혼의 사유나 부부갈등의 원인 중에 하나로 부부의 대화방식이 지적되었다(옥선화 외 2인,2005:131-133). 이두원(2002:7)은 "사회적 변화 속에서 부부 관계가 재정립되고 있지만 부부간 '의사소통 방식'은 아직도 '변화의 속도'를 따라가지 못하고 있다"고 하면서 이혼과 부부갈등의 원인으로서 의사소통의 문제를 제기하였다. 공성숙(2004:142 재인용)은 이혼의 주된 원인은 성격 차이인데, 성격 차이가 의미하는 것이 분명치 않아서, 부부치료 전문가들은 성격 차이를 의사소통, 혹은 갈등에 대처하는 능력 부족, 부부의 자기중심적 경향을 의미하는 것으로 보고 있다고 하였다.

결혼에서 부부갈등은 자연스러운 것이고, 갈등 시 갈등 처리 방법에 따라 의미 있고 친밀한 부부 관계가 가능할 것이다. 그러므로 부부의 갈등문제는 그 자체가 문제라기보다는 갈등을 해결하는 방법에서의 문제이다. 부부의 갈등문제가 장시간 해결되지 않을 때는 부부 사이에 친밀감은 사라지고 적대감이 형성되며 부부의 기능이 저하된다(이화자 · 김순옥, 2010:832).

이 글에서는 대화분석 방법으로 부부갈등대화를 분석하였다. 대화분석은 부부간의 갈등상황을 상호작용의 맥락에서 찾아내기에 적절한 방법론(구현정, 2013:22)이다. 사회구성원들의 문제는 대화에 흔적을 남기게 되므로 대화를 분석하는 것은 사회적 문제를 직접 해결할 수는 없지만 문제의 원인을 진단하고 의사소통 차원에서 문제해결을 제공할 수 있다(박용익, 2001:25-8).

2장에서는 대화분석에 대한 선행연구와 대화 자료에 대한 검토를 하고, 3장에서는 대상자들의 대화를 고트만의 네 가지 갈등대화 유형에 따라 분류하고 그 문제점을 살펴 볼 것이다. 4장에서는 부부갈등대화의 유형 분류에서 파악할 수 없었던 부부갈등대화의 특징을 대화분석 방법을 통해 살펴 볼 것이다.

2. 선행연구와 대화 자료

2.1. 선행연구

대화분석의 선행연구는 언어학 분야에서의 대화분석 방법론과 치료 분야에서의 대화분석 연구를 들 수 있다. 전자에 해당하는 문학작품, 드라마, 애니메이션 속 대화를 대화분석의 개념을 활용하여 실제 분석한 연구가 있다. 이에 해당하는 연구로 Burton(1980), Coulthard(1985), Chafe(1994), Hoey(1983, 2001), 박용익(1999), 김해연(2010), 손달임(2008), 구현정

(2013), 권순희(2014)를 들 수 있다. 이 연구들은 대화의 구조와 원리를 고찰하는 대화분석 방법(이창덕, 1998)을 활용하여 문학작품, 드라마, 애니메이션 속 대화를 분석하였다.

문학작품, 드라마, 애니메이션 속 대화문은 실제 대화가 아닌 한 작가에 의해서 구성된 것으로, 구어의 대화 자료와는 다른 성격을 지니고 있다. 이 중에는 연구 목적 자체가 문학작품을 분석하는 방법으로 대화분석을 활용한 연구와 대화의 구조적 특징을 살피기 위한 연구로 구분될 수 있을 것이다. 전자의 경우 연구 목적 자체가 대화의 구조를 살피는 것에 있지 않고, 후자의 경우는 문어 형식의 대화 자료를 사용한 점을 한계로 들 수 있다.

두 번째 대화분석 연구는 대화분석을 가족치료에 적용한 연구로 조용길 · 유명이 · 박태영(2008), 정혜정(2011) 등이 있다.

가족치료에서 대화분석 방법은 첫째 상담연구와 실제 사이, 상담이론과 상담실제의 사이의 간격을 채워줄 수 있는 연구방법(Couture & Sutherland, 2006)이고, 둘째 치료사들의 의사소통 기술과 전략을 분석하고 발전시키는 데 유용하다는 견해가 있다(Friedlander, Heatherington, and Mars, 2000). 셋째 대화분석 방법은 가족치료사 양성에 있어서 상호작용의 직관력을 제공하고 의사소통에 대한 구체적인 분석을 통해 훈련의 효과를 높일 수 있다(Ratliff, Wampler, and Morris, 2000; Strong, 2003). 넷째 대화분석은 치료과정과 치료변화에 관련 연구에 적절한 연구방법(Couture & Sutherland, 2006)이다(정혜정, 2011:3).

대화분석 방법을 인문치료에 적용할 때에도 가족치료에 적용할 때의 연구 의의와 맥을 같이 한다. 이 글은 인문치료에서 부부 상담을 하기 전 부부갈등대화에 대한 구체적인 대화분석을 통해 갈등대화의 구조와 특징을 이해하고, 인문치료사 훈련 과정에서 상호작용의 의사소통에 대한 직관력을 키우게 한다는 점에서도 의의가 있다.

2.2. 대화 자료

이 글의 대화 자료는 EBS 방송프로그램인 '부부가 달라졌어요'에 나오는 2012년 6월 5일부터 2012년 8월 7일까지 10회분의 방송에 나오는 10쌍의 부부의 갈등대화를 전사한 자료이다. EBS의 '부부가 달라졌어요' 프로그램은 '선생님이 달라졌어요'로 시작해서 부부, 가족, 고부 등의 다양한 대상으로 확대된 EBS 대표 다큐멘터리 〈달라졌어요〉 시리즈 중 하나이다. 이 프로그램은 전문가들의 상담과 교육을 통해 위기 상황에 있는 부부들을 치유하는 프로그램이다.

이 글에서 실제 부부갈등대화가 아닌 방송 자료를 사용한 이유는 부부의 갈등대화가 성격 상 극히 민감한 사생활에 해당하여 자연발생적인 부부갈등대화를 수집하기가 어렵기 때문이다. 이 글의 부부갈등대화 자료는 방송 기록물이라는 자료적 특수성을 지니고 있다. 카메라의 존재는 참여자들의 행동과 대화에 영향을 줄 수 있다. 그러나 처음에는 의식해서 행동하던 참여자들이 일정한 시간이 지나면 카메라에 익숙해지면서 점차 자연스러워진다고 하였다(박용익, 2001:120; Santoi Leung, 2009:15).

방송자료라는 제약에도 불구하고 방송의 부부갈등대화 자료를 분석 자료로 한 것은 '부부가 달라졌어요' 프로그램이 다큐멘터리 형식의 프로그램이어서 부부의 갈등에 초점을 맞춰 충실하게 보여주고 있고, 자료가 동영상 자료이기 때문에 언어 자료뿐 아니라 비언어, 준언어의 자료를 참고할 수 있기 때문이다(Santoi Leung,2009:15). 이 글에서는 비언어, 준언어는 주 분석대상은 아니어서, 보조적 대화 자료로서만 참고하였다.

부부갈등대화의 참여자 정보는 〈표1〉과 같다. 부부의 연령대는 20-50대이고 결혼 5년차부터 35년차까지의 부부이다.

〈표 1〉 참여자 정보 및 갈등 개요

대화참여자 정보		갈등 개요
1	아내(42), 남편(38) 결혼 10년차	남편의 컴퓨터 게임에 대한 아내의 불만으로 인한 갈등. 남편의 사업, 컴퓨터 게임 등에 대해 남편을 신뢰하지 못하는 아내와 아내의 평가, 비난에 대해서 힘들어 하는 남편의 갈등
2	남편(31), 아내(30) 결혼 6년차	24, 25살의 이른 나이에 결혼해서 아이의 양육에 적극적으로 참여하지 않은 남편에 대해 불만과 섭섭한 마음을 지닌 아내. 남편의 양육 태도를 마음에 들어 하지 않는 아내와 자신의 양육태도를 신뢰해주지 않는 것에 불만을 지닌 남편의 갈등
3	남편(40), 아내(34) 결혼 7년차	집안일을 하지 않으면서도 집안일에 대한 불평을 일삼는 아내. 무기력한 아내와 그 아내를 감정적으로 이해하지 못하고 못마땅하게 생각하는 남편의 갈등

대화참여자 정보		갈등 개요
4	남편(50), 아내(47) 결혼 21년차	고부갈등 시 남편에게 지지받지 못했던 아내가 남편에게 분노감을 갖고 있고, 남편은 아내의 분노를 이해하지 못하고 자신의 어머니를 돌보지 않는 것에 대한 섭섭함을 지니고 있음
5	남편(59), 아내(52) 결혼 35년차	남편의 알코올로 인해 가장으로서의 역할을 하지 못하고, 아내는 생계를 책임져야 하는 상황. 남편은 장사에 도움이 되는 것보다 방해가 됨
6	남편(39), 아내(38) 결혼 12년차	과거의 일로 마음을 닫아버리고 이혼을 바라는 남편과 남편을 설득해서 함께 살고 싶은 아내의 갈등
7	남편(40), 아내(37) 결혼 10년차	남편의 빚으로 인해 해결책을 찾지 못하고 위축된 남편과 남편의 책임감 있는 모습과 사랑을 받고 싶어하는 아내의 갈등
8	남편(28), 아내(27) 결혼 5년차	육아에 지친 아내와 직장의 스트레스로 인한 남편의 갈등. 남편의 술자리를 아내는 좋아하지 않고 남편은 아내에게 거짓말을 하거나 짜증을 내며 대응함. 아내는 약속을 지키지 못하는 남편을 신뢰하지 못하고 공격함. 아이의 양육에 대한 차이를 서로 인정하지 못함
9	남편(32), 아내(30) 결혼 5년차	술자리에서 연락이 되지 않고, 육아에 힘든 아내를 배려하지 못하는 남편에 대한 불만, 아내의 지적, 비난에 대해 수긍은 하지만 행동에 변화는 없는 남편의 갈등
10	아내(36), 남편(35) 결혼 9년차	임신 중인 아내를 두고 가출한 남편. 남편은 아내를 신용불량자로 만들어 놓은 상황. 아내는 남편을 믿을 수 없고, 매사에 짜증으로 남편을 대하고, 불안해하는 아내. 남편의 자녀 양육에 대한 관심, 참여도가 낮음

〈표1〉에서 보면, 자녀 양육기의 젊은 부부의 갈등에 있어서 공통점은 자녀 양육에 대한 관점의 차이를 인정하지 않고, 배우자를 자신의 관점에서 비난하는 것이 나타난다(2, 8, 9). 이 외에도 고부갈등(4), 알코올로 인한 부부갈등(5)의 문제, 경제적인 문제(7, 10), 과거 상처로부터 극복되지 못한 갈등(6, 10등)도 있다.

3. 고트만의 부부갈등대화의 유형

공성숙(2004:141)의 연구에서는 고트만의 이론을 중심으로 부부관계 증진 집단 상담 프로그램을 개발하고 의사소통의 악화 요인에 미치는 효과를 분석하는 실험 연구를 진행하였다. 부부갈등을 대화유형과 연관시킨 한숙자(2006)에서도 고트만의 이론을 중심으로 부부갈등 처리 유형과 대화 유형을 살피고 효율적인 갈등처리 유형과 대화 유형을 탐색하여 치료적 방향을 제시하였다.

한숙자(2006:208-11)에서 고트만은 갈등부부의 특징으로 6가지를 들었다. 6가지의 특징 중에서 언어와 연관된 특징은 2가지로, 이 언어적 특징을 보이면 이혼할 가능성이 높다고 하였다.

첫째 갈등이 많은 부부는 부정적 상호작용의 비율이 긍정적 상호작용의 비율보다 높다는 것이다. 부정적 상호작용에 해당하는 것은 비난, 소리 지르기, 무시 등이고, 긍정적 상호작용은 미소, 접촉, 칭찬 인정이다. 보통의 부부들은 긍정적 상호작용이 부정적 상호작용보다 5배나 높은 것에 비해 부부의 갈등대화에서는 부정적 상호작용이 긍정적 상호작용보다 1.25배나 높다.

둘째 부부의 갈등대화에서는 갈등처리 방법으로 상대비난, 상대경멸, 조기방어, 돌담쌓기 유형을 사용한다는 것이다. 상대비난은 어떤 구체적 행동에 대한 공격이 아니라 배우자의 성격 특성에 대해 공격하는 것이다. 비난은 자신의 분노나 화를 표출하는 것으로 불평과 다르다고 하였다. 배우자가 불평을 수용하지 않을 때 비난으로 이어질 수 있고, 비난이 된 경우 대화에서는 만성적 신체각성(Diffuse Physiololgical Arousal: DPA)이 높아진다. 또한 비난은 경멸로 이어진다. 상대경멸은 상대방에 대한 인신공격, 욕설을 통해 두 사람의 관계를 무너뜨리고 정서적으로 상대방을 학대하는 것이다. 이 경우 배우자는 위축되어 긍정적 상호작용의 표현을 할 수 없다. 조기방어는 배우자의 공격이라 생각되는 모든 것에 자신을 방어하는 것이다. 돌담쌓기는 배우자가 신체적, 정서적 대화를 중단하는 것이다. 한 사람이 혹은 두 사람이 모두 돌담쌓기를 할 수 있으며, 남편들의 회피경향이 좀 더 심하다. 이는 남자들이 생리적 고통을 회피하려는 경향이 강하기 때문이다. 그러나 이는 자신을 달래는 시간이 되기도 한다.

이 글에서는 고트만의 이혼 가능성이 높은 부부의 언어적 특징을 중심으로 10 쌍의 부부대화를 고찰할 것이다.

고트만이 활용한 갈등처리 네 가지 유형인 상대비난, 상대경멸, 조기방어, 돌담쌓기로 10 쌍의 부부갈등대화를 유형 분류하여 유형의 근거가 되는 대표적인 언어표현과 함께 제시하였다.

〈표 2〉 고트만의 갈등대화 유형에 따른 분류

대화참여자		갈등대화 유형	분류 근거 대화문
1	아내(42), 남편(38) 결혼 10년차	남편 : 상대경멸형, 돌담쌓기형	"널 받아 들이는 게 제일 힘들어" "(고개 돌리는 남편)..."
		결혼 10년차아내 : 상대비난형	"밤새워 게임이야? 초딩이야?"
2	남편(31), 아내(30) 결혼 6년차	남편: 상대비난형	"너는 너 그러면서 소리 지르면서 애 때리잖아."
		결혼 6년차아내 : 상대비난형	"니 잘못했을 때 본인은 그렇게 얘기 했냐고"
3	남편(40), 아내(34) 결혼 7년차	남편 : 상대비난형	"그럼 거기에 널브러진 거 지금까지 누가 세탁기에 건드렸는데. 내가 매번 가서 갖다 넣은 거 알잖아. 뭐 아닌 거 처럼 그렇게 이야기해."
		결혼 7년차아내 : 상대비난형	"내가 한 번 이야기하면 당신이 안 듣잖아. 내가 '뭐 좀 해, 뭐 좀 해' 나중에는 화를 내야지만 얘기를 듣잖아."
4	남편(50), 아내(47) 결혼 21년차	남편 : 상대비난형	"당신이 하는 분리수거가 분리수거냐 그게"
		결혼 21년차아내: 상대경멸형, 조기방어형	"그래 떠들지 마 X 조용히 살아. 니나 잘하세요."
5	남편(59), 아내(52) 결혼 35년차	남편 : 상대비난형, 조기방어형	"이놈의 열가지 다 입을 대니(잔소리를 하니) 상대방이 스트레스 받냐 안 받냐?" "에- 에- 됐네, 됐네, 됐네 백 퍼센트 다 옳아 옳아."
		결혼 35년차아내: 상대경멸형	"거기도 눈 가리고 아웅하지말어."

대화참여자		갈등대화 유형	분류 근거 대화문
6	남편(39), 아내(38) 결혼 12년차	남편 : 돌담쌓기형	"...."
		결혼 12년차아내 : 해당 유형 없음	"맛이 그렇게 없어?" "애들 입맛에 맞췄나."
7	남편(40), 아내(37) 결혼 10년차	남편 : 돌담쌓기형(약함)	"한 순간에 마음이 안 돌아서는데 어떻게 하라고"
		결혼 10년차아내 : 상대비난형, 조기방어형	"어휴 또또 근데 당신은 구체적인 방법을 제시하지 않잖아." "주중에 회사에서 일하고 주말에만 오라니까 진짜."
8	남편(28), 아내(27) 결혼 5년차	남편 : 상대경멸형	"너는 이러니까 안돼. 뭘 정신 나간 사람이야. 니가 이렇게 쫘대니까 안된다고." "너랑 사는 거 자체가 잘못한 거 같아. 그치? "
		결혼 5년차아내 : 상대경멸형, 조기방어형,	"미쳤구먼. 어디 갔다 왔냐?" "그러니까 니가 다 하라고 나한테 하라고 하지 말구"
9	남편(32), 아내(30) 결혼 5년차	남편 : 해당 유형 없음	"보기도 싫은데 욕은 당연히 나오겠지. 나오기야."
		결혼 5년차아내 : 상대비난형	"너는 항상 티가 나고 너는 항상 술을 먹어야 돼. 나는 그게 싫은 거야." "욕이 나와 너만 보면"
10	아내(36), 남편(35) 결혼 9년차	남편 : 조기방어형	"그랬다면 그런 줄 알아야지."
		결혼 9년차아내 : 상대경멸형	"일반적인 남편은 지 부인 명의로 이것저것 해갖고, 지 부인 신용불량자 만들어 놓구서,....그래서 나는 너만 보면 화가 치밀어 올라. 너 때문에 내 인생 아예 망친 거 같애."

〈표2〉의 유형분류 시 문제점으로는 첫째, 상대비난과 상대경멸의 차이가 확연하게 구분되지 않는다는 점이다. 상대비난은 불평이 수용되지 않을 때 발생하며, 비난이 반복적으로 이루어지면 경멸이 된다고 하였다. 상대경멸은 상대방에 대한 인신공격, 욕설로 두 사람의 관계를 붕괴하고 정서적 학대에 해당하며 이로 인해 긍정적 상호작용이 어려워진다고 하였다. 그러나 비난과 경멸을 구분하는 기준이 명확치 않아 유형분류가 어렵다. 〈표2〉에서는 상대비난과 상대경멸의 구분을 욕설, 과격한 표현을 포함한 경우와 아닌 것으로 분류하였다.

둘째 유형을 찾기 어려운 경우가 있다. 6의 아내와 9의 남편이 이에 해당된다. 6의 아내는 자신에게 벽을 쌓고 대화하지 않은 채 이혼을 생각하는 남편에게 회복을 계속해서 시도한다. 9의 남편은 아내의 비난에 대해 매우 빠르게 수긍을 하고 자책하는 태도를 취한다. 이들의 언어는 네 가지 유형 중에 해당되지 않는다. 이 경우는 '해당 유형 없음'으로 분류하였다.

셋째 복합적인 유형이 나타나는 경우가 있다. 상대비난형과 조기방어형이, 상대경멸형과 조기방어형이, 상대경멸형과 돌담쌓기형이 그 예이다.

넷째 분류에 객관적인 기준이 없어 주관적인 판단에 의해 분류가 달라질 수 있다.

네 가지 대화유형을 범하지 않는 부부는 없다고 하였다. 유형분류보다 중요한 것은 부부 사이의 긍정적 표현을 부정적 표현보다 많이 하는 것이고 그렇다면 부부는 행복할 수 있고 갈등의 해결책을 찾을 수 있다고 하였다(한숙자, 2006:210-211). 고트만의 연구에서 부부 사이에 갈등이 많고 적은 것이 문제가 아니라 갈등의 해결방식과 결혼생활의 만족도와 연관된 감정적 상호작용의 질이 더 중요하다는 맥락과 통한다.

3장에서는 부부갈등대화의 유형 분류에서 파악할 수 없었던 부부갈등대화의 구조적 특징을 대화분석 방법을 통해 살펴 보았다.

4. 부부갈등대화의 분석

대화의 구조는 거시구조와 미시구조로 나누어 볼 수 있다. 거시구조는 대화의 전체 구조로 시작, 중간, 종료 단계로 구분된다. 미시구조는 언어행위 간의 구체적 관계와 연관된 구조이다(손달임,2008:79).

대화의 미시구조는 특정한 규칙을 통해 구성된 화행들의 결합체이다. 미시구조는 화행과 화행이 결합하여 정형적인 대화를 구성할 때 이들 사이에 특정한 관계가 성립된다. 이를 대응쌍이라고 한다. 그 대화가 정형이 되기 위해서 시작화행 뒤에 올 수 있는 대응 반응들이 규칙에 의해 제한된다. 가령 질문으로 시작되는 대화는 대답과 같은 특정 유형으로 연결된다(박용익, 2001:286).

프랑케(1990)는 훈츠누르셔(1980)의 대화문법론을 바탕으로 보편적 최소대화의 7 가지 유형을 제시하였다(박용익,2001:287).

최소대화란 완결된 하나의 화행연속체를 의미하는데, 여기서 완결의 의미는 말할이의 의사소통의 목적이 달성되었는가와 연관된다. 질문-대답의 대응쌍에서 질문에서 원하는 대답을 취했을 때 최소대화에 속하게 된다.

최소대화 유형

1) 최소대화1 : 시작화행+긍정응답
2) 최소대화2 : 시작화행+부정응답+포기화행
3) 최소대화3 : 시작화행+반박+포기화행
4) 최소대화4 : 시작화행+역시작화행+수정화행+포기화행
5) 최소대화5 : 시작화행+부정응답+수정화행+포기화행
6) 최소대화6 : 시작화행+역시작화행+재시작화행+포기화행
7) 최소대화7 : 시작화행+부정응답+재시작화행+포기화행

4 장에서는 부부갈등대화의 거시구조와 미시구조를 구분하여 논하고, 미시구조는 대화 교체에 있어서 중단, 중복 현상을 살피고, 질문-대답의 대응쌍을 프랑케의 최소대화 7 가지 유형과 연관하여 살펴볼 것이다.

4.1. 거시구조

일반적인 갈등대화에서는 시작단계가 생략되고, 중간단계에는 비선호적 대응쌍이 나타나며, 종료단계에서는 일방적 대화로

종결되거나 대화자가 자리를 회피하는 것이 빈번하게 나타난다 (손달임, 2008:81-2)고 하였다. 이 글에서 살펴본 10 쌍의 부부 갈등대화에서도 일반적인 갈등대화에서 나타나는 거시구조의 특징이 드러났다.

대화의 시작단계는 거의 생략되고, 중간단계의 대화를 진행하다가, 종료단계는 갑작스럽게 중단되거나, 자리를 회피하는 것으로 마무리를 한다. 종료단계의 대화를 살펴보기로 한다.

(1) **ㄱ.**

남편 : 진짜 욕해 주고 싶다.

아내 : 언제는 욕 안 했나? 치. 안했다는 듯이 이야기하네. 그나 그거라도 고쳤으니 다행이다. 음?

남편 : 그만 이야기하자. (자리를 피하는 남편) 〈1-1 대화 중〉

ㄴ.

남편 : 그럼 거기에 널브러진 거 지금까지 누가 세탁기에 건드렸는데 내가 매번가서 갖다 넣은 거 알잖아. 뭐 아닌 거처럼 그렇게 이야기해.

아내 : 아니야

남편 : 그럼 항상 널브러져 있던 건 어떻게 된 거야?

아내 : 됐으니까. (그만해) 〈3-2 대화 중〉

(1ㄱ)은 대화의 종료단계에 해당하는 대화로, 결국엔 남편이 대화 자리를 떠나기는 하지만, '그만 이야기하자'라고 대화에 대

한 마무리를 발화하고 있다. (1ㄴ)은 남편에게 경고조로 이야기의 종료를 요구하자, 대화가 중단된 경우이다. 두 경우를 제외하고는 대화의 마무리에 대한 언어표현을 통해 대화가 종료된 경우는 없었다.

대부분의 부부갈등대화는 대화자가 자리를 벗어나거나, 일방적으로 대화가 중단되었다. 이는 대화자들이 감정적으로 갈등이 증폭되는 것을 회피하거나 정리하기 위한 것으로 보인다.

(2)ㄱ.

남편 : 당신은 항상 화가 나 있으면서 화풀이를 나한테 했다는 거야. 내가 말하는 건

아내 : 뭘 또 내가 당신한테 화풀이를 해.(자리를 뜬다)

〈3-1 대화 중〉

ㄴ.

아내 : 맨날 하는 욕 언제는 안 했나?

남편 : 술 취했나? 막걸리 한 잔 마시더니

아내 : 그래, 마시고 취했다.

남편 : 에이 (욕 하면서 사라진다.)〈5-4 대화 중〉

(2ㄱ, ㄴ)에서 갈등이 증폭되거나 감정적으로도 화가 나는 상황에서 대화를 일방적으로 중단하고 대화 자리를 벗어나는 것을 볼 수 있다.

부부갈등대화의 거시구조는 일반적 갈등대화와 동일하게 시

작단계, 종료단계가 생략된 채로 중간단계의 대화로 구성된 경우가 많았다. 이는 부부라는 가까운 관계에서 대화의 격식을 갖출 필요성이 없고, 특히 갈등 상황에서는 자신의 의견이나 감정에 집중되어 있기 때문에 배우자에 대한 배려보다는 자기보호, 상황 회피 등의 원인과 연관된 것으로 보인다.

4.2. 미시구조

부부갈등대화의 미시구조는 먼저 대화의 교체와 관련해서 대화의 차례, 대화의 중단과 중복 현상을 살펴보고, 대화의 대응쌍을 중심으로 살피고자 한다.

4.2.1. 대화차례 분석

박용익(1999:234-5)에서는 잭스/쉐글로프/제퍼슨(Sacks, Schegloff, Jafferson 1974)를 인용하여 발화순서 교체가 대화에서 가장 기초적인 형태로 모든 대화의 보편적 현상이라고 하였다. 정상적인 의사소통에서 발화순서 교체의 특성을 14 가지로 정리하였고 이 중 대화차례 교체의 특징은 세 가지라고 하였다.

1. 대개의 경우 하나의 발화순서에서 한 명의 말할이만이 이야기한다.
2. 한 순간에 한 명 이상이 이야기하는 경우도 흔하기는 하지

만, 길게 지속되지는 않는다.
3. 하나의 발화순서에서 다음 발화순서로 넘어갈 때 대개 틈이 없고 또한 겹치는 경우도 없다.

갈등적 의사소통은 분노와 흥분 등 부정적 감정과 함께 진행되는데, 세 가지 보편적 대화차례의 교체 원칙이 잘 지켜지지 않는다. 그러므로 상대방이 자신의 발화를 멈추지 않으면 두 사람이 오랜 시간 동안 동시적으로 발화를 하는 경우가 협력적 의사소통의 과정보다 훨씬 많다. 갈등대화에서는 보편적 대화에서보다 중단과 중복 현상이 많이 나타난다(박용익, 1999:235).

대화의 차례는 부부갈등대화의 경우 부부 사이에 진행되는 대화이기 때문에 교체 양상을 살피기는 어렵고, 대화의 길이를 대화의 차례와 연관해서 살펴 볼 수 있다(김해연, 2010:539-541). 10쌍의 부부대화 중에서 비교적 대화의 길이가 비슷하게 유지된 부부는 2, 3, 8 부부이고, 7 쌍의 부부는 대화 길이의 균형을 유지하지 못하였다. 7 쌍 부부 모두 아내의 발화량이 더 우세하였다.

(3) ㄱ.

아내 : 내가 언제 음식물 쓰레기 갖다 버리라고 한 적 있어? 재활용 한 번 가져다 버리라고 한 적 있어? 바깥일 외에는 손 하나 까닥 안 하고 살았으면서 '나 힘 들어' 그러면 어떻게 하라고?

남편 : 널 받아들이는 게 제일 힘들어. 너를 받아들이는 게 제일 힘들다고

아내 : 그동안 어떻게 살았냐? 그러면 내가 당신 입장 이해해 줘야 해? 남자가 아침에 나가서 새벽 늦게까지 놀다가 겨우 들어와 잠만 자고 다시 아침에 나갔다가 또 새벽에 들어오고 어느 여자가 반가워하겠냐고. 미치지 않은 걸 다행이라고 생각해. 당신은 아내가 이 정도로 싫어하는데 왜(게임에) 목숨을 거는데?

남편 : 너한테 내가 목숨을 못 거니까 〈1-1 대화 중〉

ㄴ.

아내 : 내가 말하는 건 돈을 당장 갚으라는 게 아니라 이런 모든 일련의 해결 방법을 제시하는 게 당신이어야 하는 게 아니냐는 거야 내 말은.

남편 : 사실은 나는 내가 저질러 놓은 거를 내가 다 해결하겠다고 생각하고

아내 : 해결하겠다고 얘기를 하는데

남편 : 너무 집중하다 보니까

아내 : 집중하는 게 아니라 어휴 또또 근데 당신은 구체적인 방법을 제시하지 않잖아. 그니까 나처럼 집을 팔아서 차도 팔고 집도 팔고 전세로 가서 빚을 최소화시키겠다는 구체적인 이거 별거 아니잖아. 근데 이런 방법도 제시하지 않잖아. 실제로 그렇잖아. 그런 거조차 얘기 안하잖아. 나한테. 〈7-1 대화 중〉

ㄷ.

남편 : 전화... 그렇지 술만 먹으면은. 나중에는 습관이 되더라구.

아내 : 왜 근데 나는 지금 '그치 습관이 되지'라고 얘기하는 오빠가 그러구 또 그러잖아. 내가 뭘 싫어하고 뭘 잘못했는지 알잖아. 알고 있잖아. 그냥 받아들이는 받아들이는 거 난. 이런 게 싫은 거야. 받아들여. 다 이해하고 인정해. 근데 또 그래. 나는 니가 술을 먹을 때마다 어떤 절박한 심정이었는 줄 알아? 너 내가 전화하잖아. 전화 한 번 받아. 그러면 내가 15분, 20분 통화하는 이유가 뭔지 알아? 다음 전화 너가 안 받으니까.

남편 : 제발 좀 전화 좀 끊고, 집에 들어가서 얘기하자구 하자구

아내 : 집에 들어와?

남편 : 가잖아.

아내 : 언제? 그리고 나서 집에 들어와? 우리 집이 여관은 아니었잖아. 나는 그게 싫은 거야. 힘든데 꼭 술을 먹어야 돼나? 나는 너가 술 먹고 그렇게 하는 행동들이 싫어. 〈9-1 대화 중〉

(3ㄱ)은 남편의 게임으로 인한 갈등대화이다. 아내의 일방적인 비난의 대화 길이가 남편의 것과 비교해서 큰 차이가 남을 확인할 수 있다. (3ㄴ)은 남편의 경제적인 문제로 인한 갈등대화이다. 아내의 남편을 향한 원망과 비난의 발화량은 남편의 발화량보다 많다. (3ㄷ)은 남편의 술자리 습관들로 인한 갈등대화이다. 아내는 남편이 술자리에서 전화를 안 받거나, 약속을 어기고 늦게 들어오는 것으로 인해 남편을 비난하고, 자신의 심정에 대해 토로하는데, 그 대화의 길이가 남편의 것보다 훨씬 긴 것을 볼

수 있다.

대화차례 전환에서 대화가 중단되거나 중복되는 경우가 있는데, 중복이나 중단은 일상적인 대화에서도 발생한다(손달임, 2008:77; 김해연, 2010:539-541). 감정적으로 흥분된 부부의 갈등대화에서도 중단과 중복 현상이 빈번히 발생하였다.

대화분석에서 중단을 간격(gap), 전이휴지(transition pause), 대화차례 시작점 전이휴지(turn-initial transition pause), 망설임 휴지(hesitation pause) 등으로 구분한다(김해연, 2010:539). 부부의 갈등대화에서 중단은 상대방이 대화에 응하지 않는 것인데 중단이 일어나게 되면 교정이 일어나게 되므로 다시 대화가 진행되기도 하고, 그대로 중단되기도 한다. 부부의 갈등대화에서 중단은 부정적 의미인 회피 또는 무시, 무관심, 분노의 의미로 해석되는 경우가 많다.

(4)ㄱ.

아내 : 중독 위험? 잘 한다.

(남편에게) 봐 나는 아이들이 이런 이야기하는 것 듣기 싫다고.

남편 : .....

아내 : 왜 말을 안 해?

남편 : (게임) 안 했다고. 아이 참!〈1-2 대화 중〉

ㄴ.

남편 : 어머니가 폐렴이 좀 심해가지구 병원 응급실에 응급실에 좀 계시는데, 쫌 좋아지시긴 좋아지셨는데 아직 응급실에

있어 한 일주일은 더 있어야 하나봐.

아내 : ....〈4-5 대화 중〉

ㄷ.

아내 : 뭘 금세 닦아와. 그렇지- 테두리 하나도 안 닦았잖아. 거기도 눈 가리고 아웅하지말어. 만날 그런 식으로 하니까 잔소리 듣지.

남편:...

아내 : 어그. 행주에 받치고 오면 되잖아. 또 닦아야 될 거 아냐. 물 떨어지고

남편 : .....〈5-1 대화 중〉

ㄹ.

아내 : 김치를 더 넣으면 (맛이) 나을 텐데

남편 : ....

아내 : 맛이 그렇게 없어?

남편 : (tv만 쳐다보면서)....

아내 : 애들 입맛에 맞췄나.

남편 : .....〈6-1 대화 중〉

ㅁ.

아내 : 그래 알아서 하라고 기다리고 있는데 당신이 아무것도 안 하고 있잖아

남편 : 내가 표현을 안했어. 안했지만 나도 노력하고 있다라는 거지

아내 : 그니까 어떤 노력을 하느냐고 나한테 구체적으로 몇 월 며칠까지 돈을 일부 얼마 갚을 수 있고 그리고 내가 생각하

는 빚의 해결방식은 이러이러하다고 나한테 제시한 게 하나도 없잖아

남편 : .....〈7-1 대화 중〉

ㅂ.

아내 : 오늘이 처음이었어. 진짜 건우가. 평상시에 가려면 못 가게 울고불고 난리 치는데 치영이랑 다영이랑 노느라고 재미있어서 먼저 안녕을 하더라니까. 아유 이제 친구를 알게 됐어. 걔가.

남편:......

잠깐 정적이 흐른 뒤.

아내 : (남편을 쳐다보며) 왜 말이 없어?

남편 : 어 아냐. 딴 생각하느라구.

아내 : (남편을 툭툭 치면서) 건우가 오늘 처음으로 떨어졌다니까 웃으면서 안녕을 했다니까.

남편 : ...

아내 : 아이가 뭔가를 했다고 얘기를 했을 때 니가 같이 막 기뻐해 주거나 막 이랬으면 좋겠어. 쫌. 그냥 '그래?' 그러지 말구.

남편 : 가식적으로 반응을 할 수는 없으니까 〈10-4 대화 중〉

(4ㄱ)에서 아내는 남편의 게임이 자녀에게 부정적 영향을 끼친 것에 대해 비난하자 이에 남편은 침묵으로 일관한다. 다시 아내는 남편에게 발화를 재촉하고, 남편은 화를 내면서 대화가 종결된다. (4ㄴ)은 남편이 고부간에 갈등이 있는 아내에게 말걸기

를 시도하는 것으로, 시모에 대한 화제로 대화를 시작하자, 아내는 침묵으로 대화에 응하지 않는다. (4ㄷ)은 아내가 남편이 일하는 것이 마음에 들지 않아서 잔소리를 하는데, 남편은 아내의 말에 아무런 대응도 하지 않는다. 남편은 술이 취하면 아내에게 욕과 공격적 행동으로 대응한다. (4ㄹ)에서는 아내가 저녁상에서 남편의 저녁 시중을 들어주는데, 남편은 아내의 세 번의 발화에도 침묵으로 일관한다. 남편은 아내와 시선을 맞추지도 않고 표정도 냉랭하다. 남편은 침묵으로 아내에게 분노를 표출하는 것으로 보인다. (4ㅁ)은 아내가 남편의 경제적인 문제를 해결하는 구체적인 방안을 요구하자, 남편은 자신이 표현은 안 하지만, 준비하고 있다고 한다. 그러나 재차 아내가 구체적인 방안을 요구하자, 남편은 침묵한다. 이때의 침묵은 남편 자신이 구체적인 방안에 대한 자신감이 결여된 것이라 해석될 수도 있고, 구체적인 방안을 마련하지 못한 것일 수도 있다. (4ㅂ)은 아내가 자녀의 성장 변화에 대견해 하며, 남편에게 공감 받기를 원하지만, 남편은 두 번 모두 침묵으로 대응한다. 침묵의 이유는 남편의 '어, 아냐, 딴 생각하느라구'에서의 발화를 통해서 아내의 발화에 경청하지 않았다는 것을 알 수 있고, 습관적으로 듣지 않는 태도, 화제를 기피하거나, 화제에 대한 자신감 결여 등 다양한 원인을 생각해 볼 수 있다.

대화는 한 화자가 발화를 하고, 발화가 종료되면 다음 화자가 발화를 이어서 하는 구조이다. 중복 현상은 대화규칙 체계 상의 중복(system-induced overlap), 기능적 중복(functional overlap),

방해 중복(interruption)으로 나눌 수 있다(김해연, 2010:539-540). 부부의 갈등대화에서는 대화 중복 현상이 빈번하게 일어난다. 부부의 평상 시 언어 습관이나 급한 성격 또 대화의 주도권 문제, 의도적인 방해 등 다양한 변수가 있다. 10 쌍의 부부 중 7 쌍의 부부갈등대화에서 대화 중복 현상이 발견되었다. 이는 중복 현상이 개별적인 부부의 언어습관이기도 하겠지만, 부부갈등대화에서 '갈등'으로 인한 것으로도 볼 수 있다.

이러한 중복 현상은 대개의 경우 아주 짧게 끝나는 것이 일반적인 현상인데 이러한 중복을 피하기 위한 방법으로 한 대화자가 말을 중단하거나 동시에 중단한다거나 하는 등의 방법이 있다고 하였다.

(5)ㄱ.

아내 : 내가 혼낸다고 내가 혼낸다고 했잖아. 내 생각에는 (아이를) 혼낼 일이 아니야.

남편 : 니는 못할 니가 니가 혼낸다고 했어?〈2-1 대화 중〉

ㄴ.

아내 : 넌 보통 방에 들어가면 30분이야. 방에

남편 : 30분 동안 혼을 내도 나는 똑같은 (문제로) 혼을 내는데도 애가 (잘못한 것을) 못 알아들으니까 계속 똑같은 이야기를 해 주는 거야.

아내 : 그러니 (아이가) 얼마나 짜증나겠어.

남편 : 뭐 '얼마나 짜증나겠어야. 애가 당연히 이해를 못 하는데

이해를 시켜주는 게 짜증나는거냐? 〈2-1 대화 중〉

ㄷ.

남편 : 사실은 나는 내가 저질러 놓은 거를 내가 다 해결하겠다고 생각하고

아내 : 해결하겠다고 얘기를 하는데

남편 : 너무 집중하다 보니까

아내 : 집중하는 게 아니라 어휴 또또 근데 당신은 구체적인 방법을 제시하지 않잖아. 〈7-1 대화 중〉

ㄹ.

남편 : 아 어떻게 바깥 생활하다보면 어쩔 수 없는 그런 것도 있는 거지.

아내 : 바깥 생활 너만 하는 거 아니고 나도 해.

남편 : 그럼 너도 가서 술 먹고 와.

아내 : 지금 내가 술 먹고 오는 걸로 얘기하냐구

남편 : 너도 늦게 들어와 그러면. 이래서 집에 들어오기가 싫어 집에. 〈8-3 대화 중〉

ㅁ.

아내 : 봐 열 가지에서 열 가지에서 한 가지라도 잘 해야 하는데.

남편 : 에- 에- 됐네, 됐네, 됐네 백 퍼센트 다 옳아 옳아. 〈5-3 대화 중〉

ㅂ.

아내 : 자기 마음 약해지지 마. 자기 맨날 밥 먹을 때마다 밥 잘 안 먹는 거 보고 막 화내잖아.

남편 : 알았어.

아내 : 쟤도 일관성 쟤도 다 알고 이용하는 거야. 아빠.

남편 : 알았어.

아내 : 알았어가 아니라 내가 분명히 수퍼 들어갈 때 사주지 말라고 그랬는데.

남편 : 알았어. 다음엔 안 사줄게 〈9-2 대화 중〉

ㅅ.

아내 : 내가 못하게 한 게 아니잖아.

남편 : ----- 그거까지 와 가지고 양이 문제니 냄비가 크니 냉장고 들어갈 자리가 작으니 하면 나는 도대체 집에 뭐니? 〈10-2 대화 중〉

(5ㄱ)에서는 아내의 발화 중 남편이 대화교체를 시도하려고 하지만, 결국은 아내의 발화가 계속되고 있어서, 남편의 대화교체 시도로 인해 중복 현상이 나타났다.

(5ㄴ)은 남편과 아내 모두 상대방의 말을 끝까지 듣지 못하고, 대화교체를 반복하면서 진행하는데, 계속적으로 진행되는 중복은 언어습관과도 연관되는 것으로 보인다. 상대방의 말꼬리를 잡고 대화를 이어나가므로, 부부갈등대화에도 부정적인 영향을 끼치고 있다

(5ㄷ)에서는 남편과 아내의 중복 현상이 너무 빈번하게 발생하다 보니, 대화가 제대로 진행되지 않는 것을 볼 수 있다. 남편은 경제문제를 해결하기 위한 구체적인 방안을 발화할 충분한 기

회를 얻지 못하고 있다.

(5ㄹ)은 남편과 아내 모두 '너-중심' 표현을 쓰면서 상대방을 공격한다. 상대방을 향한 공격으로 인해 중복 현상이 일어난 것으로 보인다.

(5ㅁ)에서는 아내가 남편에게 하는 열 가지 잔소리 중에서 하나도 실천하지 않는다고 남편을 비난하자 듣기 싫은 남편은 반어적으로 아내의 발화를 저지한다.

(5ㅂ)에서는 남편이 아내의 발화 뒤에 이어서 혹은 중복해서 '알았어'를 발화한다. 이는 아내의 지적에 빠른 수긍을 보이는 태도로, 행동의 변화로 이어지지 않아 아내에게 신뢰를 받지 못한다. 이는 남편의 위기를 모면하려는 태도가 중복 현상으로 실현된 것으로 볼 수 있다.

(5ㅅ)에서는 아내의 발화에 중복된 남편의 발화가 식별이 되지 않다가 발화가 이어지는 것을 볼 수 있는데, 남편의 위축된 심리를 반영해 주는 것으로 볼 수 있다.

대화의 중복은 때론 의도적으로 때론 우연하게 이루어질 수 있는데, 대화의 중복이 모두 정상적이지 않은 것은 아니지만, 부부갈등대화에서의 중복은 대화교체를 시도하거나 상대방의 발화를 저지하려고 한다. 또한 부부갈등대화의 중복은 갈등 사안을 충분히 언급하지 못하게 하거나, 공격받는 것으로 생각하여 대화 상대방이 방어적인 태도를 취하게 한다.

4.2.2. 대응쌍

화자와 청자 사이에 나타나는 중복 현상뿐 아니라 주는 말과 받는 말이 쌍을 이루는 대응쌍도 대화에서 기본적으로 지켜지고 있는 규칙들이다(구현정, 2013:13).

대응쌍은 선호적 대응쌍과 비선호적 대응쌍으로 구분할 수 있다. 선호적 대응쌍은 질문–대답, 평가–동의, 비난–사과, 제안, 요청–수락, 인사–인사, 사과–수용하는 것이고, 비선호적 대응쌍은 질문–답변 안함 혹은 예상치 못한 대답, 평가–반대, 비난–역비난, 제안, 요청–거절, 상대방인사–무반응, 사과–수용하지 않음 등이다(손달임, 2008:78).

대응쌍을 무시한 대화나 비선호적인 대응쌍은 갈등을 표출하는 것으로 언쟁의 시작을 의미한다고 하였고(구현정, 2013:16), 대립, 갈등이 심화되기도 한다.

손달임(2008)에서는 갈등적 대화의 미시구조 중 '요구, 명령'과 '비난' 화행이 빈번하게 발견되므로 이를 중심으로 살펴보았다. 이 글에서는 '질문–대답'이라는 대응쌍을 중심으로 부부갈등대화의 대응쌍의 특징을 살펴보았다. '질문–대답'의 대응쌍은 '명령, 요구', 혹은 '비난'의 화행과도 연관되어 있음을 볼 수 있다.

(6)

아내① : 밤새워 게임이야? 초딩이야?

남편 : (고개를 돌리는 남편)...

아내② : 내가 언제 음식물 쓰레기 갖다 버리라고 한 적 있어? 재활용 한 번 가져다 버리라고 한 적 있어? 바깥일 외에는 손 하나 까닥 안 하고 살았으면서 '나 힘 들어'그러면 어떻게 하라고?

남편 : 널 받아들이는 게 제일 힘들어. 너를 받아들이는 게 제일 힘들다고

아내③ : 그동안 어떻게 살았냐? 그러면 내가 당신 입장 이해해 줘야 해? 남자가 아침에 나가서 새벽 늦게까지 놀다가 겨우 들어와 잠만 자고 다시 아침에 나갔다가 또 새벽에 들어오고 어느 여자가 반가워하겠냐고. 미치지 않은 걸 다행이라고 생각해. 당신은 아내가 이 정도로 싫어하는데 왜 (게임에) 목숨을 거는데?

남편③ : 너한테 내가 목숨을 못 거니까

아내④ : 참! 그럼 게임에 목숨 걸면 남아 나는 게 있어?(얄미로운 표정으로)

남편④ : 내 즐거움이 남아

아내⑤ : 즐거워?

남편⑤ : 즐거워.

아내⑥ : 모든 걸 다 뿌리치고 게임을 하고 있는데 즐거워?

남편⑥ : 즐거워. 지금 뭘 뭘 이야기하는 거야? 나 잘못했다고 계속 이야기하는 거야? 〈1-1 대화 중〉

(6)의 아내①에서 '밤새워 게임이야?, 초딩이야?'하는 질문은,

질문을 하는 사람도, 받는 사람도 대답을 기대하거나 대답할 생각이 없다. 아내②에서 아내는 질문을 대답할 기회를 주지 않고 다른 질문을 계속한다. 아내의 질문은 질문의 형식을 취해서 남편을 비난하는 것이다. 남편③에서 남편이 아내의 질문에 대답한다. 남편은 부정적인 대답으로 아내의 공격에 대응한다.

프랑케의 최소대화는 시작화행 +긍정응답, 시작화행 +부정응답 등 시작화행 뒤에 응답이 있게 되는데, 부부갈등대화에서 대화자가 대화상대자의 대답을 원하지 않으면서 질문을 하게 되는 경우를 볼 수 있다. 이런 경우 질문을 연속해서 하기도 한다. 굳이 대답을 들으려고 한 질문이 아니기 때문이다. 질문하는 이유가 상대방의 잘못을 지적하는 것, 즉 비난, 공격에 있다. 부부갈등대화는 시작화행+∮, 시작화행$_{1...n}$+∮의 양상을 보여준다.

아내④에서 아내는 아내③의 질문을 수정해서 다시 질문을 한다. 남편은 아내가 원하지 않는 대답인줄 알면서도 대답한다. 아내⑤는 다시 질문을 수정해서 하고, 남편은 다시 동일하게 대답한다. 아내⑥은 수정한 질문을 다시 시도한다. 남편이 대답을 했음에도 아내가 반복해서 동일한 성격의 질문을 수정 반복하는 것은 남편의 대답에 동의할 수 없기 때문이고, 남편은 이를 비난으로 받아들이므로 갈등이 증폭된다.

부부의 갈등대화에서는 프랑케의 '최소대화5:시작화행+부정응답+수정화행+포기화행'에서 부정응답과 수정화행이 계속 이어지는 양상을 보여준다. (6)에서도 비슷한 양상의 대화가 진행되고 있다.

(7) 남편 : (아내가 말이 없자 격앙된 목소리로) 남편인 이도연한테 바라는 게 있을 거 아냐. '이도연, 이거 좀 고쳐' 남편으로서 내가 어떻게 해주길 바래? 그럼 나도 고칠 의향이 분명히 있으니까

아내 : 남들하고 나하고 비교하지 마.

아내 : 남의 여자들이 뭘했든 나하고 비교하지 말라고

남편 : 내가 언제 비교를 했어?

아내 : (화를 내며)지금 나한테 얘기하라고 해서 얘기했잖아. 그러면 그거하면 됐지. 뭐가 더 필요해? 남의 여자랑 비교하지 말라고(울먹거리며) 응?

남편 : 뭘 비교를 해 뭘.

아내 : 어휴 XX 〈4-1 대화 중〉

(7)도 질문-대답의 구조인데, 질문한 사람이 대답을 수용하지 않고 다시 질문을 수정해서 진행한다. 이에 아내는 동일하게 부정대응을 하고 남편은 질문을 수정해서 반복하자, 자신의 대답을 수용하지 않는 남편에게 아내가 분노 반응을 보이며, 대화를 중단하고 있다.

(8)

남편① : 들어줬어요?

아내① : 다 해결해 준 거 아니야?

남편② : 거의 2년 내내 나를 씹고 다녔어. '다 니 책임이라고' 얘

기 안했었니 나한테?

아내② : 그건 그렇지. 게임을 하고 놀았으니까

남편③ : 원하는 게 도대체 뭐야? 나한테? 지금

아내③ : 내가 원하는 게 뭐겠노?

남편④ : 뭔데?

아내④ : 내가 힘들어한다는 걸 이해해 달라는 거잖아.

남편⑤ : 그러니까 지출을 다 줄이라고, 학원도 다 보내지 말라고. 보험도 다 끊으라구 그냥.〈1-1 대화 중〉

(8)의 남편①에 아내①이 다른 질문으로 반박한다. 남편②에서 남편은 자신의 말을 들어주지 않고 비난했던 아내에 대해 남편①의 질문을 수정해서 반복한다. 아내②에서 아내는 이를 수긍한다. 그러나 그 책임은 남편에게 있음을 제시한다.

(8)의 부부대화①, ②는 프랑케의 '최소대화4 : 시작화행+역시작화행+수정화행+포기화행'의 구조와 유사하다. 그러나 다른 점은 아내②의 발화가 포기화행의 형식을 취하기는 했지만, 그 책임을 남편에게 전가하고 있어, 남편의 불만은 증폭된다.

남편③에서는 남편이 아내와의 대화를 계속적으로 이어나갈 의미를 찾지 못하고, 아내에게 원하는 게 무엇이냐고 새로운 질문을 한다. 아내③은 남편③의 질문에 대답하지 않고 결정을 준비하기 위한 화행으로 되묻기 질문을 한다. 남편④는 남편③의 질문을 다시 반복한다. 아내④에서 남편④의 질문에 대답한다. 그러나 남편⑤에서 부정응답을 하게 된다.

(8)의 부부대화③-⑤는 프랑케의 '최소대화2 : 시작화행+부정응답+포기화행'에 해당하나, 다른 점은 부정응답에 대한 포기화행이 이어지지 못하고, 역제의를 함으로써 갈등이 심화되는 것을 볼 수 있다.

부부갈등대화에서는 질문-대답의 대응쌍이 유지되지 않는 예들이 자주 발생한다. 질문은 대답으로 이어지지 않고, 화자, 청자 모두 질문에 대한 대답에 대해 기대하거나 반응하지 않고, 재질문 형식으로 반복하는 것을 볼 수 있다.

질문-대답의 형식을 유지하는 경우도 대답이 질문자가 원하는 대답을 의도적으로 피하는 비선호적 대응쌍으로 구성되며 그 내용은 비난과 공격이다. 그러므로 부부간에 진정성 있게 나누어야 하는 대화는 질문-대화 대응쌍이 단절되는 양상으로 진행되지 않는다.

부부갈등대화가 프랑케의 최소대화 유형과 달리 대화구조가 단절되는 양상으로 나타나는 것을 볼 수 있다. 부부갈등대화는 응답을 기대하지 않는 시작화행+$\oint$, 시작화행$_{1}$...n+$\oint$의 양상을 보여 준다. 또한 프랑케의 '최소대화5 : 시작화행+부정응답+수정화행+포기화행'에서 부정응답과 수정화행이 계속 반복되는 양상으로, 프랑케의 '최소대화2 : 시작화행+부정응답+포기화행', '최소대화4 : 시작화행+역시작화행+수정화행+포기화행'에서 포기화행이 마무리가 되지 않는 양상으로 진행되어 갈등이 심화되는 것을 볼 수 있다.

5. 결론

이 글에서는 부부갈등 대화의 분석을 통해 부부의 갈등대화의 특징을 고찰하였다.

3장에서는 고트만의 부부갈등대화 유형에 따른 분류를 시도하였다. 4장에서는 대화의 구조를 파괴한 부부갈등대화에 대해 고찰하였다. 대화 구조는 대화차례, 생략, 중복, 대응쌍으로 나누어 고찰하였다.

고트만이 활용한 갈등처리 네 가지 유형인 상대비난, 상대경멸, 조기방어, 돌담쌓기로 10 쌍의 부부갈등대화를 유형 분류하여 근거가 되는 대표적인 언어표현과 함께 제시하였다.

유형 분류의 문제점은 첫째 상대비난과 상대경멸의 차이가 확연하게 구분되지 않는다는 점이다. 비난과 경멸 구분하는 기준이 명확치 않아 유형분류가 어렵다. 둘째 유형을 찾기 어려운 경우가 있다. 셋째 복합적인 유형이 나타나는 경우가 있다. 넷째 분류에 객관적인 기준이 없어 주관적인 판단에 의해 분류가 달라질 수 있다.

부부갈등대화는 대화의 구조를 살펴보면 다음과 같다. 첫째 부부갈등대화의 거시구조는 시작단계, 종료단계가 거의 생략되어 있어서 중간단계의 대화로 구성된 예가 많았다. 종료단계는 일방적인 대화 단절 혹은 자리를 벗어남과 같은 회피적인 방법으로 마무리되고 있다.

둘째 부부갈등대화에서는 생략 현상이 빈번이 일어난다. 생략은 비난, 화제거부, 분노, 인내, 자신감 결여, 대화의 불성실 등 여러 가지 의미를 다양하게 지닌다.

셋째 부부갈등대화에서는 중복 현상이 자주 발생한다. 중복은 발화교체 시도, 발화 저지, 공격, 빠른 수긍, 언어습관, 위축된 심리 등과 연관된다. 부부갈등대화에서의 중복은 갈등사안을 충분히 언급하지 못하게 하거나, 공격적으로 반응하게 할 수 있다.

넷째 부부갈등대화에서는 질문-대답의 대응쌍을 무시한 대화가 빈번하게 발견된다. 질문은 대답으로 이어지지 않고, 화자, 청자 모두 질문에 대한 대답에 대해 기대하거나 반응하지 않고, 재질문 형식으로 반복한다. 질문-대답의 형식을 유지하는 경우도 대답이 질문자가 원하는 대답을 의도적으로 피하는 방법으로, 비난하고 공격하게 된다.

다섯째 부부갈등대화는 프랑케의 최소대화 유형과 달리 대화구조가 단절되는 양상으로 나타나고 이것이 갈등을 심화시키는데 일조하였다. 대화분석이 부부간의 본질적인 갈등을 해결하지는 못하겠지만, 자신의 대화 구조에 대한 객관적인 인지는 문제해결에 간접적인 영향을 줄 수 있다.

마지막으로 부부갈등대화 분석연구를 인문치료에 실제 적용해서 부부갈등을 겪고 있는 부부의 인문치료상담 사례 연구로 진행할 수 있을 것이다.

■ 이 글은 필자의 논문 「부부갈등대화 분석 연구」(『어문론집』 제62집, 2015, 159-187)를 수정 · 보완한 것입니다.

■ 참고문헌 ■

공성숙(2004), "Gottman의 이론을 바탕으로 한 부부관계증진 집단상담 프로그램 개발 및 효과성 연구", 『한국가족치료학회지』12(2), p.141.

구현정(2013),「드라마 대화에 반영된 갈등 표현 양상」,〈화법연구〉 27(3), pp.13-22.

김해연(2009),「문학작품 대화문의 대화분석적 접근」, 〈언어연구〉, pp. 539-541.

김혜정(2007),「갈등대화의 개념과 구조」, 〈우리말연구〉 20, pp.227-258.

박용익(1999),「드라마 분석을 위한 언어학적 대화분석의 응용 가능성-막스 프리쉬의『안도라』를 예로-」, 〈텍스트언어학〉7, pp. 234-235.

박용익(2001),『대화분석론』, 역락. pp.19-287.

손달임(2008),「갈등적 대화의 원리와 구조 연구-TV 드라마에 등장하는 남녀의 대화를 중심으로-」, 〈이화어문논집〉26, pp.77-83.

옥선화 · 정민자 · 고선주(2005),『결혼과 가족』, 도서출판 하우, pp.131-133.

이두원(2002),「부부간 커뮤니케이션 행위에 대한 대화분석 연구 : 의사소통 문제의 유형과 해결방안을 중심으로」, 〈커뮤니케이션학 연구〉 10(2), p.7.

이창덕(1998), 「국어교육과 대화분석」,『한국초등국어교육』 14(1), pp. 39-64.

이화자 · 김순옥(2010),「경험적 부부집단치료 프로그램의 개발과 효과성 검증-Satir성장모델과 비폭력대화(NVC)모델의 통합」, 〈상담학연구〉 11(2), p.832.

정혜정(2011)「가족치료 연구를 위한 대화분석 방법의 이해와 적용」.〈한국가족치료학회지〉 19(1), pp. 1-22.

조용길 · 유명이 · 박태영(2008),「가족치료 대화의 구조와 기능에 대한 대화분석적 연구」, 〈한국사회복지학〉 60(4), pp.253-276.

통계청(2014), 『2014년 혼인 이혼 통계』, pp.1-43.

한숙자(2006),「부부갈등 처리유형과 대화유형에 관한 이론적 고찰」, 〈한영논총〉10호, pp.208-213.

Burton, Deirdre, *Dialogue and Discourse : A Sociolinguistic Approach to Modern Drama Dialogue and Naturally Occurring Conversation*, London : Routledge & Kegan Paul, 1980.

Chafe, Wallace, *Discourse, Consciousness, and Time : The Flow and*

Displacement of Consciousness Experience in Speaking and Writing. Chicago : University of Chicago Press, 1994.

Coulthard, Malcolm, *An Introduction to Discourse Analysis*, Second edition, London and New York : Longman, 1985.

Coutuer, S. J., and W. Sotherland, Giving advice on advice-giving : A conversation analysis of Karl Tomm's practice, *Journal of Marital and Family Therapy* 32, 2006, pp. 329–344.

Friedlander, M. L., L. Heatherington, and A. Marrs, Responding to blame in family therapy : A constructivist/narrative perspective *The American Journal of Family Therapy* 28, 2000, pp. 133–146.

Gladding, S. T., *Family therapy : History, theory, and practice. Upper Saddle River*, New York, 2002.

Gottman. J. M.,*The marriage clinic : A scientifically-based marital therapy*, New York : Noton, 1999.

Haley, J., *Problem-solving therapy*, San francisco : Jossey-Bass Publishers, 1976.

Hoey, Michael., *On the Surface of Discourse*, London : George Allen and Unwin, 1983.

Hundsnurscher, F., Dialog-Typologie, *In Handbuch der Dialoganalyse*, edited by Gerd Fritz and Hundsnurscher(Hrg.) Tübingen : Niemeyer, 1994, pp.203–239.

Ratliff, D. A., K. S. Wampler, and G. H. Morris, Lack of consensus in supervision, *Journal of Marital and Family Therapy* 26(3), 2000, pp.373–384.

Santoi Leung, Conflict Talk : A Discourse Analytical Perspective, Journal of Northeastern university, 2009.

Strong, T., Engaging reflection : A training exercise using conversation and discourse analysis, *Counselor Education and Supervision* 43(1), 2003, pp. 65–77.

서간문, 소통의 글쓰기와 치유
: 다산의 서간문 읽기

유 강 하

1. 들어가는 말

편지는 수신자와 발신자를 전제로 하는 글쓰기이다. 따라서 편지는 기본적으로 소통을 전제로 한 글쓰기라고 할 수 있다. 지금과 같은 통신기술이 발달하지 않았을 때, 편지는 서로의 안부를 묻거나 필요한 이야기를 전달하는 보편적이고 효과적인 소통의 도구였다. 편지의 수신자나 발신자 일방이 자유롭지 않은 상태라고 했을 때, 편지는 다른 사람 또는 세상과 소통하는 가장 유효한 도구가 되었으리라고 어렵지 않게 추측할 수 있다.

이 글에서는 조선시대를 대표하는 사상가이자 실학자인 정약용(1762–1836)이 유배지에서 쓴 서간문을 소통과 치유의 관점에서 읽어보고자 한다. 다산은 20년에 가까운 시간을 유배지에서 보내면서 수많은 저서와 글을 남겼다. 『목민심서(牧民心書)』, 『마과회통(麻科會通)』, 『흠흠신서(欽欽新書)』 등의 이름으로 남아 있는 수많은 저서가 다산의 성실한 독서와 공부, 학자로서의 면모를 보여준다면, 아들과 형인 정약전, 제자와 후배들과 나눈 서간문에는 다산의 인간적인 면모가 잘 드러난다.

여유당전서(與猶堂全書)
1934년부터 1938년까지 총76책(전 154권)으로 간행한 정약용의 문집. 다산학술문화재단 (www.tasan.or.kr)

서간문은 사회적 방어방이 약화된 글쓰기이기 때문에, 편지글에는 한 사람의 인간적인 고뇌와 번민, 육체적 노쇠와 고통에 대한 호소가 드러나게 된다. 자식과 아내, 형님에 대한 걱정, 조야해지는 학문의 풍토에 대한 학자로서의 고민 또한 다산의 서간문을 통해 잘 표출되고 있다. 아이를 잃은, 형님을 잃은 비통함, 때때로 얻는 기쁨도 편지에 가감 없이 드러나 있다. 다산은 서간문을 통해 많은 사람들과 교류를 나누었다. 몸은 유배지에 갇혀 있지만, 거친 유배지가 그의 정신까지 가두지는 못했다.

서간문은 다산이 세상과 소통할 수 있는 통로이자, 창이었다. 이 글에서는『유배지에서 보낸 편지』(정약용, 박석무 편역,『유배지에서 보낸 편지』, 창비, 2010)에 실린 서간문 중에서도 자녀들에게 보낸 글을 위주로 살펴보고, 그 외 시(詩)와 산문 등의 글도 참조하여 살펴본다. 『유배지에서 보낸 편지』에는 자식들에게 보낸 편지, 형님 정약전에게 보낸 편지, 후배와 제자들에게 보낸 편지로 나뉘는데, 편지의 수신자에 따라 내용도 다르다.

가령, 후배와 제자들에게 보낸 편지에는 다산의 부드러운 엄격함과 단정함이, 형님에게 보내는 편지에는 따뜻함과 공손함이 드러나 있다면, 자녀들에게 보낸 편지에는 다산의 인간적인 모습이 드러나 있다. 자녀들, 특히 두 아들과 주고받은 편지에서는 외부에 쉽사리 표현하기 어려운 고통과 괴로움, 때로 세속적인 기쁨과 슬픔의 표현을 찾을 수 있다. 두 아들과 나눈 편지를 통해 다산의 사적인 모습을 탐색하는 것은 대유(大儒)로서의 다산을 폄훼하는 것이 아니라, 오히려 희노애락의 세속적 감정에서 자유롭지 않지만, 그것을 극복한 한 인간의 모습을 읽게 한다. 다산에게 있어 편지는 인간으로서 느끼는 고통을 털어놓을 수 있는 사적 공간, 꾸밈과 계산이 없는 소통이 가능한 치유의 공간이었을 것이다.

편지는 다산과 자식들이 시간과 공간의 격절(隔絕)을 이겨내고 소통할 수 있는 가장 현실적인 방식이었다. 학연과 학유가 다산에게 보내준 편지가 온전히 보존되지 않았기 때문에, 소통의 온전한 모습을 파악한다는 것은 쉽지 않지만, 지금까지 전해지는 다산의 편지글을 통해, 다산이 어떠한 이야기를 했는지 짐작하는 것은 어렵지 않다.

2. 서간문, 소통과 치유의 장(場)

다산은 학자로서, 저술가로서 명망이 높다. 지금까지 전해지는 수많은 저작들과 명성은 생전 다산이 말했던 "나를 알아주는 사람이 없다면 이미 죽은 목숨보다 못한 것"이라는 걱정을 불식시키기에 충분하다. 도도한 기개와 위엄을 잃지 않는 다산이지만, 아들들과의 서간문을 통해서는 넘치는 인간미를 보여준다. 다산과 편지를 주고받은 두 아들 학연과 학유는 아들이자, 친구, 제자이기도 했다. 다산 부자의 서간문에는 세대차를 뛰어넘는 친밀함도 발견되는데, 때로 이를 갑작스럽게 닥친 가환(家患), 즉 폐족의 처지가 된 고통을 공유하는 일종의 공동체 의식 때문이라고 말하기도 한다.(김유경, 2009 : 13)

두 아들에게 전하는 구체적이고 세세한 부탁과 염려, 희노애락의 가감 없는 표출은 무려 18년이나 떨어져있는 가족 관계라고 생각되지 않을 만큼 친밀함을 읽게 한다. 이 친밀함을 만든 것은 서간문을 통한 소통이라 말할 수 있을 법하다. 이 글에서는 두 아들에게 보낸 서간문을 통해, 다산을 고통스럽게 했던 문제들이 무엇이었는지, 다산은 어떠한 방식으로 소통하고 치유를 경험했는지 살펴보고자 한자.

(1) 이별의 슬픔

정약용에게 서간문은 이별의 슬픔과 괴로움을 솔직하게 터놓을 수 있는 장(場)이었다. 다산은 가경(嘉慶) 신유년(순조 원년, 1801)에 시작된 대대적인 박해의 그림자를 피해가지 못했다. 유배지로 떠나면서, 다산은 각각 세 편의 이별시를 남긴다. 「석우별(石隅別)」, 「사평별(沙坪別)」, 「하담별(荷潭別)」이 그것인데, 이 시들은 각각 제형들과의 이별, 처자와의 이별, 부모의 무덤을 지나며 하직인사를 드리는 내용을 담고 있다.

시의 일부는 다음과 같다.

諸父皓須髮　제부들께선 머리와 수염 하얗고
大兄涕交頤　큰 형님은 눈물이 턱에 고인다.
壯者且相待　젊은이들이야 다시 만날 수도 있겠으나
耆耋誰得知　노인들 일이야 누가 알 것인가?
斯須復斯須　잠깐만 더 조금만 더 하다가
白日已西欹　해가 이미 서산에 기울었네.

(「석우별」) (정약용, 2010 : 36-37)

踟躕復何益　머뭇거린들 무슨 소용 있겠는가
此別終難無　끝내 없을 수 없는 이별인 것을
拂衣前就道　옷자락 뿌리치고 길을 떠나
杳杳川原踰　가물가물 들을 넘고 물 건넜다
顔色雖壯厲　표정이야 비록 씩씩한 체 해도
中心寧獨殊　마음이야 나라고 다를 수 있을까?

(「사평별」) (정약용, 2010 : 39)

父兮知不知　아버지! 아십니까, 모르십니까!
母兮知不知　어머니! 아십니까, 모르십니까!
家門欻傾覆　가문이 이렇게 다 무너져버리고
死生今如斯　죽느냐 사느냐 하는 지경이 되었습니다.
殘喘雖得保　설령 이 목숨을 부지할 수 있다 해도
大質嗟已虧　큰 기대는 이미 어그러져버렸습니다.
(……)
謂當報天顯　하늘같은 그 은혜 보답하려 했으나,
豈意招芟夷　어찌 생각이나 했겠습니까?
이렇게 잘못 되어버릴 줄을.

(「하담별」) (정약용, 2010 : 39)

해배(解配)의 기약 없는 유배지로 떠나는 다산의 괴롭고 비통한 심경은 이미 세 편의 시에 자 드러나 있다. 유배지에 도착해 두 아들(학연 · 학유)에게 보낸 편지에는 보다 꾸밈없는 문체로 이별의 괴로움과 비통함을 토로하고 있다.

> 이별할 때의 회포야 말해서 무엇하랴. …… 이제 막 아버님 묘소에 도착해서 걷잡을 수 없는 눈물을 한바탕 뿌렸구나. …… 무척 기다리다가 너희들 편지를 받으니 한결 마음이 놓이는구나, 무장(武牂: 학연)의 병이 아직 덜 나았고 어린 딸애의 병세가 악화되어간다니 크게 걱정이 된다. …… 이달에 들어서는 공사(公私)간에 슬픔이 크고 밤낮으로 가신 이에 대한 그리움을 견딜 수 없으니 이 어

인 신세인가. 더 말하지 말기로 하자. (1981년 6월 17일, 「두 아들에게 부치는 편지」(寄二兒)) (정약용, 2010: 32-33)

가족과 이별하고, 다산 형제에게 각별했던 정조가 승하한 이후 실의하여 유배형을 받은 정약용은 석우(石隅), 사평(沙坪), 하담(荷潭)을 지난다. 지나면서 지은 「석우별」, 「사평별」, 「하담별」에는 이별의 절절한 슬픔이 잘 드러나 있다. 부모의 무덤을 지나야했던 다산은 눈물을 흘리며 냉정한 현실과 마주해야 했고, 유배지에 도착한 이후에도 남아 있는 가족을 생각하면 걱정이 앞섰다. 승하한 정조를 생각할 때마다 커다란 슬픔과 그리움을 느꼈던 다산의 애통한 심정은 편지글에 더욱 구체적으로 드러난다. '작품'이 아니라, 사적인 언어로 쓰인 편지였기에 다산은 "이어인 신세인가"라며 한탄할 수 있었다.

지극한 슬픔과 고통 속에서 썼던 다산의 글쓰기는 그가 불안과 고통을 현실로 받아들이거나 또는 잠시라도 현실의 괴로움에서 벗어나게 해주었던 것으로 보인다.(셰퍼드 코미나스, 2008: 95-96) 이런 면에서 본다면, 한 인간으로서의 고통을 토로했던 다산의 이별시 연작은 이별의 슬픔의 승화라고 할 만하다. 슬픔과 고통을 드러내고, 멈출 수 없는 눈물을 발화할 수 있었던, 이해를 구할 수 있었던 또 하나의 소통의 장(場)인 편지는 그의 외로움과 고통을 달래줄 수 있었던 매개였다고 할 수 있다.

(2) 유배의 고통과 치유로서의 '해배의 희망'

1801년부터 시작된 유배의 생활은 여러 가지 제약이 있는 육체적, 정신적 고통이 뒤따랐던 시간이었을 것이다. 스스로를 폐족(廢族)이라고 부르며 공부에 매진할 것과 몸가짐을 단정히 할 것을 당부하는 다산의 모습은 서간문에 선명하게 드러난다.

> "폐족으로서 잘 처신하는 방법은 오로지 독서하는 것 한 가지밖에 없다. 독서라는 것은 사람에게 있어서 가장 중요하고 깨끗한 일일 뿐만 아니라, …… 반드시 벼슬하는 집안의 자제로서 어려서부터 듣고 본 바도 있는데다 중간에 재난을 만난 너희들 같은 젊은이들만이 진정한 독서를 하기에 가장 좋은 것이다." (1802년 12월 22일, 「두 아들에게 부치는 편지」(寄二兒)) (정약용, 2010: 36-37)

> "나는 천지간에 의지할 곳 없이 외롭게 서 있는지라 마음 붙여 살아갈 것이라고는 글과 붓이 있을 뿐이다. 문득 한 구절이나 한편 정도 마음에 드는 것을 만났을 때 다만 혼자서 읊조리거나 감상하다가 이윽고 생각하길 이 세상에서는 오직 너희들에게나 보여줄 수 있겠다 싶었다." (1802년 12월 22일, 「두 아들에게 부치는 편지」(寄二兒)) (정약용, 2010: 39)

유배 초기에는 다산의 고통, 외로움 등이 편지글에 나타난다. 그는 하늘과 땅 사이에 그저 외롭게 서 있을 수밖에 없는 가련한 신세임을 감추지 않았다. 그를 위로할 수 있는 것은 글뿐이었다. 서간문은 그와 격절한 세상을 이어주는 끈이었다. 그는 아들에게 이렇게 당부했다. "너야말로 참으로 독서할 때를 만난 것이다. 지난번에 말했듯이 가문이 망해버린 것 때문에 오히려 더 좋은 처지가 되었다는 게 바로 이런 것 아니겠느냐."(정약용, 2010: 39) 다산은 무엇을 위해서 공부할 것이 아니라, 아무것도 바랄 것 없는 환경이야말로, 참다운 공부를 할 수 있는 기회라고 말한다. 아들에게 보내는 편지는, 아무것도 바랄 수 없는 환경에 처해진 자신에게 하는 말과도 겹친다.

다산은 유배된 이듬 해 겨울, "천지간에 의지할 곳 없이 외롭"다고 말하면서, 글과 붓에 겨우 마음을 붙일 수 있다고 말했다. 독서와 글쓰기가 외롭고 고단한 삶에 위로가 된다는 것이다. 편지의 내용을 미루어 볼 때, 다산은 독서와 글쓰기를 통해 위안을 얻었다고 말할 수 있을 법하다. 하지만, 이런 위로도 온전한 치유로 이어지지는 못했던 것으로 보인다. 평생을 지속해온 독서와 글쓰기가 "오직 너희들(두 아들 학유와 학연)에게나 보여줄 수 있"을 것 같다는 생각, 불안감에 휩싸였기 때문이다.

자기 자신과의 소통이 이루어진다 하더라도, 다른 사람과 사회와의 소통이 단절된 현실은 그를 더 큰 외로움과 고통 속으로 몰아넣었다. 다산에게 있어 공부는 개인의 발전이나 수양을 위한 것에서 한걸음 더 나아가, 학문적 소통을 통한 순수한 기쁨을 느끼게 해주는 것이기도 했다. 따라서 학적 소통의 불가능, 불통은 그를 더욱 고통스럽게 했던 것으로 보인다. 이는 형이자 지기

(知己)이기도 했던, 함께 유배를 떠났던 정약전의 죽음에서 더욱 선명하게 드러난다.

> "6월 초엿새날은 바로 어지신 둘째형님(정약전)께서 세상을 떠나신 날이다 슬프도다! 어지신 이께서 이처럼 곤궁하게 세상을 떠나시다니 원통한 그분의 죽음 앞에 나무나 돌멩이도 눈물 흘릴 일인데 무슨 말을 더 하랴! 외롭기 짝이 없는 이 세상에서 다만 손암 선생만이 나의 지기(知己)였는데 이제는 그분마저 잃고 말았구나.
>
> 지금부터는 학문을 연구하여 비록 얻은 것이 있다 하더라도 누구에게 상의를 해보겠느냐. 사람이 자기를 알아주는 지기가 없다면 이미 죽은 목숨보다 못한 것이다. 네 어미가 나를 제대로 알아주랴, 자식이 이 아비를 제대로 알아주랴, 형제나 집안사람들이 나를 알아주랴, 나를 알아주는 분이 죽었으니 또한 슬프지 않겠는가?" (1816년 6월 17일) (정약용, 2010: 104)

천주쟁이로 몰려 함께 유배형을 받았던 정약전은 다산의 형이자, 학문적 소통을 할 수 있는 동지이자 지기였다. 형인 정약전을 잃은 정약용의 고통은 "사람이 자기를 알아주는 지기가 없다면 이미 죽은 목숨보다 못한 것"이라고 말하는 단호한 어투, "한스러운 것은 내가 깨달은 명언이나 지극한 세상 이치를 이야기할 곳이 없는 것이지만 어쩌겠느냐?"(정약용, 2010: 119)라는 한탄에 선명하게 드러난다. 생각과 사유를 소통할 수 있는 사람을 잃은 것, 자기 자신을 온전히 알아주는 사람의 상실은 다산에게 깊은 괴로움이었다.

불통에서 빚어지는 고통은 소통의 출로를 찾을 때 비로소 해소될 수 있는 것이다. 현재의 지기를 잃은 다산이었지만, 기약할 수 없는 미래에 지기를 만날 수 있다면 현재의 고통을 이겨낼 수 있다고 생각했다. 다산은 여러 편지에서 아들들에게 공부하라는 얘기를 빼놓지 않는데, 이는 아들들에게 책읽기를 독려하려는 목적도 있겠지만, 언젠가 글을 통해 진정한 지기(知己)를 만날 수 있으리라는 기대와도 겹쳐진다.

> "내가 저술을 마음에 두고 있음은 당장의 근심을 잊고자 해서만이 아니다. 사람의 아버지나 형이 되어 귀양살이하는 지경에 이르러서 저술이라도 남겨 나의 허물을 벗고자 하는 것이니, 어찌 그 뜻이 깊다고 하지 않겠느냐?" (정약용, 2010: 104)

> "너희들이 참으로 책을 읽으려고 하지 않는다면 내 저서는 쓸모없는 것이 되고 말 것이다. 내 저서가 쓸모없다면 나는 할 일이 없는 사람이 되고 만다. 그렇다면 나는 앞으로 마음의 문을 닫고 흙으로 빚은 사람처럼 될 뿐 아니라 열흘이 못 가서 병이 날 것이고 이 병을 고칠 수 있는 약도 없을 것인즉, 너희들이 독서하는 것이 내 목숨을 살려주는 것이다." (1802년 12월 22일, 「두 아들에게 부치는 편지」(寄二兒)) (정약용, 2010: 40)

> "내 책이 후세에 전해지지 않는다면 후세사람들은 단지 사헌부(

司憲府)의 계문(啓文)과 옥안(獄案)만 믿고서 나를 평가할 것이 아니냐? 그렇게 되면 나는 어떤 사람으로 취급받겠느냐? 아무쪼록 너희들은 이런 점까지 생각해 다시 분발하여 공부해서 내가 이어온 실낱같은 우리 집안의 글하는 전통을 더욱 키우고 번창하게 해보아라." (1802년 12월 22일, 「두 아들에게 부친 편지」(寄二兒)) (정약용, 2010: 41)

다산에게 있어 저술은 현재의 고통을 잊는 행위이자, 글을 통해 생각과 사상을 공유할 수 있는 지기를 기다리는 글쓰기의 성격도 갖고 있었다. 자기 성찰, 자기 위안의 글쓰기보다는 오해와 누명, 억울한 유배형을 당한 다산 자신의 누명을 벗겨줄 사람, 다산을 진정으로 이해하고 인정해 줄 수 있는 누군가를 갈구하는 소망의 글쓰기, 미래의 누군가와의 소통을 지향한 글쓰기였다고 볼 수 있다. 미래의 누군가에 대한 기대는 현실을 이겨내는 추동력이 되었다.[1)]

두 아들에게 독서인이 되라는 당부는 '할 일 없는 사람이 되'고 말 것이라는 두려움과 불안감을 극복하게 한다. 그는 자신의 저서가 쓸모없어진다면, '열흘이 못 가서 병이 날' 수도 있는데, 아마도 '이 병을 고칠 수 있는 약도 없'을 것이라고 호소한다. 그러니 두 아들이 공부를 하여 다산의 글을 세상에 전하는 것은 유배지에 갇혀 마치 죽은 목숨과도 같은 다산의 '목숨을 살려주는' 치유의 행위로 번역된다. 따라서 다산이 공부를 게을리 하는 두 아들에 대해 분노를 표출했던 것은 자연스러운 일이었을 것이다.

"내가 지금까지 너희들 공부에 대해서 글과 편지로 수없이 권했는데도 너희는 아직 경전이나 예약에 관해 하나도 질문을 해오지 않고 역사책에 관한 논의도 보여주지 않고 있으니 어찌된 셈이냐? 너희들이 내 말을 이다지도 무시한단 말이냐?" (정약용, 2010: 67)

부지런히 글과 편지를 보내 공부를 독려하던 다산은 드디어 자식들에게 '내 말을 무시한단 말이냐?'며 분통을 터뜨렸다. 멀리 있지만, 두 아들이 공부를 멀리하는 것 같은 느낌이 들자, 다산은 급기야 고통을 호소하기에 이른다.

"내가 밤낮으로 애태우며 돌아가고 싶어 하는 것은 너희들 뼈가 점점 굳어지고 기운이 거칠어져 한 두 해 더 지나버리면 완전히 내 뜻을 저버리고 보잘 것 없는 생활로 빠져버리고 말 것 같은 초조감 때문이다. 작년에는 그런 걱정에 병까지 얻었다. 지난 여름은 앓다가 세월을 허송했으며 10월 이후로는 더 말하지 않겠다. …… 어째서 스스로 포기하느냐? 영원히 폐족으로 지낼 작정이냐?" (정약용, 2010: 68)

따라서 두 아들이 공부에 보여주는 태도, 공부에 대한 관심이 다산에게 기쁨이 되었으리라는 것은 어렵지 않게 추측할 수 있다.

"옛날에 안지(顔芝)라는 분은 『효경(孝經)』을 전했고 마융(馬融)은 『충경(忠輕)』을 지었고 진덕수(眞德秀)는 『심경(心經)』을 찬(撰)

했다. 너희들은『제경(弟輕)』을 짓겠다니 매우 좋은 일이다." (정약용, 2010: 77)

"너희들의 편지를 받으니 마음이 놓인다. 둘째의 글씨체가 조금 좋아졌고 문리도 향상되었는데, 나이가 들어가는 덕인지 아니면 열심히 공부하고 있는 덕인지 모르겠구나. …… 내 귀양살이 고생이 몹시 크긴 하다만 너희들이 독서에 정진하고 몸가짐을 올바르게 하고 있다는 소식만 들리면 근심이 없겠다." (정약용, 2010: 117)

『제경』을 짓겠다는 아들에게는 칭찬과 함께 다산은 차례와 편목을 짜서 보내며, 다시 생각해보고 확정하라는 편지글을 덧붙였다. 학문적 발전이 보이는 편지를 읽은 다산은 "너희들이 독서에 정진하고 몸가짐을 올바르게 하고 있다는 소식만 들리면 근심이 없겠다"며 그의 바람을 전달했다.

폐족이 된 것보다, 더 큰 문제는 폐족이라는 신분에서 파생되는 문제였다. 우선 다산을 알아주던 지기의 상실이 그렇고, 그의 저술을 읽어줄 사람이 없다는 점이 그러하며, 저술이 후세에 전해지지 않아 누명을 쓴 채 역사에 남겨진다는 두려움이 그것이다.

(3) 학문의 기쁨: 학문의 병통을 바로잡음

산은 유배형을 받아 고통을 받는 중에도, 부지런히 공부하는 이유가 '당시 우리 학문의 병통'을 바로잡기 위함이라고 말한다.

> "최근 수십 년 이래로 한 가지 괴이한 논의가 있어 우리 학문을 아주 배척하고 있다. 여러 가지 우리나라의 옛 문헌이나 문집에는 눈도 주지 않으려 하니 이야말로 병통이 아니고 무엇이겠느냐? 사대부 자제들이 우리나라의 옛일을 알지 못하고 선배들이 의논했던 것을 읽지 않는다면 비록 그 학문이 고금을 꿰뚫고 있다 해도 그저 엉터리가 될 뿐이다."(1802년 12월, 「두 아들에게 부치는 편지」(寄二兒)) (정약용, 2010: 42)

괴이한 논의, 학문적 병통은 우리 것을 무시하고 중국 것을 떠받드는 모화주의적 태도를 말한다. 다산은 다른 편지에서 "차후로 시를 지을 때는 역사적 사실을 인용하는 일에 주안점을 두도록 해라. 우리나라 사람들은 역사적 사실을 인용한답시고 걸핏하면 중국의 일이나 인용하고 있으니 이것 또한 볼품없는 짓"(정약용, 2010: 56)이라고 비판하는 한편, 구체적인 대안을 제시하였다.[2)]

책과 독서에 대한 이야기는 두 아들과 주고받은 편지에 더욱 구체적으로 표현된다. 당시 유행하던 책에 대한 개인적인 평가와 함께 오류의 지적 등이 자세하게 기록되어 있다. 좋은 책을 가려 읽고, 책을 읽는 방법[3)], 책을 고르는 안목에 대한 구체적인 설명은 자식에 대한 교육이자 학문적인 교류이기도 하다.

> "『기년아람(紀年兒覽)』을 나도 처음에는 좋은 책이라 생각했는데 요즈음 자세히 읽어보니 소문처럼 좋지는 않더구나. 대충 내 생각을 이야기하자면 책을 지은 본래의 뜻이 해박하다는 것을 과시하

고 자랑하려는 것이지 실용과 실리에 도움을 주려는 데 있지 않고, 일관된 기준이 없기 때문에 그 기록이 번거롭고 간단명료함이 부족하여 산만하기만 하더라. …… 대충 보더라도 글자마다 흠투성이고 구(句)마다 잘못투성이라 이루 다 지적할 수 없을 정도다. …… 너도 소문만 듣고 실속 없이 좋은 책으로 여겼으니 너의 안목이 우습구나." (정약용, 2010: 45-47)

(4) 공부를 게을리 하는 아들에 대한 꾸지람과 위로

자식들에게 보낸 편지는 대부분 「두 아들에게 부치는 편지」(寄二兒)였다. 가정의 대소사를 비롯하여, 두 아이들에게 당부하는 이야기들로 가득한데, 편지에는 아버지로서의 다산의 면모가 잘 드러난다. 하루아침에 폐족이 된 두 아들에게 다산은 때로 꾸지람을 때로는 위로의 말을 전하며 가교(家敎)를 포기하지 않았다. 다산이 자식에게 당부하는 편지의 내용은 크게 두 가지로 나뉜다. 하나는 앞서 살펴본 것처럼 두 아들의 공부에 관한 것이고, 또 하나는 인격수양, 삶의 태도에 대한 내용이다.

다산이 유배를 떠나면서 지었던 세 편의 이별시에 잘 드러나 있는 것처럼, 다산을 고통스럽게 했던 것 가운데 하나는 '폐족'이 되어버린 괴로움, 슬픔, 두려움이다. 유배형을 받은 현실적 괴로움, 그에서 비롯된 슬픔, 미래를 바라볼 수 없는 두려움은 유배생활 동안에도 벗어버릴 수 없는 고통이었다.

한창 공부해야 하는 아이들에게 아버지로서의 역할을 다하지 못하는 것을 못내 안타까워했다. 멀리 떨어져 있는 아이들에 대한 교육은 서간문을 통해 이루어졌다. 서간문에는 함께 있어주지 못하는 안타까움, 아이들이 제멋대로 자랄까봐 두려운 마음, 미안함과 고마움이 교차한다.

다산은 편지글을 통해 자식들의 이야기를 듣고, 자식들을 위로했다. 다산이 유배지에 가 있으니, 그 자식들이 마치 상을 당한 사람처럼 초췌한 모습으로 지내야 한다는 어른들의 말에 슬퍼하며 "너희들은 평범한 인간이니 때로 마음대로 웃고 행동하는 것도 역시 자연스러운 일상이어야 한다. 그런 일 때문에 너희들을 생각할 때마다 슬프고 쓰라린 마음을 견딜 수가 없"(정약용, 2010: 48)다고 말하면서 미안함과 위로를 전했다.

> "너희들은 편지에서 항상 버릇처럼 말하기를 일가친척 중에 긍휼히 여겨 돌보아주는 사람이 한사람도 없다고 개탄하더구나. 더러는 험난한 물길 같다느니, 꼬불꼬불 길고 긴 험악한 길을 살아간다느니 한탄하고 있는데, 이는 모두 하늘을 원망하고 사람을 미워하는 말투니 큰 병통이다." (정약용, 2010: 59)

다산은 남을 탓하는 자식들을 호되게 질책하며, "마음속의 남의 은혜를 받고자 하는 생각을 버린다면 저절로 마음이 평안하고 기분이 화평스러워져서 하늘을 원망한다거나 사람을 원망하는 그런 병통은 사라질 것"(정약용, 2010: 60)이라고 말하는 한편, "남이 어려울 때 자기는 은혜를 베풀지 않으면서 남이 먼저 은혜를 베풀어주기만 바라는 것은 너희들이 지닌 그 나쁜 근성이 없어지지 않았기 때문"(정약용, 2010: 61)이라고 야단을 멈추지 않는다. "가벼운 농담일망정 '나는 전번에 이리저리 해주었는데 저들은 이렇구나!'하는 소리를 입밖에 내뱉지 말"(정약용, 2010: 61)라는 무서운 꾸지람은 멀리 떨어진 아비가 할 수 있는 교육이자 훈계였을 것이다. 엄한 훈계와 꾸지람 속에서 다산의 미안함도 엿보인다. 유복한 어린 시절을 보낸 두 아들이 갑자기 당한 고난, 궁핍한 처지가 된 현실에 적응하지 못하고 불평을 하는 데 대한 다산의 미안함이다.

제자와 후배들에게는 위엄과 단정함이 넘치는 스승이었지만, 두 아들의 잘못된 행실에 대해서는 너그러움을 보이지 않았던 다산이다. 두 아들에게는 종종 마음이 조급해져서 '너희들은 항상 버릇처럼 말하기를', '내 평생 본 적이 없다', '단단히 반성해라'와 같은 세월이 무색한 잔소리를 편지글로 남겼다.

> "부형이나 일가친척 중에 더러 흠 있는 사람이 있으니 어찌 숨기겠는가마는 거짓말을 입 밖에 내는 것을 내 평생 본 적이 없다. …… 이제부터라도 거짓말을 하지 않도록 온 힘을 다 써라. 편지 글줄에서 한자라도, 평소 주고받는 말 중에 한 마디라도 사실 아닌 것이 없도록 단단히 반성해야만 위로 조상들의 모범을 본받는 길이 될 것이다." (정약용, 2010: 87)

이어 다산은 "우리 집안은 폐족이 되었고, 여러 일가들도 갈수록 쇠약해지고"(정약용, 2010: 88) 있다고 말하며, 근심을 드러낸다. 아들이 훌륭한 선비로 성장하기를 바라는 순수한 바람의 이면에는, 폐족이 되어버린 현실이 고통으로 작용한다. 두 아들이 공부를 하지 않아, 다산의 글이 전해지지 않는다면, 즉 다산의 진면모를 알릴 기회조차 없어지게 된다면, 후세에 과연 "나는 어떤 사람으로 취급받겠느냐?"(정약용, 2010: 41)는 다산의 토로는 현실의 고통, 괴로움과 더불어 미래에 대한 두려움을 잘 보여준다.

이미 폐족이 되어버린 고통스러운 현실, 미래를 바라볼 수 없다는 두려움은 일찍이 부모의 무덤을 지나며 지은「하담별」에 잘 나타나 있다.[4] 다산의 편지에 수없이 반복되는 '폐족'으로서의 처지를 극복할 수 있는 방법은 먼저 스스로 좋은 선비, 좋은 문장가가 되고, 자식들 또한 훌륭한 인격을 가진 선비가 되는 것뿐이다. 따라서 자식들에 대한 풍문과 잘못된 행실은 다산에게는 또 하나의 고통이었을 것이다. 두 아들에게 보내는 편지가 제자들에게 보내는 편지와 달리, 그 속에 느긋함과 엄숙함이 잘 드러나지 않는 것은, 그것이 인간으로서의 감정을 그대로 드러낼 수 있는 소통의 공간이었기 때문일 것이다.

다산은 자식들에게 보내는 편지에서만큼은 "나도 모르게 흐느끼게 되는구나"(정약용, 2010: 94), "안타까운 일이로고!"(정약용, 2010: 91), "슬프도다"(정약용, 2010: 105)처럼 감정을 그대로 드러내는가하면 육체적, 정신적 고통을 직접적으로 표현했다.

"너처럼 배우지 못하고 식견이 없는 폐족 집안의 사람이 못된 술주정뱅이라는 이름까지 가진다면 앞으로 어떤 등급의 사람이 되겠느냐? 조심하여 절대로 입에 가까지 하지 말거라. 제발 이 천애(天涯)의 애처로운 아비의 말을 따르도록 해라." (정약용, 2010: 100-101)

"네 형이 멀리서 와서 기쁘기는 하다만 며칠간 함께 지내면서 이야기를 주고받아보니 옛날에 가르쳐준 경전의 이론을 하나도 제대로 대답 못하고 우물우물하니 슬픈 일이로구나. 왜 이렇게 되었느냐? …… 지금 나는 멀리 귀양살이 와 풍토병이 심한 남쪽 변방에서 겨우 목숨을 부지한 채 외롭고 불쌍하게 지내면서 밤낮으로 너희에게 희망을 걸고 마음속에 담긴 뜨거운 마을을 쏟아 편지를 보내고 있는데, 너희들은 이것을 한번 얼핏 읽어보고 고리짝 속에 처넣고는 다시는 마음에 두지 않아서야 되겠느냐?" (정약용, 2010: 95-96)

아들들의 그릇된 행실은 폐족이 된 처지에 명성까지 실추되어 "도리에 어긋나 비천하고 더러운 신분으로 타락"(정약용, 2010: 69)하여, 집안이 "영영 끝장"(정약용, 2010: 69)날 것 같은 두려움에서 비롯된 것이기도 했다. 아들은 폐족이 된 현실을 극복할 수 있는 가능한 방법이자 희망이기도 했다. 두 아들에게 인간적인 연민과 미안함을 느끼면서도, 폐족의 처지를 벗어날 수 있는 유일한 희망인 그들에게 거는 희망은 '다시 세상으로' 나아갈 수 있다는 꿈을 꾸게 하는 희망의 길이었을 것이다.

4. 나오는 말

흑산도로 유배를 떠난 정약전에게 육신의 괴로움을 토로한 적은 있지만, 다른 편지에서 다산은 엄격하고 단정한 선비의 모습 그 자체였다. 때로 화를 내고, 기뻐하고, 울고 웃는다는 이야기를 마음껏 할 수 있었던 것은 두 아들에게 보내는 편지에서였다.

다산이 두 아들과 주고받은 서간문은 다산의 인간적인 면모를 보여준다는 점에서도 의미가 있지만, 다산이 사회적 방어망을 느슨히 하고, 괴로움과 고통을 토로할 수 있었던 소통의 장(場)이었다는 데서도 큰 의미를 찾을 수 있다.

치유(治癒)는 고통을 인지하는 데서 비로소 시작된다. 고통, 아픔, 슬픔을 드러내는 것은 그 자체가 치유의 과정이라 할 수 있다. 유배된 18년 동안에도 다산은 소통을 포기하지 않았다. 수많은 시편을 남겨 자기 자신과 소통하고 위안을 얻었다면, 서간문을 통해 많은 사람들과 소통했다.

소통을 포기하지 않는다는 것은 사회적 존재로서의 자기 자신을 포기하지 않는다는 의미와도 같다. 유배지에서 그는 육신적, 정신적, 심적 괴로움을 겪었지만 아버지이자 남편이었고, 살가운 동생이자 엄격한 스승이기를 포기하지 않았다. 근엄함의 가면만을 썼더라면, 그 가면은 그를 질식시켰을 것이다. 아들에게 보내는 편지에서 다산은 종종 외롭다고, 천애(天涯)에 서 있는 것처럼 곤궁하다고 전하기도 했다. 다산은 위대한 실학자이자 명유(名儒) 이전에 일상의 소통을 소중히 하는 아버지이자 학문적 소통을 추구하는 학자이기도 했다.

남양주시 다산기념관의 정약용 동상
http://www.nyj.go.kr/dasan/index.jsp

학문적 업적에 가려지기 쉬운 한 인간으로서의 다산, 고통스럽고, 아프고, 외롭고, 힘겨운 현실을 똑같이 겪어야 했던 그에게 서간문은 고통을 토로하고, 스스로의 생각을 정리하며, 희망을 꿈꾸는 소통과 치유의 장(場)이었다.

1) 누군가의 이해와 인정은 과거 궁형을 받은 사마천(司馬遷)이 미래를 기약하며 현실의 고통을 이겨내려 한 다짐과도 겹친다.
사마천은 임안에게 보내는 답장에 이렇게 썼다. "이 책을 완성하여 명산에 감추어 두었다가 내 뜻을 알아주는 사람에게 전해져 이 마을과 저 고을로 전해질 수 있다면, 이는 제가 지난 날 받았던 오욕에 대한 보상이 될 것이니, 비록 주륙을 당한다 하더라도 어찌 후회함이 있겠습니까!(「보임안서」(報任安書))
"이미 지나간 바꿀 수 없는 과거를 담담하게 털어놓고, 그를 알아줄 누군가를 바라는 이 기대는 고통스러운 현실을 받아들이도록 돕는다." 柳江夏, 「치유적 관점에서 본 사마천(司馬遷)의 글쓰기 – 「태사공자서(太史公自序)」와 「보임안서(報任安書)」를 중심으로」, 『문학치료연구』(28), 2013, p.118.

2) "『삼국사기(三國史記)』, 『고려사』, 『국조보감(國朝寶鑑)』, 『여지승람(輿地勝覽)』, 『징비록』, 『연려실기술(練藜室記述)』 및 우리나라의 다른 글 속에서 그 사실을 뽑아내고 그 지방을 고찰하여 시에 인용한 뒤에라야 후세에 전할 수 있는 좋은 시가 나올 것이며, 세상에 명성을 떨칠 수 있을 것이다"라고 구체적인 대안을 제시하였다. 정약용, 박석무 옮김, 같은 책, p.56

3) 낱글자에 대한 친절한 설명도 더러 보인다. "저(這)라는 글자는 '이것(此)'이라는 뜻이고 나(那)라는 글자는 '저것(彼)'이라는 뜻이고 임지(恁地)라는 것은 '이러이러하다'는 뜻이다. 다른 곳에도 이해하기 어려운 곳이 있으면 편지로 묻도록 하거라." 정약용, 박석무 옮김, 같은 책, pp.75–76.

4) 「하담별(荷潭別)」은 '하담에서의 이별'의 뜻을 가진 시(詩)로, 다산은 부모 무덤을 지나며 이 시를 지었다. 다산의 편지글에 따르면 다산은 부모의 무덤에서 한바탕 눈물을 뿌렸다.

■ 참고문헌 ■

셰퍼드 코미나스, 임옥희 옮김, 『치유의 글쓰기』, 홍익출판사, 2008
정약용, 박석무 편역, 『유배지에서 보낸 편지』, 창비, 2010
김유경, 「茶山 家書의 세대 간 소통 양상」, 『세계한국어문학』(2), 2009
柳江夏, 「치유적 관점에서 본 사마천(司馬遷)의 글쓰기-「태사공자서(太史公自序)」와 「보임안서(報任安書)」를 중심으로」, 『문학치료연구』(28), 2013
신명래, 「정약용의 서간문 연구」, 『한국어와 문화』(6), 2009
정민, 「다산의 강진 강학과 제자 교학방식」, 『다산학』(18), 2011
한국고전종합DB(http://db.itkc.or.kr/)
다산 정약용(http://www.nyj.go.kr/dasan/index.jsp)
다산학술문화재단 (www.tasan.or.kr)

제3부 공동체와 **인문치료**

남북통일 문제에 대한 인문치료적 고찰 | **엄찬호**

밈(Meme)을 통한 하나되기, 새로운 치유의 공동체 | **윤일수**

남북통일 문제에 대한 인문치료적 고찰

엄 찬 호

1. 남북분단과 인문치료

인문학은 인류의 역사와 함께 하고 있으며, 사람들의 가치관과 삶의 태도에 영향을 미쳐 왔다. 그 중에서도 특히 인간의 정신적인 문제의 치유와 관련하여서는 원시사회의 주술의식으로부터 근대 의료학이 성립한 이후 현재까지도 지속적으로 깊이 관여하며 인문학 고유의 가치에 주목하게 하고 있다. 이는 인문학이 인간의 정신(마음)건강 문제에 대한 치유의 근원적 해결 의미를 갖고 있기 때문일 것이다.

현대사회에서는 인문학이 다양한 치유의 활용수단으로도 이용되고 있는 바, 기존 의학의 치료과정에 따른 보조수단으로 의료인문학 또는 인문의학이란 이름으로 논의 되어 왔고, 또 한편으로는 심리학분야의 다변화에 따른 다양한 방법론으로서 합리적 정서치료나 인지치료에 활용되고 있으며, 나아가 문학치료나 예술치료 분야 등으로 전개되어 왔다. 그리고 인간의 심리와 영혼의 세계에 대한 통찰을 통해 인간을 보다 심층적으로 이해하고 나아가 내면세계에서 고통스러워하는 정신적 상처를 치유할 수 있다고 보는 철학치료의 논의가 진척되어 왔다. 여기에 인문한국학사업의 일환으로 인문치료학이 본격적인 인문학의 치료적 활용에 대한 문제를 제기하고 있다.

따라서 인문치료는 문학 · 역사 · 철학으로 대변되는 인문학에 의해 사람들 개인의 문제인 정신적 · 정서적 문제와 사회적 문제들을 예방하고 치유하는 것이다. 곧 인류의 삶과 함께하고 있는 인문학 고유의 정체성을 가지고 기존의 정신 · 심리 치료체계와는 다른 치유적 의미를 찾고 있는 것이다.

인문학의 치유기능은 성찰적 기능을 통하여 살펴볼 수 있다. 곧 인간에 대한 성찰적 접근이 인문학이 목표로 하는 바이므로, 인문학은 인간에게 새로운 사실 정보를 획득하기 보다는 이미 알려진 사실을 일정한 의미 연관아래 다시 위치시켜 그 의미를 되새겨 보는 일을 하는 것이다. 그리고 우리는 그와 같은 성찰을 통하여 해당 사안에 관한 문제의 해결점을 찾게 되니 건강치 못한 자아의 치유도 가져올 수 있는 것이다. 곧 인문학은 성찰을 통하여 인간에 대한 이해를 깊게 하며 치유의 의미도 갖게 되는 것이다.

또 인문학은 존재론적이고 의미론적인 분석을 가하여 기존의 인과론적 치유에 머물던 인간의 정신적 문제를 보다 깊이 있고 구체적으로 강화시켜 내재적 자아의 주체를 확립하는데 도움을 주어 문제로부터 근본적으로 벗어나게 할 수 있다. 그리고 개인적인 치유의 기능에 머물러 있던 치유의 의미를 사회적으로 확대하여 개인의 문제라 하더라도 개인 및 사회구조적으로 문제에 접근하여 종합적으로 치유하며, 사회구조의 변화를 가져오는 사회적 치유의 의미도 인문학에는 내포되어 있다.

이러한 의미에서 우리민족의 시대적 과제라고 할 수 있는 통일문제를 인문치료적인 시각에서 접근할 필요가 있다. 여기서의 통일문제하고 하는 것은 남북통일시에 문제가 될 수 있는 민족의 이질성 문제라든가 남북한 주민의 서로에 대한 적대성 문제, 또는 서로의 체제에 대한 비하문제 등 체제통일이후의 민족통합을 저해하고 새로운 민족분열의 상황을 연출할 수 있는 요소들을 말한다. 분단과 통일의 문제는 인문학보다 사회과학과 더 많은 관계를 가지고 있었으며 많은 사람들은 이 문제를 정치적이고 경제적인 문제들로 간주하는 경향이 있었다. 그래서 분단과 통일에 관한 연구 및 담론은 주로 정치학, 경제학, 사회학 등과 같은 사회과학 영역에서 다루어졌으며 체제통합이나 남북관계에 대한 현안 정책들을 중심으로 연구되었다. 이러한 통일문제는 인문학 분야에서는 생소한 분야였고, 건국대의 통일인문학이 본격적인 논의를 시작하였다.

우리는 일제 강점으로부터 해방되면서 통일 민족국가를 수립하지 못하고 북위 38도를 경계로 분단된 후 한국전쟁으로 인해 분단을 고착화시키는 과정을 겪었다. 분단은 우리 민족에게 이산가족의 고통을 비롯하여 이념갈등의 문제, 민족정체성의 훼손, 불필요한 국력 낭비 등 해결해야할 지난한 문제를 안겨주었다.

물론 분단으로 인한 모든 문제와 고통은 근본적으로 민족통일에 의해서만이 치유될 수 있겠지만 통일을 준비해 가는 과정속에서 문제를 치유해 나갈 수 있는 방법을 찾아야 할 것이다. 현재까지도 통일의 당위성에 대해서는 여러 가지로 논의되고 통일의 필요성을 강조하여 왔지만 분단으로 인해 훼손된 민족의 동질성을 회복하기 위한 노력은 상대적으로 미약하였다.

통일을 준비하는데 있어 무엇보다도 우선 고려되어야 할 것은 분단의 장기화로 남북간의 이질화가 심화되어 점차 약화된 민족동질성을 회복하는 것이다. 진정한 의미의 통일은 이질화된 남북 주민들의 내면적인 의식과 가치관, 생활방식을 하나로 동화시키는 내적 통합이 이루어질 때 완성될 것이다. 그러기 위해서는 분단체제로 인하여 고통받아온 전쟁피해자나 이념갈등으로 희생자들의 트라우마를 치유해주는 것이 선행되어야 할 것이다. 그리고 남한 내부의 이념갈등의 문제나 한국전쟁 이후 적대관계에 놓여있던 주민간의 갈등도 치유되어야 할 것이고, 통일에 대한 준비로서의 북한이탈주민과 중국 교포의 남한사회적응 프로그램도 좀 더 다양하게 마련되어져야 한다. 또 점차 희미해져가는 통일의 희망을 각성시켜 민족의 과제로 인식시키기 위해서는 통일교육도 보다 구체적으로 시행되어져야한다.

이러한 시각에서 민족동질성회복으로서의 통일문제를 돌아보고 인문치료의 시각에서 통일문제를 어떻게 접근할 것인지를 살펴보고자 한다.

2. 통일문제와 남북의 이질화

남북한은 분단이후 서로 다른 이데올로기 체제 속에서 대립과 갈등이 지속되는 등 여러 가지 근본문제를 안고 있다. 또한 국토가 분단되면서 국권이 양분화 되고 이질적인 체제로 장기화 되면서 체제간의 대립과 단절로 인해 정치 · 사회 · 문화 · 경제 · 교육 · 생활방식 등이 다르게 변화되어 왔다.

남북한의 분단은 우선 남북 구성원 모두에게 자유와 인권에 일정한 제약을 가져오고 있다는 점이다. 게다가 남북 이산가족과 북한이탈주민 등은 분단으로 인해 가족해체의 고통을 겪고 있다. 다음으로 정전 체제에 의해 유지되고 있는 분단구조는 사소한 계기로 긴장이 고조되고 언제든지 전쟁이 재발될 수 있는 불안정성을 지니고 있다. 분단구조는 소모적인 경쟁과 대결로 인해 엄청난 자원을 낭비시킬 뿐 아니라 고통과 손실 등 상당한 비용을 유발시켜 발전을 저해하고 있다.

또한 지난 70년 가까이 분단으로 인한 대결과 갈등은 민족의 정체성을 크게 훼손시켰다. 남북한은 같은 민족이라는 정체성을 기초로 동일한 언어와 문화, 혈통을 지닌 단일한 민족으로서 수많은 국난을 겪으면서도 공동체 의식을 갖고 단결하여 통일국가를 발전시켜왔다. 그러나 분단으로 굴절된 역사와 민족의 역량 축소는 민족공동체를 훼손하여 점차 이질화되어 가고 있다.

반세기 넘게 단절된 상태를 유지하며 서로를 적대시하고, 상호 비방과 반목을 일삼아 오던 남북은 1990년대에 와서 간헐적인 교류가 이루어지게 되자 서로간에 체제는 물론 언어나 생활습관마저 상당히 다르다는 것을 알게 되었다. 그러나 이러한 이질감에도 불구하고 남한과 북한은 근본적으로 한민족이라는 출발점과 지나온 역사가 같고, 같은 언어를 쓰며 의식주 문화가 동일하고, 나아가 조선시대 이후 형성되어 내재된 성리학적 가치관을 공유하고 있다는 점에서 한결같이 통일을 염원하고 있다. 그러므로 남북 상호간의 이질화는 통일문제의 중요한 걸림돌로 생각하게 되었다. 이질화 그 자체가 곧바로 갈등과 대립의 원인이 되지는 않는다고 하더라도, 상대방을 이해 못하는 상황에서는 그것이 심각한 분쟁을 일으킬 수도 있기 때문이다. 따라서 단순히 다르다는 인식에 그칠 것이 아니라 어떤 점에서 어떻게 다른가를 분명히 파악해야 한다.

남 · 북간의 이질적인 요소가 극명하게 드러나는 분야들 가운데 첫째, 경제체제와 사회 기본 논리의 이질화, 둘째, 정치 · 이념적 이질화, 셋째, 사회 · 문화적 이질화로 나누어 볼 수 있다. 그중에서도 인문학적 시각에서 돌아보아야할 문제는 사회 · 문화의 이질화 문제이다.

사회문화면에서 남한은 초계급적 순수문화의 존재를 인정하나 북한에서는 모든 문화는 계급성과 혁명성을 지닌다고 주장한다. 또한 남한의 문화정책의 특징은 민족문화의 계승발전과 외국문화의 창조적 수용 및 문화활동의 자율성과 창조성을 보장하는데 있다. 그러나 북한은 사회주의적 민족문화를 전면적으로 발전시키기 위하여 문화혁명을 철저히 대행하고, 제국주의의 문화침투와 복고주의적 경향에 반대하여 민족적 형식에 사회주의적 내용을 담은 혁명적 문화예술을 발전시키는 정책을 펼치고 있다.

우선 문학을 살펴보면 북한의 문학작품에 대한 태도의 문제는 강한 정치성을 지닌 작품에 대한 태도로 귀결된다. 북한의 작품들은 창작시기의 당 노선과 밀접한 관련이 있으며 평가면에서도 평가시기의 정치적 성향에 따라 달라진다.(임도한, 2010)

북한은『조선말 대사전』에서 문학을 “언어를 통하여 인간과 생활을 형상적으로 반영하는 예술의 한 형태로 문학은 인간을 그리는 인간학으로서 사람들에 대한 사상교양의 수단으로, 미학적 교양의 수단으로 복무한다. 우리의 문학은 인민대중을 가장 힘있고 아름다우며 고상한 존재로 내세우고 인민대중을 위하여 복무하는 참다운 공산주의 인간학으로 되고 있다”고 밝히고 있다. 이에 따라 북한에서 문학은 개인의 자유로운 의지에서 비롯된 창작이 아니라 북한 체제를 유지하고 정권을 옹호하는 수단에 불과하다. 따라서 작품성을 평가하는 기준도 예술성보다는 얼마나 북한 체제를 유지하고 정권을 옹호하는 데 도움이 되느냐에 달려 있다.

언어에서도 심각한 이질성을 보이는데, 남한의 언어정책은 개방적이고 자유방임적이라고 할 수 있으나 북한의 언어정책은 폐쇄적이고 통제적이라고 할 수 있다. 곧 북한의 언어정책은 당 중심의 언어 정책으로 계획적이고 획일적이다. 북한은 언어에 있어 ‘자주적 입장’과 ‘창조적 입장’을 살리기 위하여 주체사상에 근거한 ‘주체적 언어 사상’을 내세워 민족어의 주체성을 올바로 세우고자 한다.

북한에서는 인민들이 민족어 교육을 통해서 자기의 말과 글에 대한 체계적인 지식을 가지고, 그것을 혁명과 건설의 힘 있는 무기로 이용할 주 알아야 혁명과 건설을 잘 밀고 나갈 수 있다고 본다. 그리하여 민족어교육을 강화하는 것은 혁명과 건설의 주인인 사람들을 사회적 인간으로, 힘있는 존재로 키우기 위하여 시행하여야할 주요한 과업이 된다.

북한에서는 인민들의 사회생활과 활동에서 언어생활 규범과 사회주의 언어생활 질서를 확립하지 않고서는 사람들의 의사수단이며 '혁명과 건설의 힘있는 무기'인 언어가 제구실을 할 수 없다고 본다. 따라서 북한은 사회주의적 생활양식에 맞는 규범을 세워야 사회의 언어규범이 될 수 있으며 언어의 사회적 기능도 높일 수 있고 사회주의적 민족어건설에 언어 규범이 올바로 이바지 한다고 본다.(최용기, 2007)

또한 남북한은 반만년의 역사를 공유하고 있지만, 역사를 바라보는 시각과 서술내용은 분명하게 대조된다. 남북한의 바람직한 미래를 위해서는 남북의 현실적 상황의 차이를 인정하고 그 간격을 좁히고자 하는 노력이 선행되어야 할 것이다.

남북한 국사교과서의 교육목적을 살펴보면 남한의 고등학교 『국사』(2002)의 머리말에는 "국사교육은 민족사의 다양한 역사 전개의 과정을 종합적이고 체계적으로 학습함으로써 21세기를 살아가는 한국인으로서의 자긍심과 능력을 길러주는데 가장 큰 목표를 두고 있다"고 정리하고 있다. 이에 반해 북한의 교과서인

『조선역사』(2001)의 머리말에는 "모든 학생들은 조선역사 학습을 잘하여 21세기의 태양이신 경애하는 김정일 장군님께 끝없이 충직한 공산주의혁명인재로 튼튼히 준비하여야 한다"라고 하였다.(정영순, 2006)

역사는 그 학문의 성격상 어떠한 관점을 취하느냐에 따라 '역사적 사실'의 선정이나 그 해석 방식이 크게 달라질 수 있다. 그런 점에서 남북한 사이의 역사의 이질성은 어느 분야보다도 심각하게 나타나고 있다고 본다.

통일대비라는 차원에서 논의되는 무수한 담론들의 핵심은 무엇보다도 어떻게 하면 민족정체성에 대한 통일을 어떻게 이루어 낼 것인가 하는 문제일 것이다. 따라서 이러한 역사인식의 차이는 통일의 큰 걸림돌이 된다고 할 수 있다. 그러므로 남북한 상호 교류를 통하여 역사인식의 차이점을 이해하고 발전적인 논의를 통하여 이질성을 극복하고 합의점을 도출하여 민족공동체 의식을 회복하는 것이 통일로 나아가는 길일 것이다.

언어 역시 동질성회복을 위해서는 이질화된 언어를 쓰고 있는 사람들에게 체계적인 프로그램을 마련하여 동질성을 찾을 수 있는 길을 마련하여야 할 것이다. 이러한 면에서 인문치료사업단의 '치유의 언어와 소통' 프로그램은 중요한 도구로 활용될 수 있을 것이다. 인문학의 치유성은 언어의 본질과 기능에 기대어 있다고 보고 개인의 언어가 지닌 모순과 문제점을 찾아내고 인지하여 극복하는 인문치료의 방법은 남북한의 언어의 이질성을 회복시키는 데에도 도움이 될 것이다.(정성미, 2011)

남북 간의 이질성은 점차 갈등을 증폭시켜 통일의 길에서 멀어지게 할 수도 있으므로 이질성 극복은 갈등을 해소하여 평화를 정착시킬 것이다. 갈등해소란 사회를 그 구성원의 질서관에 더해서 잘 조화된 공동체로 만들려고 하는 사회의 통합과정이라고 할 수 있다. 그러므로 질서란 사실상 갈등해소의 또 다른 표현이라고도 할 수 있다. 사회를 통합한다는 것은 우선 그 사회를 갈라놓은 대립을 제거하고 사회를 분열시키는 투쟁을 끝나게 하는데 있다. 곧 민족의 통일은 이렇게 갈등관계의 해소 곧 이질화를 극복해 가는 과정이다.

예멘의 사례에서 보여지는 바와 같이 단순히 두 정상간의 합의 또는 국민적 합의창출 없이 외교적인 방식으로만 이루어질 때는 많은 문제점을 드러낸다. 반면 독일은 예멘처럼 두 정상 사이의 합의에 근거하여 권력을 분점하는 방식이 아니라 동독과 서독이 합의에 의해 서독에 동독이 흡수되는 방식으로 통일을 했다. 그러나 독일은 통일에 대한 충분한 준비없이 이루어졌기 때문에 통일 과정에서 사회문화적인 통합을 결여하는 오류를 간과하였다. 통일문제는 정치 · 경제적인 거시체제의 통합이 아니라 그것을 튼튼하게 떠받칠 수 있는 사회문화적인 사람들 사이의 통합이 이루어져야 하는 것이다. 그리하여 독일의 경우에도 통일 후 통합과정에서 여러 가지 시행착오와 갈등을 겪게 되었던 것이다. 곧 통합과정에서 불법행위 청산작업, 재산권 문제, 동독경제를 재건하기 위한 통일비용 문제, 동서독 주민 간 갈등 등을 비롯한 여러 문제들이 발생하였다.

통일은 이러한 모든 면에서 이질화된 체제를 총체적으로 극복하고 다양한 요소들이 공존하는 민족공동체를 형성하는 것을 의미한다. 즉, 영토와 체제의 통일이 이루어진다 하더라도 구성원 간의 마음의 통일이 이루어지지 않는다면 오히려 상당한 갈등과 혼란을 초래할 수 있기 때문에 국토와 체제 통합뿐만 아니라 가치관과 생활방식 등의 모든 사회문화적인 요소가 통합되어지는 통일을 이루어야한다. 그러므로 통일을 준비하는데 있어 민족공동체를 복원하고 동질성을 회복하는 방안이 우선으로 만들어져야 할 것이다.

곧 통일은 서로에 대한 이해를 바탕으로 상호 소통하는 가운데 이루어져 가야하지만 현재 남북관계는 통일을 중요한 정책과제로 제시하고 있으면서도 실체적인 통일과는 거리가 있는 관계로 점차 굳어져 가고 있다. 현재의 남북관계는 철의 장막에 가리워져 서로가 무슨 생각을 하고 있는지, 어떠한 길을 가고 있는지, 민족통일을 염원하고 있는 것인지 전혀 알지 못한 채, 서로에 대한 비방과 책임 묻기에만 급급한 상황이다. 오랜 역사를 함께하여 왔고, 같은 언어를 쓰며, 같은 의식주 문화를 가지고 있음에도 불구하고 소통이 단절되고 왕래가 끊어진지 이미 오래되어 남북은 막연한 그리움속에만 자리하고 있으며 통일을 위한 구체적인 움직임은 민족반역자로 낙인찍어버리는 사회가 되었다. 이제 통일은 정치사회적인 정책 결단에 의하여 추구되기 보다는 인문학에 의한 단절된 관계의 회복으로부터 시작해야 할 것이다.

3. 통일준비와 인문치료

1) 통일준비로서의 분단트라우마 치유

통일은 우리민족에게 있어서 반드시 이루어져야할 필수 사항이다. 특히 분단으로 인한 트라우마를 겪고 있는 이들에게는 그들의 상처를 온전하게 치유할 수 있는 길은 궁극적으로 통일이 되어야 하는 것이다.

대부분의 사람들은 이미 70여년을 분단속에 지내오면서 분단의 문제에 대하여 크게 인식하지 못하고 살아가고 있다고 생각된다. 그러나 분단은 우리민족에게 적대적 감정과 정서에 의한 근본적인 트라우마를 형성시켜 통일의 걸림돌이 되고 있다. 함석헌은 '민족통일의 길'이란 글에서 '분단이란 우리에게 치명적인 상처인 바, 상처를 입은 사람은 그 상처가 낫기 까지 일을 할 수도, 학문을 할 수도, 사회활동을 할 수도 없는 것과 같다'고 하였다. 또 백낙청은 분단체제는 '단순히 국토의 분단만이 아니라 사회 구석구석의 모든 분열, 우리 마음속의 모든 병들과 결합되어 있어서 어디서부터 풀어가야 할지 모를 악순환을 이루고 있다'고도 하였다.

이러한 분단체제의 트라우마는 분단이후 국가에 의해 자행된 수많은 폭력에 의해 반복되고 있고 여전히 사람들의 마음을 졸이게 하는 응어리를 만들고 있다. 해방된 공간속에서 좌우의 이념대립과 갈등으로 통일정부를 수립하지 못한 한국은 전쟁을 맞게 되었고, 전쟁은 우리민족에게 씻을 수 없는 깊은 상처를 남겼다. 특히 한국전쟁기간 군경과 적대세력, 미군에 의해 저질러진 대량의 민간인 학살은 통한의 아픔을 가져왔으며, 한국현대사에서 해결해야할 최대의 과제로 자리매김하게 된다.

한국전쟁의 발발은 역사적 비극이기도 하지만 법적 보호를 받아야 할 비무장민간인이 오히려 희생의 대상이 되었다는 점에서 민족사적 비극이다. 한국전쟁기 민간인 집단희생사건들은 전쟁발발 초기에 집중적으로 이루어졌고, 민간인은 전선의 이동에 따라 군경, 미군, 적대세력에 의해 이중삼중으로 희생의 대상이 되어 결국 희생이 악순환되는 결과를 낳았다. 그리고 민간인학살은 오랫동안 언급해서는 안되는 금기의 대상이 되었고, 수십년간 이어져 온 반공이데올로기로 인해 희생된 피해자들은 오히려 사회적 약자가 되어 경제 · 사회적으로 어려움을 겪어야 했다. 이는 심각한 사회 갈등과 국론분열로 이어졌고, 근본적으로는 민주주의 발전에 걸림돌이 되었다. 민간인 학살은 피해자와 그 가족들 또는 이웃에게 울분을 일으켰으며, 그 이후로도 해소할 수 없는 한의 응어리로 남아 있게 되었다.

한국전쟁기간 수많은 민간인을 학살한 국가권력은 분단체제를 형성한 이후 반공정권을 수립하여 이데올로기를 무기로 온갖 인권탄압을 가하며 권력유지에 급급하였다. 이러한 이승만정권은 4.19민주항쟁에 의하여 무너졌으나 이어진 5.16쿠데타에 의하여 국가폭력은 이어졌다.

5.16쿠데타 세력은 법률이라는 형식을 통해 통치과정의 정당

성을 포장하려 하였으나 이러한 법률들은 절차나 내용 모두에서 위헌적이었으며, 그 때문에 많은 사람들이 쿠데타 세력의 정치적 희생양이 되어야 했다. 특히 5.16 직후 미국의 의심을 받고있던 쿠데타 주도세력은 자신들에 대한 미국 등의 의혹의 눈초리를 환기시키고 쿠데타를 성공적으로 이끌기 위해 계엄령을 선포하였다. 결국 4.19 이후 활발하게 사회활동을 벌인 진보적 인사들은 대대적으로 검거되었고 이들은 사회 안정을 해치는 불순세력 또는 용공세력으로 몰려 부당하게 탄압당하고 처형당하였다.

이후 제4공화국에서는 1972년 선포된 유신헌법에 의해 '긴급조치권'을 발동하여 비상계엄하에 더 강력하게 민주화세력을 탄압하였다. 위헌적 긴급조치의 발동에 의하여 정치적 비판의 자유, 죄형법정주의, 영장주의, 법관에 의한 재판받을 권리 등 헌법상 보장되는 국민의 권리와 자유는 반공이라는 국시아래 무시되었다. 이와 같이 기본적 인권을 보장받아야 할 국민을 국가가 정권유지를 위하여 용공세력으로 몰아 과도한 형사처벌에 이르게 한 것은 명백한 국가의 의무를 위반한 국가폭력이었다.

이러한 국가폭력은 5.18광주 민주화운동에 이르러 극에 달하였다. 1979년 10.26사태로 집권한 신군부세력은 1980년 5월 17일 '비상계엄 전국확대조치'를 발표했다. 집권세력은 그들의 구상을 실현시키기 위하여 광범위하게 분출되는 국민들의 저항에 군사적으로 대응하면서 민주인사에 대한 대대적인 체포와 투옥을 시작했다. 그리고 계엄군은 민주화를 요구하는 시민들을 국가전복세력이라고 참칭하여 탱크를 앞세우고 무력으로 진압하는 과정에서 수백명의 시민을 학살한 것은 국가폭력의 극치였다.

이와 같이 한국의 현대사에서 민중들은 억압적인 국가권력에 대항하여 인간의 기본적 권리를 누리기 위하여 힘겨운 싸움을 벌였다. 때문에 한국 현대사는 전쟁과 민주화 투쟁의 과정에서 국가의 폭력으로 희생당한 수많은 사람들의 고통을 기록해야만 하였다. 희생자와 그 유가족들은 개인적인 생활의 고통뿐만 아니라 사회적인 침묵 · 방관 · 왜곡에 의해 민족분단의 또 다른 트라우마를 갖게 되었다. 이런 맥락에서 분단트라우마는 분단체제아래 지속되어온 남북의 적대성과 국가폭력에 의한 공포의 집단심리를 의미한다고도 볼 수 있다.(이병수, 2011)

최근 국가는 과거사청산의 일환으로 진상을 규명하여 희생자들의 명예를 회복시켜 주고 그들에게 씌워져 있던 이념의 굴레를 벗겨주었으며, 희생을 기리기 위한 기념물을 조성하거나 기념의식을 행하여 화해의 신호를 건네기도 하였다. 그러나 이것은 어디까지나 가해자의 입장에서 행해진 것이지 희생자의 입장에서 이루어진 것은 아니었다. 국가폭력에 희생되어진 그들의 소리에 좀 더 귀를 기울이고 그들이 용서할 수 있는 계기를 만들어 진정한 용서와 화해의 길로 나아가야 할 것이다. 이들의 가슴에 새겨져 있는 한을 풀어내지 않고는 남북한 간의 감정의 골을 쉽게 메울 수 없을 것이기 때문이다.

분단체제에 의한 국가폭력의 희생자들에 대한 치유는 국가의 정성어린 사과와 그를 바탕으로 체계적인 치유의 프로그램이 운영되어 가해자와 피해자의 화해 및 국가사회적인 치유를 이루어야 할 것이고, 그 것은 통일의 길로 나아가는데 있어 반드시 선결해야할 과제일 것이다.

역사에 의한 트라우마의 치유에 대해 라카프라는 정신분석학적 전이 개념으로 '성찰적 극복하기'를 들고 있다. 성찰적 극복하기는 역사적 외상자가 과거의 사건과 정면으로 대면하여 트라우마의 기억을 객관화함으로써 자신을 그 굴레에서 해방시키는 상태를 말한다. 성찰적 극복하기의 전이 단계에 이른 역사가는 트라우마의 희생자를 미래지향적으로 이끌어 기억의 건강성 회복을 주도한다. 성찰적 극복하기를 통해서 한 개인은 트라우마의 생존자라는 부채감과 피해 의식에서 벗어나 역사적 증언자와 역사 변혁의 주도자라는 긍정적인 정체성을 획득함으로써 미래 지향적인 역사의 집을 건축하는 데 중요한 하나의 벽돌을 보태게 될 것이다. 마찬가지로 성찰적 극복하기 단계에 도달한 집단이나 국가도 과거 청산의 채무자 신분에서 벗어나 미래 국가를 건설할 수 있는 국가적 정체성과 동질감을 회복할 것이다.

인문치료로서의 성찰적 극복하기는 비판적 역사에 의한 새로운 미래창조와 연결되어 있다. 역사의 치유는 과거사에 대한 비판적 성찰을 통하여 교훈을 얻고 문제 해결의 실마리를 규명하여 역사에 대한 능동적 개입으로 상처를 치유하며 역사의 새로운 지평을 열어가는 것이다.

2) 북한이탈주민의 남한사회 적응문제

통일이 궁극적으로 서로 다른 체제에서 함께 생활해 왔던 남북한 주민이 이질감을 해소하고 동일한 정치 · 경제체제에서 하나의 삶의 양식으로 함께 생활하는 것을 의미한다면, 통일은 이미 우리 사회의 일부에서 이루어지고 있다. 그것은 다름 아닌 북한이탈주민들의 남한사회 적응과정이다. 북한이탈주민들의 남한사회 적응문제는 남한사회의 안정과 질서, 그리고 통일 후 남북한의 주민통합과정에서 야기될 문제를 미리 학습하는 예비학습과정이다. 아울러 우리 사회가 통일역량을 얼마나 갖추고 있는가를 직접적으로 가늠하는 하나의 지표가 되기도 한다. 따라서 북한이탈주민의 남한 사회적응 과정은 단순한 그들의 개인적 차원의 문제이기도 하지만 통일과 직결되는 문제이기 때문에 더욱 중요한 의미를 갖는다.(조용관, 2000) 곧 북한이탈주민의 정착과정은 중장기 통일미래전략 수립 · 지원에 기여할 것이고, 북한이탈주민의 남한정착 과정에서 축적된 노하우는 남북한 주민의 인적 통합 및 체제 전환 교육 등 향후 남북 간 사회통합 시 저력이 될 것이다.(정주신, 2011)

그러므로 정부에서는 북한이탈주민의 성공적인 국내 정착이 우리의 통일의지와 능력을 보여주는 시금석이라는 판단아래 북한이탈주민이 건전한 민주시민으로 우리 사회에 적응할 수 있도록 자립기반 조성 및 자활능력 배양에 주안점을 두고 단계적인 정착지원 체계를 구축하고 있다.

정부에서는 2012년 '북한이탈주민의 보호 및 정착지원에 관한 법률'을 정해 그 기본원칙으로 4가지를 제시하고 있다.

① 대한민국은 보호대상자를 인도주의에 입각하여 특별히 보호한다.
② 대한민국은 외국에 체류하고 있는 북한이탈주민의 보호 및 지원 등을 위하여 외교적 노력을 다하여야 한다.
③ 보호대상자는 대한민국의 자유민주적 법질서에 적응하여 건강하고 문화적인 생활을 할 수 있도록 노력하여야 한다.
④ 통일부장관은 북한이탈주민에 대한 보호 및 지원 등을 위하여 북한이탈주민의 실태를 파악하고, 그 결과를 정책에 반영하여야 한다.

북한이탈주민에 대한 지원은 초기 입국지원, 보호지원, 거주지 편입지원 등 크게 세가지 영역으로 구분할 수 있는데, 먼저 해외에 체류하고 있는 북한이탈주민은 한국행 희망의사를 표명하는 경우 현지공관 등이 임시보호조치를 취하고 입국방안을 모색하게 된다.

북한이탈주민이 국내에 입국하게 되면 사회적응교육, 정착지원금 지급 및 주거알선 등 자립 · 자활에 필요한 초기 자립지원을 받게 된다. 사회적응교육은 정착지원시설인 '하나원'에서 12주 동안 북한이탈주민이 우리 사회에 적응하여 생활하는데 필요한 기본적인 소양을 갖출 수 있도록 집중적이고 체계적인 교육

훈련으로 진행되고 있다. 교육 프로그램은 심리안정 · 정서순화 및 문화적 이질감 해소 교육과 함께 실생활에 활용할 수 있는 현장체험 교육, 기초 직업적응 훈련 및 진로지도 프로그램 등으로 구성되어 있다. 또한 정부는 하나원에서 사회적응 교육을 마치고 사회로 진출하는 북한이탈주민이 초기 정착에 필요한 자립기반을 마련할 수 있도록 정착기본금, 정착장려금 및 주거지원금 등을 지원하고 있다.

그러나 북한이탈주민들은 정착과정에서 높아진 기대수준을 충족하지 못하고 자신의 처지에 대한 비교의식이 높아지는 등 심리적으로 박탈감에 시달리고 있다. 최근 일부 북한이탈주민들은 남한사회에 적응하지 못하고 사회에서 괴리되어 은둔하거나 경제적 궁핍을 해결하기 위해 범죄를 저지르기도 하고 남한 사회를 이탈하여 제 3국행을 택하거나 다시 북한으로 돌아가려는 시도를 하기도 한다. 그것은 북한이탈주민들의 생활상이 남한사회의 하층 바닥에서 좀처럼 헤어나지 못한다는 점, 북한이탈주민들이 취업을 했다고 하더라도 남한사람들과 어울리지 못하고 고립감을 느낀다는 점, 북한이탈주민을 타자화해 우리의 문제가 아닌 그들의 문제로 인식하고 사회주의체제에서 살아온 그들에게 자본주의사회에 적응할 것만을 강요해 온 점 등의 문제가 있기 때문이다.

그러므로 북한이탈주민들의 남한사회 적응을 돕기 위해서는 다음의 몇 가지 점이 고려되어야 할 것이다. 첫째는 그들은 주체사상으로 대변되는 절대가치에 의해 지배되어 왔기 때문에 사고가 자유롭지 못하고 경직되어 있다는 것이다. 둘째는 통제된 사회 속에서 수동적이고 집단의존적인 삶을 살아온 북한이탈주민들은 직면한 문제를 자신 스스로 해결하려는 능력이 결여되어 있다는 점이다. 셋째는 스스로의 선택보다는 국가에 의해서 주어진 상황에 따라 순응하며 살아온 북한이탈주민들은 남한사회에서의 자기주도적인 삶의 선택능력이 결여되어 있다는 점이다.

이러한 점에서 볼 때 현 하나원 사회적응 프로그램은 다소 수정이 필요할 것이다. 첫째는 사회적응 프로그램이 보다 다양하게 개발되어야 할 것이고 그러한 프로그램을 교육할 수 있는 충분한 시간이 주어져야 할 것이다. 현재의 12주의 교육기간으로는 충분한 프로그램을 교육할 수도 없고, 북한이탈주민들이 남한사회에 적응할 수 있는 준비기간으로는 너무 짧다고 볼 수 있다. 둘째는 사회적응 프로그램에 민족동질성을 회복할 수 있는 프로그램이 더 많이 개발되어 교육되어져야 한다. 남북간의 정치사회 및 교육의 차이로 인하여 형성된 이질성을 극복하고 민족공동체의식을 갖도록 하는 교육에 더 많은 시간을 할애하여야 남한사회에서 괴리감 없이 자연스럽게 적응 할 수 있을 것이다. 셋째는 안정적으로 남한사회에 적응하기 위해서는 지역사회에 정착하면서 장기적인 적응프로그램이 필요할 것이다. 곧 소통증진이나, 자존감 향상을 통하여 건전한 지역사회의 일원으로 정착할 수 있도록 하는 사회문화적인 적응능력을 향상시킬 수 있는 인문치료 등의 프로그램이 있어야 한다. 물론 남한주민들이 그들을 잘 받아들이고 이해하며 도와줄 수는 있겠지만, 남한사회의 자본주의와 개인주의적인 생활습관은 남한사회의 특성으로 그것 자체를 변화시킬 수는 없기 때문이다.

아울러 북한이탈주민들의 남한사회 적응을 통한 자립과 자활을 위해서는 그들을 받아들이는 남한사회의 태도의 변화도 필요하다. 앞에서 살펴본 바와 같이 남북한은 이미 70여년의 단절된 상황으로 인하여 이질적인 차이가 존재함에도 불구하고 남한사회에 적응하지 못하는 그들을 그들의 잘못만으로 치부하여 비난하고 무시하는 남한주민들의 자세도 변화를 가져와야만 할 것이다. 남북한 간의 이질화는 북한이탈주민들만이 변한 것이 아니라 사회문화적인 차이로 인하여 남북 공히 다른 관습과 체제로부터 습득한 것이기 때문에 서로의 이질화된 요소들을 이해하고 있는 그대로 받아들일 필요도 있는 것이다.

따라서 북한이탈주민의 남한사회 적응문제는 민족통합의 과정에서 중요한 시금석이 되고 있다. 민족통합은 단순히 분단종식만이 아닌 문화이질성에서 유발되는 문화충돌의 극복도 내포되어 있으므로 민족공동체 형성에서 공동체 구성요소들 간의 차이는 존재하더라도 그 갈등이 서로 배타적이고 분열적으로 작용하지 않고 민족적 기반을 토대로 상호보완적 관계로 발전하면 이질성이 있다 해도 공동체형성에 있어서 걸림돌이 되지 않을 것이다. 이것은 물론 앞으로 통일이후 남북한의 주민통합과정에서도 드러날 문제이므로 북한이탈주민이 남한사회에 잘 적응하는 것이 통일의 후유증을 최소화하는 길일 것이다.

3) 재중교포의 민족공동체 회복문제

북한이탈주민과 함께 같은 민족이면서 모국에 돌아와 이방인으로 살아가고 있는 이들이 '조선족'으로 불리는 재중교포들이다. 이들은 현재 대부분 노동자로 남한에 들어와 각종 산업에 종사하고 있다가 일정한 경제적인 여건이 갖추어지면 남한을 떠나 중국인인 조선족으로 돌아가고 있는 상황이다. 그러나 재중교포들 역시 민족통합의 대상이며 더구나 현재와 같이 남북한의 소통이 단절된 상황에서 남북한을 비교적 자유롭게 오갈 수 있는 그들은 남북통일의 중요한 가교 역할을 할 수 있으므로 그들도 적극적으로 받아들여 '조선족'이 아닌 재중교포로 인식을 전환하고 민족공동체를 회복할 수 있도록 돕는 사회문화 프로그램이 마련되어져야 한다.

현재 그들은 국적인 중국과 모국인 남한과 북한의 정체성을 공유하고 있는 다중정체성을 가지고 있다. 특히 재중교포들이 상대적으로 북한을 더 모국으로 여기고 있었던 것은 건국초기 전반 1950년대에 조선족의 문화사업 발전을 가져오고 조선족교육이 중국의 기타 민족에 비해 앞장 설 수 있도록 북한으로부터 오는 문화적 지원이 있었기 때문이라는 사실이다. 당시 북한은 중국조선족사회를 위해 많은 우수한 인재를 양성했을 뿐만 아니라 조선족교육문화의 발전을 위해 기초적인 지원을 아끼지 않았다. 이와 같이 북한의 문화적인 지원에 힘입어 조선족사회는 민족교육의 급속한 발전을 시도할 수 있었고 자체 민족의 언어와 문자의 동질성을 유지할 수 있었으며 이는 또한 조선족공동체 유지와 발전에 매우 유익하였기 때문이다.(허명철, 2011)

따라서 재중교포들 곧 조선족의 정체성의 문제는 통일된 국가를 전제로 논의할 필요가 있으며, 그러한 면에서 재중교포들의 한국사회에 대한 적응문제는 민족공동체의 회복이라는 목표로 접근해야 하고, 역시 인문학을 기반으로 사회문화적인 민족동질성을 찾을 수 있는 방법을 모색해야 한다.

재중교포들은 일찍이 조선말부터 일제강점기를 거쳐 자의 또는 강제적인 이주에 의해 간도지역에 정착하여 중국의 지배를 받으며 살아왔지만, 한민족의 민족정체성을 유지하며 중국내에서도 독자적인 문화를 이루며 지내오고 있다. 이들이 이국타향에서 하나의 민족공동체를 유지하면서 자체의 민족정체성을 간직해 올 수 있었던 것은 중국정부가 제창해온 민족정책의 혜택도 있었겠지만 이주초기부터 형성되었던 공동체생활 및 자아정체성에 대한 주체적인 자각과 노력의 결실이기도 하다.

한민족의 전통문화는 이국타향에서 표류하고 있는 민족구성원들에게 있어서 일종의 정신적인 지주와 문화적인 후원자 내지는 마음의 안식처로 자리 잡고 있었을 뿐만 아니라 민족사회구성원들을 결속하는 힘으로, 서로의 정감을 교류하는 유대의 역할을 감당해 왔던 것이다. 더구나 북한과 국경을 접하고 있으면서 압록강과 두만강 연안에 형성된 조선족촌들은 대부분 북한 지역의 주민과 혈연관계로 연결되어 있고, 변경무역을 통해 민족간 교류도 지속적으로 이루어지고 있었으므로 민족정체성 유지에 도움이 되었다.

또한 이들은 민족문화의 정통성을 유지하기 위하여 민족교육을 통한 후진 양성에도 적극적이어서 50년대까지만 해도 조선족 학교들에서는 조선역사와 지리를 학과목으로 설치하여 이주 1세 · 2세들을 교육하여 왔고, 가정교육을 통해서도 민족의 생활습성과 예의범절을 자녀들에게 전하여 현재까지도 민족문화를 간직하고 있다. 하지만 1954년 중국 교육부에서는 조선족 학생들에게 조국관념을 배양시키고 교민의식이 생기는 것을 미연에 방지하기 위하여 조선역사와 조선지리를 세계역사와 세계지리에 편입시키고 조선족역사는 중국역사에 편입시켰다. 중국정부에 의해서 상기 학과목들이 조선족학교들에서 사라지고 반복되는 정치운동의 영향으로 현재의 젊은 세대들은 민족역사와 문화에 대한 상식적인 교육도 받지 못하고 있어 민족문화에 대한 애정이 희박해지게 되고 민족적인 긍지도 약화되어가고 있는 실정이다.

이러한 상황에서 중국의 개혁개방 정책은 80년도 초반의 북한과의 무역왕래의 붐을 형성하였고, 다른 한편으로 88서울올림픽부터 알려진 남한의 비약적인 발전은 재중교포들에게 민족정체성의 각성을 다시 불러일으키게 되었고, 이로 인하여 그들은 남한에 본격적으로 진출하기 시작하며 민족공동체 의식을 회복하기 시작하였다. 그러나 이들은 곧 남한사회의 차별대우와 국가체제의 차이에 따른 이질성으로 '생김새와 말만 같을 뿐이지 모든 것이 다 다르다'고 고백을 하기에 이르렀다.

2010년 설문조사결과에 따르면 재중교포들 중 한국인이 자신들을 대하는 태도에 대해 만족하는 비율은 26.3%에 불과했으며, 나머지 73.3%가 불만족을 느끼고 있었다. 또한 그들은 한국인으로부터 받은 상처에 대하여 34.4%가 '우월감을 가지고 무시하는 태도'를, 31.8%가 '같은 민족으로 취급하지 않는 태도', 22.1%가 '편견과 선입견을 가진 태도'를 꼽았다.(박영균, 2014) 이와 같이 지금 남한과 재중교포사회의 갈등은 날로 표면화되고 있는 실정이지만 남한사회는 이에 대한 유력한 해결책을 제시하지 못하고 있으며 남북통일의 전략적인 차원에서도 재중교포 사회를 포용하려는 시도조차 하고 있지 않다.

이들 재중교포사회는 남북통일에 있어서 중요한 전략적인 지역이며 민족문화공동체의 중요한 부분이다. 그들이 남북통일과정에 적극적으로 참여하게 되면 미래의 남북통일과정에 커다란 영향을 미칠 것이고, 그들의 남북한 통일에 있어서의 역할은 미래의 통일과정과 통일이후 문화적인 융합과정이라는 장기적인 안목에서 바라보아야 할 것이다. 우리민족이 처한 분단의 현실에서 본다면 자그마한 중국교포사회마저 포용하지 못한다면 남북한의 통일은 요원한 문제일 것이다.

재중교포들은 북한과 밀접한 관계를 맺고 있고 수시로 북한을 방문하거나 방문한 북한사람들과 접촉하기 쉬운 위치에 있다. 이들은 북한의 친지방문 · 북한이탈주민과의 접촉 · 북한 방문자와의 접촉 등 직간접적으로 북한에 대하여 접촉하고 있어 단절된 남북한을 간접적으로 연결해 주는 중재자의 역할을 자처하고 있다.

재중교포들은 남한과 북한 사이에 중립적 입장을 취하려고 하며 남북에 드나들 수 있는 조건과 연변의 지정학적 조건을 충분히 이용하여 민족통일에 이바지 하고자 한다. 대부분 재중교포들에게 두루 통하는 철칙의 하나는 바로 남한이나 북한 서로에게 상대방을 비난하는 나쁜 말을 하지 않는 다는 것이다. 비난보다는 이해가 중요하다고 생각하는 이들은 현시점에서 남한에는 북한 바로 알리기, 북한에는 남한 바로 알리기를 하여 분단현실을 인정하고 직시하여 통일의 새로운 출발점을 알리고자 한다. 이들이 남북통일을 바라는 간절한 마음은 같은 혈통을 지닌 민족이라는 당위성에서도 비롯되겠지만 한반도의 모체문화가 그들의 생존문제에도 관여된다는 점에도 기인된다.

물론 통일의 형태적 본질은 궁극적으로는 '하나의 국가'를 수립하는 것이겠지만, 내용적으로 보면 통일은 헤어지고 갈라졌던 사람들이 다시 만나고 서로의 차이를 인정하며 갈등을 극복하면서 새로운 사회 · 문화를 만들어 나가는 과정이기도 한다. 이러한 과정을 민족적 시각에서 놓고 본다면 통일은 한반도에 거주하고 있는 남북주민 전체만의 만남과 화합뿐만이 아니라 분단의 아픔을 함께하고 있는 700만 교포들도 함께하여야 한다는 점에서 민족통일은 반드시 해외에 있는 교포들도 포용할 수 있는 진정한 민족대화합이 되어야 함이 마땅할 것이다.(허명철, 2010)

그러므로 재중교포의 민족공동체 회복문제 역시 통일문제의 일환으로서 인문치료의 방법으로 접근해야 할 것이다. 곧 그들의 한민족으로서의 존재론적 의미를 강화시켜 남한사회에서 받은 상처를 치유하고 민족동질성의 문제를 사회문화적으로 구체화하여 민족적 자아의 주체를 확립시킴으로써 재중교포와 남한사회가 갖고 있는 근본적인 문제를 해결하여 민족 통합의 단계로 나아가야 할 것이다.

4) 통일교육과 인문치료

통일을 준비하기 위한 선결과제는 사회내의 다양한 가치관과 견해를 존중할 수 있는 분위기를 조성해야 하고, 통일을 지향하는 방향으로 국민들의 의지를 모아야 한다. 그리고 통일준비를 위한 공론화를 사회적 논의로 끌어내기 위해서는 통일에 대해 함께 생각하고 소통할 수 있는 기회를 많이 제공해야 한다. 아울러 이러한 논의는 또한 실천행위로 이행되어야 하며 그 단계적 조치로서 서로의 차이와 동질성에 대한 정확한 이해가 가능하도록 민족적 통일교육이 선행되어야 한다.

남북한 분단의 현실에서 통일교육은 반드시 필요한 당위적 과제라는 것은 주지의 사실이라고 할 수 있다. 과거의 통일교육을 보면 북한에 대한 부정적 이미지를 강조하는 관점에서 교육이 시행되어 왔다는 것은 부인할 수 없다. 향후의 통일교육은 북한을 안보적으로는 경계하여야 할 대상인 동시에 통일을 위해서는 협의하고 논의하여야 할 대상이라는 이중적 구조로 이해하여야 할 것이다.

곧 냉전시대의 통일이 체제 수호의 차원에서 안보와 이념 등의 정치 · 군사적 측면에서의 경쟁에 의한 흡수 통일을 지향했다면, 교류 · 협력시대의 통일은 민족 공동체 의식을 바탕으로 한 사회 · 문화적 측면에서 정신과 가치의 통합, 즉 '사람의 통일' 또는 '사실상의 통일'을 지향하고 있다. 이러한 통일은 국토와 체제 통일에 앞서 민족 공동체 형성을 위한 사회 · 문화적 통합을 지향한다.(권장희, 2004)

통일교육은 국민들에게 통일에 대한 비전과 현상에 대한 정확한 정보를 제공함으로써 이들이 올바른 가치관과 판단력을 갖게 하는데 그 목적이 있다. 이런 측면에서 통일교육은 다가올 통일에 대비하여 어떻게 그것을 받아들이고, 혼란을 최소화하면서 진정한 남북통합을 이루어갈 것인가에 주안점을 두어야 한다.

또한 학생들에게는 통일에 대한 지속적인 관심과 의지를 갖게 하고 통일관련 내용에 대한 판단능력을 길러주며, 북한에 대한 편견이나 적대감을 줄이게 하는 교육이다. 그리고 미래의 남북통일에 대비하는 교육이자 통일 후 구성원들이 가져야 할 기본적 가치관 등과 관련한 교육이다. 곧 통일교육은 '민족화해교육' 또는 '민족통합교육'이라고 할 수 있다.

박근혜정부는 국민통합에 기여하는 통일교육을 계획하였다. 특히, 우리 사회에 통일에 대한 국민들의 무관심과 회의가 점증하는 상황을 극복하고자 통일에 대한 국민적 공감대를 형성하고 범국민적 차원의 통일교육이 될 수 있는 계기를 마련하기 위해 제1회 「통일교육주간」을 제정, 운영하기도 하였다. 아울러 통일교육의 저변을 확산시키기 위해, 유관기관과의 업무협약(MOU)를 체결하고 통일교육 민·관 거버넌스 회의를 개최하는 등 민간과의 협력도 한층 강화하였다. 그리고 해외전문가를 활용한 통일교육도 처음으로 실시하여 통일교육의 외연도 확대해 나갔다.

아울러 통일교육위원, 지역통일교육센터, 통일교육협의회, 통일관 등을 통해 풀뿌리 통일교육을 실시하였으며, 통일·북한에 대한 올바른 이해를 제고하기 위하여 다양한 형태의 통일교육 교재도 제작하였다. 특히, 청소년들의 눈높이에 맞는 뮤직비디오, 인기 캐릭터를 활용한 애니메이션 등 감성형 영상 교재를 개발하여 보급하기도 하였다.

'통일교육지원법'에 의하면 통일교육이란 '자유민주주의에 대한 신념과 민족공동체 의식 및 건전한 안보관을 바탕으로 하는 통일을 이룩하는데 필요한 가치관과 태도를 기르도록 하기 위한 교육을 말한다'고 하였고, 통일교육의 기본원칙은 '자유민주적 기본질서를 수호하고 평화적 통일을 지향하여야 한다'고 하였다.

또 통일교육의 교재에서도 다음 도표에서 보는 바와 같이 대부분 통일의 필요성이나 통일이후 미래의 환상, 그리고 북한의 실상에 대한 것 등으로 영상자료 '고인돌'을 제외하고는 남북한 문화의 동질성이나 민족공동체 의식을 기르기 위한 내용은 없다. 그러나 통일교육은 체제나 이념에 대한 홍보보다는 통일을 준비해 가는 또는 통일에 대비한 민족공동체의식을 회복하여 이질성을 극복할 수 있는 내용으로 구성되어야 할 것이다. 결국은 통일은 통일에 대한 남북한 모든 국민의 열망이 모아져야 통일이 이루어질 수 있을 것이므로 통일의 필요성 보다는 당위성으로서의 통일을 이루고자 하는 공감대를 형성시키는 교육이 필요한 것이다.

〈2013년 통일교육 자료 개발 현황〉

<table>
<tr><th>구 분</th><th>자료명</th><th>대 상</th></tr>
<tr><td rowspan="2">기본교재</td><td>통일문제 이해</td><td>교사 및 일반인</td></tr>
<tr><td>북한 이해</td><td>교사 및 일반인</td></tr>
<tr><td rowspan="2">주제가 있는 통일강좌</td><td>북한의 양면성</td><td>교사 및 일반인</td></tr>
<tr><td>북한의 계획경제와 시장화 현상</td><td>교사 및 일반인</td></tr>
<tr><td rowspan="14">영상자료 (DVD)</td><td>진돗개와 풍산개</td><td>초등학생(1-3학년)</td></tr>
<tr><td>백령도 점박이물범</td><td>초등학생(4-6학년)</td></tr>
<tr><td>고인돌</td><td>중학생</td></tr>
<tr><td>대륙열차</td><td>고등학생</td></tr>
<tr><td>구름빵의 비무장 지대 나들이 (애니메이션)</td><td>초등학생(1-3학년)</td></tr>
<tr><td>호랑이의 기상(애니메이션)</td><td>초등학생(4-6학년)</td></tr>
<tr><td>편지(애니메이션)</td><td>중학생</td></tr>
<tr><td>더 큰 나라 더 밝은 미래 (애니메이션)</td><td>고등학생</td></tr>
<tr><td>통일기차(뮤직비디오)</td><td>초등학생</td></tr>
<tr><td>하나 된 미래(뮤직비디오)</td><td>중고생</td></tr>
<tr><td>한반도 신뢰프로세스</td><td rowspan="2">교사 및 일반인</td></tr>
<tr><td>북한의 양면성</td></tr>
<tr><td>참고자료</td><td>북한지식사전</td><td>교사 및 일반인</td></tr>
</table>

* 『2014 통일백서』, 통일부, 2014.

한편 통일교육은 미래 통일시대를 대비한 통일의 주역들을 양성하는 길이고, 통일이후의 사회 · 문화적 통합을 원활하게 이루어 갈 수 있는 길을 준비하는 것이다. 따라서 통일교육은 이제 통일안보교육을 넘어서 평화통일을 대비한 교육으로, 학생들로 하여금 통일과 관련하여 현실에 기초한 올바른 지식을 바탕으로 합리적인 사고와 서로를 올바로 이해하려는 태도를 갖추어 진정한 통일을 준비하는 교육이어야 할 뿐 아니라, 통일 후 나타날 수 있는 문제점을 최소화하기 위한 방안도 고려되어야 할 것이다.

따라서 통일교육 역시 인문학을 기반으로 한 남북한 간의 이질성과 동질성을 비교분석하여 극복해야할 이질성과 회복하여야 할 동질성을 찾도록 하고 이러한 시각에서 통일을 준비해가도록 해야 하겠다. 또한 통일교육은 서로에 대한 불신을 해소하고 적대관계에 의한 상처를 치유해 갈 수 있는 방향으로 이루어져야 한다.

4. 치유를 통한 통일로

통일을 통해 우리민족은 훼손된 민족적 정체성을 회복하고 분단의 고통을 극복하여 정신적 · 물질적으로 행복한 삶이 보장되는 민족공동체를 건설할 수 있을 것이다. 그러기 위해서 우리는 통일의 목표와 통일국가의 미래상에 대해서 국민적 합의를 이루고, 통일의 조건을 분석 · 평가하고 유리한 여건을 만들어 가며,

통일을 추진하기 위한 주도적 역량을 기르는 것 등의 통일을 위한 준비과제와 통일 후에 예상되는 문제들에 대한 대책을 마련하여야 한다.

지난 70년 가까이 분단으로 인한 대결과 갈등은 민족의 정체성을 크게 훼손시켰고, 분단으로 굴절된 역사와 민족의 역량 축소는 민족공동체를 파괴하여 점차 이질화되어 가고 있다. 또한 국토가 분단되면서 국권이 양분화 되고 남북한의 서로 다른 정치 체제가 장기화 되어 체제간의 대립과 단절로 인해 정치 · 사회 · 문화 · 경제 · 교육 · 생활방식 등이 다르게 변화되어 왔으므로 통일문제는 동질성 회복이란 문제를 치유하는 과정이라 할 수 있다.

통일은 협상에 의하여 그리고 점진적으로 이루어지는 것이 바람직하겠지만, 통일은 반드시 시나리오대로 이루어지는 것이 아니며, 그렇다하더라도 크고 작은 혼란을 피할 수 없을 것이다. 독일의 경우 통일이 이루어지기 불과 1년 전까지도 통일을 예상하지 못했듯이, 통일의 기회는 예기치 않은 순간에 찾아올 수 있다. 통합과정을 원활히 수행해 나가기 위해서는 이에 대한 체계적인 준비 등 통일에 대비하는 내적 기반을 확충하여야 한다. 통일 시 발생할 수 있는 남북 주민 간 그리고 계층 간 편견과 차별을 극복하고, 더불어 생활하는 공동체적 사회를 건설할 수 있도록 사전 준비를 철저히 하면서 통일 역량을 갖추어 나가야 할 것이다.

그러한 가운데 먼저 고려해야 할 것은 분단체제하에서 피해를 입었거나 마음의 고통을 안고 살아가는 희생자들에 대한 치유와 화해가 필요할 것이다. 그리고 북한을 떠나 남한에 정착한 북한 이탈주민들과 재중교포들에 대한 적응 프로그램은 통일을 대비한 준비로서 남북한의 이질성을 극복할 수 있는 좋은 계기가 될 것이다. 또한 통일교육은 학생들의 통일의식을 고양시켜 줄뿐더러 남북한 주민들의 이해를 도와 민족공동체의식을 회복하고 민족통일의 길로 더 적극적으로 나가게 할 것이다.

■ 이 글은 필자의 논문 「남북통일 문제에 대한 인문치료적 고찰」(『인문과학연구』 45집, 2015)을 수정 · 보완한 것이다.

■ 참고문헌 ■

국사편찬위원회 국정도서편찬위원회, 『국사』, 교육인적자원부, 2002.

『조선말 대사전』, 평양:과학백과사전출판사, 1992.

『조선역사』, 평양:교육도서출판사, 2001.

백낙청, 『분단체제 변혁의 공부길』, 창작과비평사, 1994.

송두율, 『통일의 논리를 찾아서』, 한겨레신문사, 1995.

오기성, 『통일교육론』, 양서원, 2005.

전우택, 『사람의 통일, 땅의 통일』, 연세대학교 출판부, 2007.

통일부 통일교육원, 『통일문제의 이해』, 2014.

통일부, 『2014 통일백서』, 2014.

권장희, 「통일 교육의 효율성 제고를 위한 도덕교육에 대한 비판적 고찰」, 『국민윤리연구』 제57호, 2004.

김강일, 「남북통일에 있어서 중국조선족의 역할」, 『한국통일과 해외한인에 관한 국제학술회의 논문집』, 1998.

김거정, 「남과 북을 이어주는 통일가교, 조선족의 삶」, 『北韓』 1996.

김성민, 「분단과 통일, 그리고 한국의 인문학」, 『대동철학』 제53집, 2010.

김창희, 「통일준비와 통일교육」, 『한반도 통일준비의 모색』, 프리마북스, 2011.

박영균, 「'상상된 공동체'의 와해와 조선족들의 아비투스」, 『통일인문학』제59집, 2014.

박영균, 「조선족들의 역사적 트라우마, 민족과 국가의 이중주」, 『통일인문학논총』 제60집, 2014.

엄찬호, 「역사의 치유론」, 『인문치료의 이론과 원리』, 2011.

엄찬호, 「한국전쟁 전후 민간인 학살에 대한 분노와 치유」, 『인문치료의 이론과 방법』, 강원대학교출판부, 2014.

육영수, 「기억, 트라우마, 정신분석학:도미니크 라카프라와 홀로코스트」, 『치유의 역사학으로』, 책세상, 2008.

이병수, 「분단트라우마의 유형과 치유방향」, 『통일인문학논총』 제52집, 2011.

임도한, 「6.25전쟁시 연구와 분단문학 극복」, 『韓國文學論叢』 55, 2010.

정성미, 「소통인문치료 원리와 방법」, 『인문치료의 이론과 원리』, 2011.

정영순, 「남북한 역사인식 비교연구」, 『社會科敎育』 45-1, 2006.

정주신, 「새터민 정착지원과 통일준비」, 『한반도 통일준비의 모색』, 프리마북스, 2011.
趙鏞官, 「脫北移住者의 南韓社會 適應과 統一敎育의 課題」, 『統一問題와 國際關係』 11, 2000.
최영관 · 임채완 · 김재기 · 김강일, 「한국통일과 중국 동북3성 조선족에 관한 연구」, 『한국동북아논총』 제20집, 2001
최용기, 「남북의 언어 차이와 동질성 회복 방안」, 『국학연구』 10, 2007.
함석헌, 「민족통일의 길」, 『아, 장준하』, 동광출판사, 1982.
허명철, 「민족적 시각에서 보는 통일담론」, 『통일인문학논총』 제50집, 2010.
허명철, 「조선족공동체와 정체의식」, 『통일인문학논총』 제52집, 2011.

밈(Meme)을 통한 하나되기, 새로운 치유의 공동체

윤 일 수

Ⅰ. 따라하기가 판치는 사회

동서고금을 막론하고 모방은 사람들이 세상을 살아가는 하나의 방편이다. 최근 모 방송국의 드라마가 히트하면서 극중 여배우가 입고 나온 트렌치코트, 일명 '천송이코트'를 사기 위해 세계 각국의 여성들이 인터넷 쇼핑몰로 몰려드는 일이 있었다. 또한 거리를 다니다보면 명품백의 '짝퉁'을 든 여성들이 많이 눈에 띤다. 너무 흔해서 그것이 '명품'이라고 인식하기조차 어렵다. 나아가 성형외과에는 유명 연예인의 눈이나 코처럼 만들어달라는 주문이 폭주하고, 아예 성형외과에서 유명 연예인의 눈이나 코처럼 만들어준다는 광고를 내걸기도 한다.

대중들은 옷이나 가방뿐만 아니라 외모까지 상류층이나 유명인을 따라하려는 경향이 있다. 이러한 현상은 상류층이나 유명인 따라하기를 통해 그들처럼 되고자 하는 심리가 작용한 데서 나온 것이다. 상류층이나 유명인이 소지한 물건을 소유하거나 그들의 외모와 비슷해지면 자신도 그들과 같다는 동료의식을 느낄 수 있기 때문이다. 원래 가죽으로 만들어진 가방이나 옷을, 가죽대신 합성피혁으로 만드는 현상도 있다. 동물보호에 앞장서겠다는 취지에서 가죽 대신 합성피혁을 사용하는 것이며, 상류층의 저가상품 소비를 통해 IMF로 서민들의 어려운 경제상황에 공감을 표하는 것이다. 이처럼 제품을 소비하거나 선택하는 데도 소비자는 자기의 이야기를 담고 있다.

뮤직비디오 한 편으로 세계를 강타한 싸이의 〈강남스타일〉은 상류층이나 유명인을 흉내내고자 하는 사람들의 욕구를 담고 있다. 〈강남스타일〉이 세계를 강타하자, 타임지는 '강남스타일'을 금주의 주요 단어 중 하나로 선정하고, '강남스타일'은 '서울 강남지역의 화려한 삶과 연관된 생활 방식'이라고 정의했으며, 맥스 피셔는 애틀랜틱지에서 "한국인들은 부유해 보이기 위한 소비 행위를 쫓아하는 경향이 있으며, '강남'이 바로 이러한 현상이 독보적으로 나타나는 곳"이라고 정의했다(오세정, 2013: 166). 몇몇 논평에서 지적했듯이, 싸이의 〈강남스타일〉은 대중들의 '강남 따라잡기'라는 심리를 유쾌하고 재미있게 그려내고 있다.

뮤직비디오 〈강남스타일〉은 2015년 5월 29일 11시 30분 기준으로 유튜브에서 조회수가 23억 여건(2,344,479,112)을 넘겼으며, '좋아요' 추천은 945만 여건(9,458,817)을 넘겼다. 또한 2013년 9월 20일, 유튜브 최다 '좋아요' 기록(2,234,641건)으로 기네스북에 등재되기도 했다. 현대사회는 뮤직비디오가 수익을 제공하는 시대이기에 그 인기에 비례해 수익을 얻는다. 2012년

7월에 발매된 뮤직비디오 〈강남스타일〉은 유튜브에서 저작권료와 광고료로 100억원 이상의 수익을 올렸다. 이러한 인터넷 상의 인기에 힘입어 싸이는 세계적인 스타가 되었다. 성공적인 복제자가 되려면, 충실도, 다산성, 긴 수명 등이 충족되어야 하는데(수전 블랙모어, 2010: 199), 뮤직비디오 〈강남스타일〉은 성공한 복제자로서 이 세 가지 요건을 충족시키고 있다. 패러디 영상들은 싸이의 〈강남스타일〉 음악에 맞추어 말춤을 춘다는 점에서 싸이의 〈강남스타일〉을 정확하게 복사하고 있으며, 엄청난 패러디 영상물이 양산되었고, 2012년 7월 〈강남스타일〉이 공개된 이래, 꾸준히 패러디 영상물이 제작되고 있기 때문이다.

싸이의 여섯번째 정규앨범 〈싸이6甲 Part 1〉의 타이틀 곡인 〈강남스타일〉은 2012년 7월 15일 유튜브에 업로드 된 후, 미국과 영국을 비롯해 네덜란드 · 폴란드 · 덴마크 · 벨기에 · 브라질 등 유럽과 남미 30개 국가 아이튠즈 차트 1위에 올라 전 세계적으로 선풍적인 인기를 얻었다. 또한 2012년 11월 11일 독일 프랑크푸루트 페스트할렌에서 열린 2012 유럽 뮤직어워즈에서 한국가수 최초로 베스트비디오부문 상을 받은 데 이어, 2012 아메리칸 뮤직어워즈 뉴미디어상, 2012 아시안 뮤직어워즈 올해의 노래상, 빌보드 연말결산차트 최고의 신인부문 7위를 차지하였다. 2012년 11월에는 대한민국 대중문화예술상인 옥관훈장을 수상했다. 또한 미국의 연예전문방송인 VH1의 〈빅 모닝 버즈 라이브〉, NBC의 〈투데이 쇼〉와 〈엘렌 드제너럿스쇼〉 등 각종 방송에도 출연했다.

〈강남스타일〉의 인기는 여기에 그치지 않는다. 세계 각국에서 〈강남스타일〉의 말춤에 플레쉬몹이 이루어졌는데, 2012년 10월 1일 이탈리아 나폴리에서 1만명이 참여하는 것을 시작으로, 10월 22일 밀라노에서 2만 명, 11월 10일 로마에서 3만명, 11월 5일 프랑스에서 2만명이 참여했다. 그리고 유튜브에 올라온 〈강남스타일〉의 패러디 영상은 수천개에 이른다. 2012년 8월 15일 YG라이프 블로그와 싸이의 유튜브 공식채널에는 〈강남스타일〉에 보내준 성원에 보답하고자, 여성의 입장에서 〈강남스타일〉을 패러디한 〈오빤 딱 내 스타일〉(조회수 517,483,549, '좋아요' 추천 1,304,981, 2014.10.27. 기준)을 공개했다. 이를 계기로 〈대구스타일〉, 〈홍대스타일〉, 〈태릉스타일〉, 〈성당스타일〉, 〈교회스타일〉, 〈김정스타일〉, 〈오바마스타일〉, 〈좀비스타일〉 등 다양한 패러디 영상물이 제작되었다. 이들 패러디는 가볍게는 싸이의 〈강남스타일〉 노래에 맞추어 자신들의 이야기를 풀어내는 것에서부터 직접 가사를 쓰고 노래까지 부르는 단계를 넘어, 풍자적인 가사를 통해 사회비판적인 메시지를 담은 것에 이르기까지 다양하다.

네티즌들은 유튜브나 SNS를 사용하여 자신의 이야기를 자유롭게 풀어내고, 자신이 선호하는 이야기를 퍼나르는 작업을 한다. 이러한 작업은 네티즌의 자유의지에 의해 이루어지는 작업이기 때문에 조회수나 '좋아요' 추천수는 대중들의 관심사나 선호도를 반영해주는 척도다. 본고에서는 '호모나랜스'로서 〈강남스타일〉의 패러디영상 제작자들이 이야기하고자 하는 바가 무엇이며, 패러디 영상물에 담긴 이야기의 본질적인 의미가 무엇인지 파악하고자 한다. 웹상에서 스토리를 찾아다니거나 자신들의 이야기하기를 즐기는 사람들이 선호하는 이야기가 지니는 본질적인 의미가 밝혀진다면, 동시대 사람들의 공동무의식을 파악할 수 있기 때문이다. 이는 향후 대중이 공감하는 대중문화를 제작하기 위한 기초자료로 활용할 수 있을 것이다.

Ⅱ. 이야기하는 사람, 호모나랜스

호모나랜스란 '이야기하는 사람'을 뜻하는 라틴어로, 미국 캘리포니아대학교 영문학교수인 존 닐이 1999년 출간한 『호모나랜스』에서 비롯된 신조어다. 영어의 '스토리텔러'에 해당한다. 정보를 사실적으로 전달을 하는 것이 아니라, 개인적이고 주관적인 이야기를 나누는 사람을 의미한다. 또한 웹 공간에서 스토리를 생산하고 찾아다니는 것을 즐기는 문화트랜드를 의미하기도 한다. 호모나랜스가 전하는 이야기는 입으로 전해질 수 있고, 문자로 전달될 수도 있으며, 동영상으로 표현될 수도 있다.

블로그나 웹 커뮤니티를 통해 누구나 스토리를 생산하고 타인과 공유할 수 있게 되었다. 과거에는 출판관련 종사자의 전유물이었던 스토리텔링이 지금은 일반인들도 생산의 주체로 참여할 수 있는 스토리텔링이 되었다. 스토리텔링에서 가장 중요한 목표는 이미 존재하는 지식들을 이해하고 옮기고 활용하는 데에 있기 때문이다(한혜원, 2010: 48).

예를 들자면, 모 여가수의 뮤직비디오를 보고 자신의 6살짜리 딸이 그 춤을 그대로 따라하는 모습을 영상에 담아 유튜브에 올린 어머니의 이야기가 있다. 영상의 내용은 기성가수의 춤을 모방해서 추는 아이의 모습이지만, 그 영상을 만든 호모나랜스로서 어머니의 이야기는 감각적인 가사에 맞추어 현란한 춤을 추는 세태가 아이에게 미치는 영향에 관한 것이다. 그리고 어떤 네티즌이 영화 〈좋은 놈, 나쁜 놈, 이상한 놈〉의 삽입곡과 빙과류인 '빠삐코'의 CF 배경음악을 합성해 UCC를 제작해서 유튜브에 올렸다. 이 UCC는 〈빠삐놈〉으로 불리며 수많은 디지털 호모나랜스로 하여금 패러디 영상을 양산하도록 했다. 그 덕분에 빠삐코의 매출이 40%나 증가했다고 한다.

롤랑 바르트의 지적처럼 호모나랜스는 독자를 텍스트의 소비자가 아니라 생산자로 만드는 것이다(한혜원, 2010: 110). 사람들은 누구나 이야기를 좋아하고, 자신에 관해 이야기하기를 좋아한다. 가상세계는 본질적으로는 내부에 '빈 공간'이 존재하기 때문에, 그 빈 공간을 활용해 자기를 표현할 수 있다는 점에서 이야기를 재생산하고 확산하는 장으로 거듭나고 있다(한혜원, 2010: 126~127).

이러한 현상은 한 편의 뮤직비디오가 세계를 강타하면서 재확인되었다. 그 장본인은 싸이의 뮤직비디오 〈강남스타일〉이다. 이에 '강남'과 '강남스타일'에 대한 논의가 활발하게 이루어졌다. 먼저, 논의의 중심에 선 '강남'은 교통의 핵심이자 부유함과 최신

유행을 상징하는 용어이다. 따라서 '강남스타일'은 '강남'이 가지고 있는 상징성을 고스란히 몸에 담고 있는 사람을 이르는 것이다. 호모나랜스로서 가수 싸이는 뮤직비디오 〈강남스타일〉을 통해 자신이 생각하는 '강남스타일'에 대해 이야기하고 있다. 뮤직비디오에서 싸이는 뚱뚱하고 못생긴 모습에 명품옷을 입고, 일상적인 생활공간을 누비며 '강남스타일'을 외친다. 뮤직비디오에는 강남적인 부유함이나 고급스러움을 보여주는 요소와 강북적인 평범함과 서민스러움을 보여주는 요소가 혼재되어 나타난다. 강남을 상징하듯 명품옷을 입은 싸이는 도시의 일상공간인 어린이 놀이터, 지하주차장, 관광버스 안, 대중목욕탕, 한강 둔치, 야외광장, 동네의 장기판, 놀이공원, 지하철, 테니스장 등을 활보하며 '강남스타일'을 외친다. 호모나랜스로서 싸이가 이야기하는 '강남스타일'은 일상공간 속에 녹아들지 않는 명품복 차림이나 놀이터에서 썬텐을 하는 모습처럼 주변과 조화되지 못해 어색하기까지 하다.

이처럼 주변과 조화를 이루지 못하는 '강남스타일'은 강남과 강북으로 나뉘어져 빈부차로 계층이 분화되는 현실을 상징한다. 부모세대에 의해 이루어진 계층분화의 영향을 고스란히 받게 된 '2030세대'는 강남문화에 대한 동경과 열패감을 가지고 있다(최유준, 2012: 5~11). 싸이는 동경의 대상인 '강남스타일'을 희화화시킴으로써 강남에 대한 우상화를 무너뜨리고 있다. 자신이 강남스타일임을 끊임없이 외치는 우스꽝스러운 모습의 싸이와 대조적으로 일상적인 공간에서 자기 일을 묵묵히 하는 사람들의 모습은 당당하기까지 하다. 이것은 '강남'의 전복을 통해 '강남'과 '강북'의 동등화를 기하는 것이다. 계층화된 사회를 전복시키고 평등한 사회를 만들고자 하는 바람이 담겨 있다.

뮤직비디오 〈강남스타일〉은 제작자와 독자, 주인공과 조연, 본편과 이어지는 뒷이야기, 관습과 금기의 경계를 무너뜨리고 있다.

첫째, 뮤직비디오 제작과정과 배포과정에 제작자와 독자 간의 경계를 허물고 있다. 클라우드 소싱으로 '말춤'을 공모했으며, 네티즌들에 의해 유튜브와 SNS를 통해 확산되었기 때문이다.

둘째, 주인공 싸이와 조연들 간의 관계에서, 싸이는 항상 주인공으로 머무는 것이 아니라 조연들이 일상생활을 즐기는 공간에 침입한 존재로 그려진다. 조연들은 싸이의 침입에도 아랑곳하지 않고 그대로 일상을 즐긴다. 이러한 구성은 조연들의 일상에 주연인 싸이가 도리어 조연으로 출연한 듯한 느낌을 준다. 이러한 구성은 엔딩씬에서 다양한 직업의 유니폼을 입은 사람들이 함께 어울려 말춤을 추는 것과 연관지어볼 때, 주류와 비주류의 경계를 무너뜨리고 있다.

셋째, 뮤직비디오의 본편과 이어지는 뒷이야기는 선후관계에 놓여있는 것이 아니라 하나의 덩어리다. 뮤직비디오는 본편만으로 완성되는 것이 아니라 이어지는 뒷이야기와 어우러져서 하나의 이야기가 완성된다. 이것은 '강남스타일'만 가치가 있는 것이 아니라 그 외의 스타일도 가치가 있다는 의미를 담고 있다. 바꾸어 말하면, '중앙'과 '변방'이 나누어지는 것이 아니라 '변방'도

'중앙'과 동등하게 가치있다는 것이다.

넷째, 한국사회에서 남자가 여자의 사타구니 밑으로 지나가는 것은 금기사항인데, 싸이는 현아의 사타구니 아래로 기어들어가 춤을 추는 모습을 연출한다. 또한 노홍철은 엘리베이트 안에서 싸이와 어우러져 성행위를 연상시키는 저질댄스를 추는데, 이런 행위 자체가 공공장소에서 금기시되는 행동이다. 싸이는 이런 금기를 깨뜨림으로써 고착화된 계층이나 관습을 깨뜨리려는 시도를 하고 있다. 이처럼 〈강남스타일〉은 모든 경계를 무너뜨리고 인류가 하나로 통합되고 화합해야 한다는 메시지를 담고 있다.

Ⅲ. 연구방법

본 연구를 위한 자료는 유튜브에 탑재된 싸이의 뮤직비디오 〈강남스타일〉과 그것을 패러디한 영상물을 대상으로 삼는다. 2005년에 창립된 유튜브는 이용자가 직접 동영상을 제작해 올리고 공유할 수 있는 이용자 친화적인 무료 동영상 공유 웹사이트로서, '참여 문화' 시대를 선도하는 역할을 하고 있다(오세정, 2013: 167). 또한 스마트폰의 대중화와 함께 유튜브에 올라온 동영상을 SNS를 통해 쉽게 공유할 수 있게 되면서, 유튜브를 통해 대중음악이 확산되는 속도와 사회 확산에 지대한 영향을 미치고 있다.

유튜브에 탑재된 싸이의 뮤직비디오 〈강남스타일〉을 패러디하여 자신의 이야기를 담은 영상물을 제작하는 활동이 호모나랜스의 활동양상을 잘 보여주고 있으며, 패러디 영상물은 제작자의 이야기를 담고 있다는 점에서 그것이 지니는 문화적 의미를 파악하기에 적합하다. 자료 수집은 뮤직비디오 〈강남스타일〉이 유튜브에 탑재된 2012년 7월 11일부터 2014년 10월 30일까지 진행되었다. 본 연구를 위한 패러디 영상물은 유튜브 내에서 조회수가 100만 이상되는 것을 분석 대상으로 삼았다. 조회수는 인기도를 반영하는 것으로 대중무의식을 파악하기에 적격이기 때문이다.

자료분석은 자료수집과 동시에 이루어졌다. 본 연구과제인 '뮤직비디오 〈강남스타일〉의 패러디 영상제작자로서 호모나랜스 활동이 지니는 문화적 의미가 무엇인가'에 대한 답을 찾고, 패러디영상 제작자인 호모나랜스의 활동이 지니는 본질적 의미를 이해하는 데 목적을 두고 진행되었다. 자료분석을 위해 뮤직비디오 〈강남스타일〉과 그것을 패러디한 영상물을 반복해서 보면서 각각의 영상물에서 의미를 추출했다. 각각의 의미들을 분류하여 각 영역 간의 관계와 문화적 범주 그리고 그것과 관련된 속성을 도출했다. 이러한 분석방법과 절차에 따라 〈강남스타일〉의 패러디 영상물이 봇물처럼 쏟아지는 문화현상이 지니는 구조적 의미를 도출해 보고자 한다.

Ⅳ. 연구결과

1. 〈강남스타일〉을 둘러싼 호모나랜스 활동의 의미구조

뮤직비디오 〈강남스타일〉을 패러디한 수많은 영상물은 전 세계 각계각층의 사람들에 의해 만들어졌으며, 제작자 자신의 이야기를 담고 있다. 이들 패러디 작품은 별개의 작품이지만 하나로 묶을 수 있는 의미가 있다. 왜냐하면 패러디 작품은 원작을 바탕으로 작품에 대한 이해가 이루어지고, 원작에 담긴 의미가 패러디 작품의 의미를 결정하는 데 기여하기 때문이다(린다 허친, 1995: 42). 이들 패러디 영상물은 동시대를 살아가는 사람들의 자아를 반영하므로, 동시대를 살아가는 사람들이 공유하는 이야기를 담을 수밖에 없기 때문이다.

〈강남스타일〉의 패러디 영상물은 동시대를 사는 사람들이 공유하는 문화이자 공감대를 형성하는 문화다. 따라서 〈강남스타일〉을 패러디한 영상물을 분석한다면, 현시대의 문화현상이 지니는 의미를 추출할 수 있을 것이다. 본고는 〈강남스타일〉의 패러디 영상을 분석해 총 4개의 범주를 도출했는데, 그 내용은 다음과 같다. 첫째, 나와 너, 우리는 공동체의 주인이며, 둘째, 웃기는 독재자, 썩어빠진 정권이며, 셋째, 저속한, 괴기스러움의 출몰이며, 넷째, 신세계의 수용과 경계 허물기이다.

이상의 주요 영역과 범주는 〈강남스타일〉의 패러디 영상물이 지니는 문화적 의미를 드러내는 생생한 현장을 보여주고 있다.

패러디 영상물은 그 성격에 따라, 자기가 속한 지역이나 단체를 홍보하는 내용, 서민적 이미지를 심으려는 내용, 특정인이나 체제를 비판하는 내용 등으로 구성되어 있다. 각각의 내용은 상이한 의미를 지니는 것처럼 보이지만, 동일한 원작을 바탕으로 이루어진 패러디 작품이라는 점에서 서로 연관되는 지점이 있다. 그것은 싸이가 뮤직비디오 〈강남스타일〉을 통해 '강남'에 대한 자신의 이야기를 풀어내듯이, 〈강남스타일〉의 패러디 영상 제작자들은 '강남'에 대한 또 다른 이야기를 풀어내고 있기 때문이다. 이들 패러디 영상물에 담긴 본질적인 의미를 문화기술지 분석을 통해 총체적으로 살펴보았으며, 각 범주마다 구체적인 분석결과를 뒷받침하는 예를 제시했다.

1) 나와 너, 우리는 공동체의 주인

인류를 '우리'라는 공동체로 인식하는 현상은 다양한 스타일을 그 자체로 인정해주는 양상, 각계각층의 사람들이 생활하는 다양한 장소, 각 조직의 모든 구성원을 보여주는 것을 통해 상징적으로 드러난다. 먼저, 다양한 스타일에 관해서다. 〈강남스타일〉의 패러디 영상물은 수천종에 이르는 만큼 각계각층의 다양한 사람들에 의해 제작되었다. 명문대의 학생이나 세계적인 석학뿐만 아니라, 중년여성이나 공사현장의 인부 그리고 빈민가의 흑인 등으로 다양하다. 기득권층에서 밀려난 듯이 보이는 사람들조차 자기만의 스타일이 있다고 부르짖는다. 이러한 양상은 자신만의 스타일을 강조하고 싶어하는 현대인의 욕구를 반영한 것이다. 자신을 주체로 인식해 고유한 특성을 깨닫게 되면, 타인에 의해 명명된 주체로부터 벗어나 사회 안에서 주체로서 자신의 존재 의미를 찾을 수 있게 된다(이난수, 2012: 458). 이처럼 '자기가 자기로 존재하는 일'은 인문학적인 통찰에서 비롯된다. 이념이나 가치관 또는 신념을 넘어서 자기 자신을 우뚝 세우는 것이다(최진석, 2013: 64).

패러디명	내 용
한땐 강남스타일 Mom Style	엄마가 된 중년의 여성들이 자신의 젊은 시절을 가사에 담아 노래 부르면서 말춤을 춤
PANZA STYLE	스페인 판자마을 남자들이 동배(판자)를 내놓고 강남스타일을 자신들에게 맞게 개사하여 직접 부르며 독창적인 말춤을 춤
PORKCHOP CONSTRUCTION STYLE	건축공사현장의 인부들의 이야기를 담은 패러디물. 자작한 가사의 노래를 직접 부름. 공사현장에서 일하는 모습인 망치질, 톱질, 돌깨기 등을 안무로 활용하여 창의적인 말춤을 춤
Minnesota Style	미국 미네소타주에 사는 사람이 만든 강남스타일. 싸이의 강남스타일과 유사하게 자신들의 이야기를 담아내고 있음
Ghetto Gangnam Style	강남스타일을 직접 부르면서 빈민가 흑인들이 자신의 이야기를 담아 말춤을 춤

다음은 다양한 장소에 관해서다. 〈강남스타일〉의 패러디 영상들은 자기만의 이야기를 하려는 의도를 가지고 있으므로, 자신이 소속된 지역이나 단체의 특성을 드러내기에 최적인 장소를 배경으로 한다. 대부분 자기가 생활하는 일상공간을 선택했으며, 상징적인 성격이 있는 장소에서부터 지하주차장이나 화장실같은 평범한 장소에 이르기까지 다양하다. 이들 공간은 구성원들이 애용하는 공간이며, 구성원들의 일상을 보여주는 공간이다. 이러한 배경 설정은 각자의 일상 자체가 특별하다는 의미를 담고 있다. 일상생활을 통해 자기 삶을 영위할 줄 아는 사람이 많아질 때 윤리적인 사회가 이루어지기 때문이다. 이처럼 눈에 보이지 않는 이념을 소중하게 생각하기보다 구체적인 자기 일상을 소중하게 생각하는 사람이 많아지면 윤리적인 사회는 저절로 이룩될 수 있다는 메시지를 담고 있다(최진석, 2013:64).

패러디명	내 용
대구스타일	호텔 인터불고 EXCO, 동성로 특설무대, 동촌유원지, 신천 휴먼시아, 대구지하철 2호선 등을 배경으로 삼았음
MIT스타일	수학기호들로 만들어진 생각하는 사람구조물 Alchemist, 보트장 MIT Sailing Pavilion, MIT 최고층 건물 Green building, 칼라풀한 로비가 있는 Stata Center, 학생회관 독서실, 테니스장, 사격장, MIT 응급수송차량 등을 배경으로 삼았음
Arabic Parody Ganin Style	아랍사람들도 다른 사람들과 같으니 너무 미워하지 말라는 메시지를 담고 있음

패러디명	내 용
GREEK STYLE	그리스 사람들이 그리스를 배경으로 낙타와 앵무새 같이 자기나라의 특성을 드러내는 요소를 등장시켜 표현함
Eton Style	영국 최대 사립학교 이튼대학생들이 만든 패러디 영상으로 검은 양복에 흰 와이셔츠 차림의 학생들이 등장해 이튼대학교의 명소 곳곳을 보여주고 있음

마지막으로 다양한 구성원에 관해서다. 〈강남스타일〉은 주연에게만 시선이 집중되지 않고, 조연에게까지 시선이 골고루 집중된다는 게 특징이다. 저마다 자기만의 스타일이 있고, 그 스타일을 자기만의 방식으로 표현하는 것이므로 다양한 출연진의 스타일을 그대로 수용하는 것이다. 이들은 유기적 관계에 놓여있으므로 경중을 따지기 어려운 존재들이다.

뮤직비디오 〈강남스타일〉의 마지막 장면은 많은 사람들이 다양한 직종의 유니폼을 입고 말춤을 추는 장면으로 이루어져 있다. 권투선수 · 식당종업원 · 스튜어디스 · 의사 · 학생 등 다양한 직업을 가진 사람들이 같은 춤을 추고 있지만, 그들은 각자 주체성을 가지고 있다는 의미한다(이난수, 2012:459). 인간관계를 상하관계로 파악하는 것이 아니라 '리좀'형태로 파악해 인간동등화를 기하고 있다.

2) 웃기는 독재자, 썩어빠진 정권

현시대에 존재하는 부정적인 조직에 대한 날카로운 풍자는 고착된 사회상에 대한 조명, 권력층의 부정부패에 대한 고발과 이러한 사회를 개혁하고자하는 의지의 발현으로 나타난다.

먼저, 고착된 사회에 관해서다. 사회는 변화의 과정을 거쳐 성장해야 건강하다. 그런데 사회가 변화하지 않고 예전의 모습을 그대로 유지한다면 문제가 있다. 언제부턴가 우리사회는 빈부차에 따라 강남과 강북으로 나뉘고, 강남과 강북간의 격차는 시간이 지날수록 벌어지고 있다. 중세 신분제의 몰락으로 사라졌던 계급제도는 이제 경제력에 의해 보이지 않는 계급이 형성되고 있다.

신흥계급제는 사람 간이나 지역 간에 나아가 국가 간에도 존재한다. 이들은 특정집단에 권력이 집중되면 그 사회는 고착되어 문제가 발생한다는 것을 보여준다. 예를 들어, 인종차별을 주도하고 수많은 유태인을 학살한 히틀러와 북한의 세습체제를 풍자하고 있다. 히틀러와 북한을 소재로 삼은 유사한 내용의 패러디 영상은 여러 편 존재한다. 히틀러나 김정일[김일성/ 김정은]으로 표상되는 인물은 독재 내지 독점으로 국가나 기업, 조직을 고착화하는 기득권층의 횡포를 풍자하고 있다.

패러디명	내 용
평양스타일	북한의 체제세습을 풍자함. 평양스타일에는 여러 버전이 있는데, 공통적으로 김일성 일가의 권력세습, 여성편력, 무력전쟁, 인민탄압 등에 관해 다루고 있음
히틀러스타일	영화 〈히틀러의 몰락〉을 패러디한 것으로 몇 가지 버전이 있음. 히틀러가 소리지르는 모습을 반복해서 보여줌으로써 폭력성을 희화화시키고 있음
PYONGYANG STYLE	김정일과 북한체제에 대한 비판을 담음. 인민 굶겨죽이기, 전쟁놀이에 미침, 기쁨조, 유부녀 강간 등을 비판함
Pyongyang Style	김정일의 군사시찰과 북한 군대의 로봇같이 정연한 행진의 모습을 반복 편집해서 보여줌으로써, 인간의 비인격화하는 북한체제를 비판하고 있음

다음은 권력층의 부정부패에 관해서다. 일부 패러디 영상에서 자신의 배를 채우기 위해 그 힘을 사용하는 위정자를 풍자하고 있다. 부정적인 방법으로 축적한 부를, 부정적으로 사용해 더 많은 부를 축적하는 행태에 대한 비판이다. 예를 들어 다양한 버전의 〈MB스타일〉이다. 국정원이 MB[이명박 대통령]를 찬양하는 내용으로 〈강남스타일〉을 패러디한 영상물을 만들어 유포하자, 이에 반발한 〈시사티저 25편〉은 MB가 저지른 부정부패를 희화화한 〈MB스타일〉을 만들어 유포한다. 불법적으로 국민여론을 조작하려는 권력층에 대항하여 맞선 경우다. 그 외에 대학총장이나 유명인을 그 대상으로 삼는 경우도 있다. 사회의 모범이 되

어야 할 지도층이나 유명인사가 자신의 직분을 망각한 채, 사리사욕을 채우기 위해 비리를 저지르거나 방탕한 생활화로 풍기를 문란하게 하는 세태에 대한 풍자다.

패러디명	내 용
MB스타일	4대강 사업으로 인한 녹조현상과 22조원의 국고낭비, 부자감세, 측근들의 비리, 아프카니스탄 파견문제, 민간인 사찰, 경제정책 실패 등에 관한 것임. 주로 무거운 내용이 언급되는 만큼 직설적인 방법보다 반어적인 방법과 희화적인 방법을 사용해 풍자하고 있음
남표스타일	카이스트 총장 퇴진을 위한 록페스티벌 'Anyway, Good night' 홍보하기 위해, 서남표 총장의 불통 행보를 하나하나 패러디하여 만듦. 제작과정을 후기에 담고 있음
Lindsay Lohan Style	린다 로한의 방탕한 생활을 풍자하고 있음. 로한을 둘러싼 마약흡입, 속옷 미착용으로 인한 체모노출, 남성편력, 음주운전, 성폭력사건 등과 같은 각종 스캔들을 소재로 삼음

마지막은 사회개혁에 관해서다. 〈강남스타일〉의 패러디 영상물은 부조리한 사회나 부패한 권력에 대해 풍자하는 것에 머물지 않고, 불합리한 상황을 개혁하려는 움직임으로까지 진화하게 된다. 예를 들어 아이웨이웨이(艾未未)의 〈차오니마스타일〉과 아니쉬 카푸어(Anish Kapoor)의 〈자유를 위한 강남스타일(Kangnam for Freedom)〉이 있다. 이들 작품은 단순히 부조리한 상황을 고발하는 데 머물지 않고, 패러디 영상에 담긴 메시지

를 통해 부조리한 상황을 개혁하려는 세계적인 여론까지 불러일으킨다. 이러한 현상은 권력층이 자신의 안위를 보존하기 위해, 권력에 도전하거나 지배체제에 문제를 제기하는 통로를 폐쇄하는 데 기인한다. 따라서 불합리한 체제에 문제를 제기하는 행위는 사회개혁을 위한 단초를 제공하는 것이다.

패러디명	내 용
차오니마스타일	전위 참여예술가 아이웨이웨이가 표현의 자유를 억압하는 중국당국을 비꼬기 위해 만들었음. 그 내용은 수갑을 찬 아이웨이웨이가 담쟁이넝쿨로 뒤덮힌 담장 앞에서, 꽃이 담긴 화분들을 앞에 두고 친구들과 어울려 말춤을 추는 모습을 담고 있음. 이때 담쟁이넝쿨, 화분, 수감은 창작활동이 자유롭지 못함을 드러내는 장치임
자유를 위한 강남스타일 (Kangnam for Freedom)	〈차오니마스타일〉이 중국당국의 검열로 차단되자, 현대미술가 카푸어는 그의 스테프, 예술가, 시민단체 회원들과 함께 '억압은 그만, 표현의 자유를 허용하라(End repression, Allow expression)'는 메시지를 담아 패러디 영상물을 제작함. 내용은 중국의 검열을 눈가리개나 가면을 쓰는 행위, 입에 테이프를 붙이는 행위, 수갑을 찬 모습, 벽을 치는 행위 등 상징적으로 표현하고 있음. 영상의 후반부에는 '우리는 당신을 지지한다'며 전 세계 유명미술관과 갤러리에서 사람들이 춤추는 모습을 담아, 전 세계 미술계가 같은 의견을 같이 하고 있음을 보여줌

3) 저속한, 괴기스러운 문화의 만년

현시대에 대한 평가는 성에 대한 자유로운 표현과 다채로운 좀비의 출현으로 드러난다. 먼저, 성에 대한 자유로운 표현에 관해서다. 고대인들은 성(性)을 생산과 풍요의 원천으로 생각했으므로, 일상생활에서도 성기나 성행위에 의해 상징화되어 나타나는 생식원리를 숭배했다. 삼국시대의 유물인 토우(土偶)는 성기신앙을 증명해 주는데, 토우의 일부가 신체의 특정 부위를 과장해서 표현하거나 성행위를 사실적으로 표현하고 있기 때문이다(장기식, 1995: 380). 시대의 흐름에 따라 조선시대 서민문학에서 사용된 음담패설은 지배계급의 이중성을 풍자하는 도구로 사용되었다(마광수, 1994: 61).

〈강남스타일〉의 패러디 영상에 등장하는 성기나 성행위를 상징하는 요소는, 표현의 자유에 대한 중요성을 일깨워준다. 다수의 사람들이 저속하다고 여기며 성기나 성행위를 상징하는 표현을 사용하기 꺼릴지라도, 소수의 사람들이 성기나 성행위를 상징하는 표현을 사용하길 원한다면 용인해야 한다는 것이다. 패러디는 항상 전통을 염두에 두고 있지만, 오늘날의 성기나 성행위는 과거에 가졌던 풍요나 지배계급의 이중성을 풍자하는 것에서 벗어나 표현의 자유에 대한 중요성을 인식시키는 의미를 가지게 되었다. 성기와 성행위에 관한 문화상징의 변화는 패러디의 본질이 공인된 일탈이며, 차이를 둔 반복이라는 것을 재확인시켜주는 것이다(린다 허친, 1995: 98).

패러디명	내 용
Hot Dog Condom Style!	콘돔에 끼운 소세지를 들고 강남스타일의 말춤을 춤
BYUNTAE STYLE!	성기를 상징하는 소세지와 풋고추가 등장함, 변태적인 성문화 그림
Open Condom Star	싸이의 〈강남스타일〉 한국어 발음의 가사에 맞추어, 유사한 영어 발음의 가사를 다시 써서 직접 노래를 부르며 말춤을 춤
GOTHAM STYLE	배트맨을 주인공으로 한 강남스타일, 배트맨은 정의의 사자라기보다 이성에 대한 원초적인 본능에 충실한 변태적인 인물로 그려지고 있음
Mortal Kombat	게임을 원작으로 만든 모탈 캠벨의 다양한 캐릭터가 등장하며 성행위장면이 강조된 강남스타일

다음은 다채로운 좀비의 출현에 관해서다. '좀비영화'는 전쟁이나 기후 변화, 테러나 바이러스 그리고 경제위기 등과 같이 인류가 생존을 위협받는 상황에 흔히 등장한다. 무의식적으로 느끼는 위기감이 팽배하는 시기에 유행하는 경향이 있기 때문이다(김성범, 2014: 152). 좀비는 움직임에도 불구하고 죽은 자처럼 보이고, 살아있음에도 생각할 줄 모르는 존재로, 미국산업화사회에서 백인들로부터 노동력을 착취당하는 원주민을 상징한다.

좀비는 과학화와 산업화의 폐해로 발생한 전염병이나 환경오염으로 인해 생겨난 것이므로, 좀비영화는 자본주의, 소비문화, 과학만능주의 그리고 인간중심주의를 패러디하고 비판하는 의미를 담고 있다(이동신, 2014: 123). 〈강남스타일〉의 패러디 영상물에도 좀비를 소재로 삼은 내용이 여러 편 있다.

패러디 영상물에 등장하는 좀비 역시 좀비영화에 등장하는 좀비와 같이 산업화사회에 대한 시대공포를 상징한다. 또한 컴퓨터와 스마트폰의 사용이 보편화되면서 활발한 인터넷 사용으로 새로운 형태의 시대공포가 등장하고 있다. 그것은 밀레니엄 좀비로 상징화되어 나타나는 디지털 네이티브의 부정적 행동양태인 마녀사냥이다. 이들은 평소 조용히 있다가 특정 이슈가 불거지면 이성적인 판단을 유보한 채 충동적으로 자신의 의견을 피력하며 정보와 가치를 왜곡시키는 경향이 있다(김민오 · 이준희, 2013: 30). 그로 인해 '~카더라' 식의 소문에 휩싸인 사람은 엄청난 피해를 입게 되어 사회활동을 기피하게 되는 경향이 있다. 이런 경우 피해자뿐만 아니라 사회적으로도 상당한 손실을 가져온다(윤일수, 2013: 192).

패러디명	내 용
Zombie-OPPA GANGNAM STYLE	뒷골목 여러명이 한명을 괴롭히는 상황에 등장한 피투성이 좀비가 권총은 물론 기관총을 맞고도 끄덕하지 않는 모습을 보임. 〈강남스타일〉 음악에 맞춰 말춤과 브레이크댄스를 춤
ZOMBIE STYLE	흉측한 분장을 한 좀비들이 인체를 먹는 장면을 연출하며 말춤을 춤, 자작 가사에 직접 노래를 부름
PRIVATE GHOSTFACE STYLE	호러영화 〈스크림〉 시리즈의 병졸 귀신 분장을 한 인물이 도시의 일상공간을 누비며 강남스타일에 맞춰 말춤을 춤

패러디명	내 용
ZOMBIES DANCING GANGNAM STYLE	할로윈데이 때, 괴물 분장을 한 사람들이 강남스타일에 맞춰 말춤을 춤. 다양한 버전이 있음

4) 신세계의 수용과 경계 허물기

현시대의 한계를 넘어 이상적인 사회를 건설하고자 하는 바람은 서민이미지의 강조와 다양한 문화의 융합을 통해 드러난다. 먼저, 서민적 이미지의 강조에 관해서다. 현대사회는 소통을 중시하는 사회인만큼 많은 사람들이 다양한 방법으로 소통의 길을 열어두고 있다. 일반인들이 거부감을 느끼는 기관들은 선입견에서 오는 거리감을 좁히기 위해서 서민적 이미지로 친근함을 표현하는 사례가 늘고 있다. 이처럼 권위적인 대상을 희화화하거나 스스로를 희화화함으로써 친근함을 느끼도록 해 서민들에게 다가가고자 하는 노력이 드러난다. 서민적 이미지는 위정자들이 대중과 공감하는 평범한 사람같이 보이도록 만드는 행동 방식으로 평범한 이미지를 차용해서 친근감을 유도하려는 선전기법이다.

〈강남스타일〉이 서양에서도 인기를 얻을 수 있었던 것은 싸이의 서민적 이미지에 기인하는 바가 크다. 나와 다른 세계에 살고 있는 그 누군가로 인식되는 것이 아니라 나와 비슷한 부류로 보면서 거부감 없이 수용할 수 있었던 것이다(오세정, 2013: 176). 이 점에 착안하여 〈강남스타일〉의 패러디를 통해 서민들과의 거리를 좁히려는 시도는 다양하게 이루어졌다.

패러디명	내 용
경찰스타일	부산지방경찰청 연제경찰서 방범순찰대가 제작함. 시위진압, 음주단속, 공연위반범 등 경찰의 다양한 업무를 담고 있음.
세부교도소 스타일	필리핀 세부교도소의 재소자들이 '강남스타일'의 말춤을 플레쉬 몹하는 모습을 공개함으로써 일반인과 소통하고자 하는 노력을 보이고 있음
오바마스타일	차기 대선후보인 오바마 대통령을 재선에 당선시킬 것인가 말 것인가 고민하는 국민들의 고민이 담겨있음. 다양한 버전이 있음
롬니스타일	대선후보인 롬니의 부유함에 대한 조롱을 담고 있음. 다양한 버전이 있음

다음은 다양한 문화의 융합에 관해서다. 새로운 문화가 대중들에게 사랑받기까지 상당히 오랜 시간이 소요된다. 만약 기존의 친숙한 문화와 새로운 문화가 결합한다면 쉽게 다가갈 수 있을 것이다. 〈강남스타일〉이 다양한 계층의 대중을 사로잡을 수 있었던 것은 바로 이런 친숙한 문화와의 결합이 한 몫을 차지했다. 애니메이션이나 게임을 통해 대중적으로 인기를 얻은 캐릭터와 〈강남스타일〉을 결합시켜 만들어냈기 때문이다. 기존의 캐

릭터를 그대로 유지하며, 〈강남스타일〉을 결합시킴으로써 두 문화 간의 융합을 꾀하고 있다. 이처럼 새로운 문화를 대하는 유연한 자세가 있었기에 국경과 세대를 초월하는 문화가 만들어질 수 있었다.

패러디명	내 용
SLENDER MAN	게임에 등장하는 실린더맨이 도시 곳곳에서 강남스타일 말춤을 춤
angry birds trailer gangnam styl	게임 앵그리버드에서 싸이가 대량 투척되어 강남스타일 말춤을 춤
IRON MAN MINECRAFT GANGNAM STYLE	게임 마인크래포트를 배경으로 아이런맨들이 말춤을 추는 패러디물, 개사한 노래를 직접 부름
Mortal kombat	게임 모탈 캠벳의 캐릭터들이 강남스타일에 맞춰 말춤을 춤, 유람선과 일상공간을 배경으로 하고 있음
GENTLEMAN VS GANGNAM STYLE	싸이의 〈강남스타일〉과 〈젠틀맨〉 캐릭터를 혼합하여, 한강변에서 운동하는 장면을 배경으로 싸이가 싸이군단을 격파하는 모습을 게임형태로 만든 것임

2. 〈강남스타일〉을 둘러싼 호모나랜스 활동이 지니는 본질적 의미

〈강남스타일〉의 패러디영상 제작활동이 지니는 이론적 모형은 〈표 1〉과 같이, '나와 너, 우리는 공동체의 주인', '웃기는 독재자, 썩어 문드러진 정권', '저속한, 괴기스러움의 출몰', '신세계의 수용과 경계 허물기'라는 각 영역 간의 유기적인 관계로 설명할 수 있다.

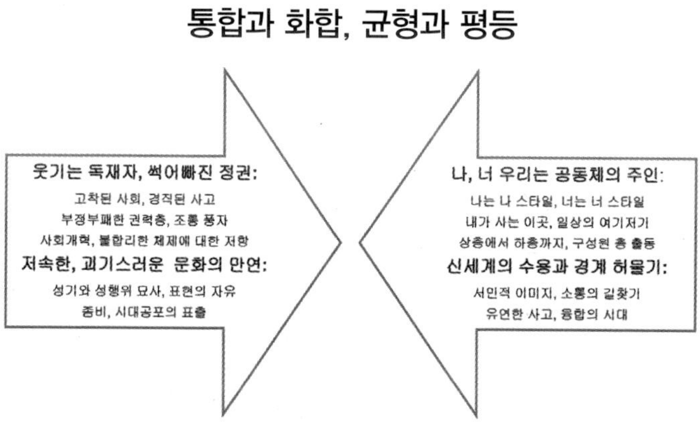

〈표 1〉 호모나랜스로서 〈강남스타일〉 패러디 영상제작 활동의 본질적 의미

호모나랜스로서 〈강남스타일〉의 패러디 영상제작자들은 자기만의 스타일에 관해 이야기하고 있다. 그런데 자기만의 스타일은 개인의 자격보다는 집단단위로 다루어져 특정지역이나 특정단체의 스타일에 대해 이야기하는 양상을 띠고 있다. 패러디 영

상제작자들은 자기가 속한 집단에 자부심을 느끼고 있으며, 자신의 일상생활은 그 자체로 다른 집단과 차별화되는 것으로 받아들이고 있다. 또한 자신의 집단은 특정인에 의해 형성되거나 운영되는 것이 아니라, 각각의 구성원들이 모여 집단을 이루고 집단구성원 전체의 노력으로 운영된다는 인식을 가지고 있다. 즉, 하나의 집단에 소속된 구성원들은 서로 유기적인 관계를 이루며, 상호협조하는 관계로 이루어져 있다는 것이다. 그렇기 때문에 다양한 사회구성원들에 의해 제작된 패러디 영상이 범람하게 되었다. 각 패러디 영상은 자기집단의 스타일을 드러내기 위해 그들의 생활권역을 중심으로 자신들의 일상이야기를 담고 있다. 그리고 집단을 구성하는 최고경영자에서부터 말단구성원에 이르기까지 모든 집단구성원을 참여시키고 있다. 이러한 구성은 조직구성원은 주종관계나 상하관계가 아니라 '리좀'의 관계에 놓여 있음을 보여주는 것이다.

이에 반해 하나의 집단이 특정인에 의해 독점되거나 사유화되는 경우에는 많은 문제가 발생한다. 이런 경우 집단원들 간에 유기적인 관계가 형성되지 못하고 종속관계가 형성되어, 집단원 간에 상호작용이 잘 이루어지지 않았다. 그로 인해 그 집단구성원들은 사고가 경직되었으며, 행위 또한 경직되는 경향이 있었다. 이러한 현상은 연쇄적으로 일어나 사회 전체가 고착되면서 권력의 집중화 현상으로 인해 사회는 부정부패로 얼룩지게 되었다. 이런 상황에서 사회개혁을 통해 부패를 정화하여 사회분위기를 쇄신하고자 하는 활동이 일어났다. 이런 경우 집권자들로부터 많은 탄압을 받는 것으로 드러났다. 이런 집단은 집단 자체의 부패에 그치는 것이 아니라 주변 집단에 많은 악영향을 끼치는 것으로 나타났다. 왜냐하면 하나의 집단 내에서 그 집단의 구성원이 유기적인 관계를 맺고 있듯이, 집단과 집단도 상위집단의 구성원으로서 유기적 관계를 맺고 있기 때문이다.

또한 과학문명의 발달이 이룩한 산업화사회를 살아가면서, 전쟁이나 자연재해 또는 질병으로 인해 인류가 멸망할지도 모른다는 막연한 불안감을 가지고 있었다. 현대인들은 판단력을 상실한 채 움직이는 썩은 육체를 가진 좀비처럼 거대한 조직사회의 구성원으로 인간성을 상실한 채 기계화되어 살아가고 있기 때문이다. 따라서 조직구성원들이 행복한 삶을 살기 위해서 향후에는 사회의 구성원 개개인이 자신의 삶에 대한 성찰을 통해 진지하게 살아갈 필요가 있다. 모두가 행복하기 위해 인간중심의 사고에서 벗어나 범우주적인 시야를 가져야 할 것이다. 그러기 위해 다수의 의견뿐만 아니라 소수의 의견도 존중할 필요가 있다. 다수가 원하더라도 소수의 표현의 자유를 구속하는 일이 발생해서는 안 될 것이다.

집단 내에서 고위층은 서민들과 소통하기 위해 서민적 이미지로 친숙하게 다가가 그들과 하나가 되고자 하는 노력을 보여야 할 것이다. 집단 간에는 다른 집단의 특성을 수용하고 서로 어우러지려는 노력을 보일 필요가 있다. 이러한 노력을 통해 자신의 경계를 허물고 다른 사람의 차이를 수용할 때 공동체라는 인식을 가질 수 있기 때문이다. 뮤직비디오 〈강남스타일〉이 세계 각국의 사람들에게 공감대를 형성하고, 패러디 영상 제작을 통해 자기만의 스타일을 만들어낼 수 있었던 것은 모든 사람을 수용할 수 있는 범대(凡大)한 사상을 담고 있기 때문이다. 범세계적으로 수많은 사람들이 뮤직비디오 〈강남스타일〉에 열광하며, 제작해낸 패러디 영상물은 세계인의 통합과 화합 그리고 계층간의 균형과 평등이 이루어져야 한다는 메시지를 담고 있다.

Ⅴ. 결론

본 연구의 주요문제는 '호모나랜스로서 〈강남스타일〉의 패러디 영상이 봇물처럼 쏟아지는 현상의 본질적인 의미가 무엇인가 하는 것이며, 이러한 연구문제를 해결하기 위해 문화기술지 연구방법을 활용했다. 연구결과, 패러디 영상이 지니는 문화적 의미는 '나와 너, 우리는 공동체의 주인', '웃기는 독재자, 썩어빠진 정권', '저속한, 괴기스러움의 출몰', '신세계의 수용과 경계 허물기' 등으로 밝혀졌다.

이상의 연구를 통해 다음과 같은 결과를 얻었다. 첫째, 호모나랜스로서 〈강남스타일〉의 패러디영상 제작활동의 이론적 모형은 〈표 1〉과 같이 각 영역 간에 유기적인 관계를 맺고 있는 것으로 확인되었다. 호모나랜스로서 패러디 영상제작자들은 자기만의 이야기를 만드는 데 심혈을 기울이고 있었으며, 그들의 이야기는 일상생활을 그대로 그리는 것으로 표출되고 있었다. 저마다 자신의 일상에 충실하면서 그런 일상에서 행복을 찾고 만족할 때 윤리적인 사회가 이룩된다고 보고 있었다.

둘째, 호모나랜스로서 〈강남스타일〉의 패러디 영상제작자들은 유튜브나 SNS를 능숙하게 사용하는 세대이므로, 타인이나 다른 세계에 대해 그다지 배타적이지 않은 태도를 보였다. 자신의 세계를 고수하면서도 다른 세계와 융합하여 새로운 세계를 만들어내는 데 주저함이 없었다. 이러한 태도는 빈부 차이로 인해 계층화가 깊어지는 사회문제를 타개할 수 있는 해결방안의 하나가 될 수 있을 것이다.

셋째, 지적재산권을 보장해야 한다는 여론이 거세게 이는 상황에서 SNS를 통해 원작을 패러디하는 작품이 양산되는 현상은 원작을 훼손하는 것이 아니라 원작이 가진 힘을 키워주는 역할을 하고 있었다. 패러디 작품이 양산되고 그것이 널리 확산될수록 원작에 대한 관심이 높아졌기 때문이다. 이러한 양상은 문명의 발달로 만든 새로운 문화형태가 만들어졌음을 보여주는 것이다. SNS의 발달로 자기복제를 통해 개체수를 늘이는 것이 생존가능성을 높이는 방법이라는 것을 보여주고 있다.

넷째, 현대사회는 패러디 작품에 대해 원작을 모방한 저질의 창작물로 보지 않고, 원작과 차별화되는 또 다른 창작물로 간주하고 있었다. 그것은 패러디 작품이 단순히 모방하기를 넘어 패러디 작품에 자신의 이야기를 담아내고 있었기 때문이다. 이러한 현상은 현대사회는 획일적인 것을 추구하는 것이 아니라 자기만의 개성을 중시하는 풍토가 조성되고 있다는 것을 보여주고 있다.

다섯째, 뮤직비디오 〈강남스타일〉의 패러디 영상이 무수히 많이 양산될 수 있었던 것은, 뮤직비디오가 재미있고 유쾌하다는 것 이외에 작품 속에 범세계인이 공감할 수 있는 심오한 사상을 담고 있었기 때문이다. 뮤직비디오 〈강남스타일〉에 담긴 범세계적이고 범우주적인 세계관과 각 집단구성원을 유기적인 관계를 파악하려는 태도는 범세계적인 활동을 벌이는 네티즌의 세계관과 상통하는 바가 있었다.

■ 이 글은 필자의 논문 「호모나랜스, 경계를 넘어서 통합과 화합으로 –뮤직비디오 〈강남스타일〉의 패러디 영상물을 중심으로–」(『한국사상과 문화』, 65집, 2015.6.30.)를 수정 · 보완한 것이다.

■ 참고문헌 ■

김민오(2014), 「좀비와 뱀파이어의 영화 속 시기별 의미변화 연구: 공포의 속성을 중심으로」, 『한국영상학회 논문집』, 12권 1호, 한국영상학회, pp.71~85.

김민오 · 이준희(2013), 「밀레니엄 좀비영화와 사이버 공간의 폭력성 비교연구」, 『한국영상학회 논문집』, 11권 4호, 한국영상학회, pp.19~33.

김성범(2014), 「21세기 왜 다시 좀비 영화인가?: 잠재태와 현실태의 현현(顯現) 개념을 중심으로」, 『씨네포름』, 18집, 동국대학교 영상미디어센터, pp.127~160.

마광수(1994), 「문학과 성, 그리고 '외설'의 문제」,『오늘의 문예비평』, 오늘의 문예비평, pp.48~65.

오세정(2013), 「싸이의 〈강남스타일〉에 대한 지각요인 연구」, 『주관성 연구』, 26호, 한국주관성연구학회, pp.163~184.

윤일수(2013), 『인생은 톱니바퀴다: 영상을 통한 인문치료이야기』, 그물.

이난수(2012), 「동심설의 측면에서 본 '강남스타일'」, 『유학연구』, 27권, 충남대학교 유학연구소 논문집, pp.431~464.

이동신(2014), 「좀비 자유주의: 좀비를 통해 자유주의 되살리기」, 『미국학논집』 46집, 한국아메리카학회, pp.119~145.

이봉재(2012), 「K-Pop의 춤에 관한 소고: 〈강남스타일〉을 생각하며」, 『대중음악』, 10권, 한국대중음악학회, pp.77~97.

이현석(2013), 「싸이의 영상 뮤직비디오 '강남스타일'에 드러난 키치(Kisch)와 밈(Meme)에 대한 탐구」, 『한국콘텐츠학회논문지』, 13권 11호, 한국콘텐츠학회, pp.148~158.

장기식(1995), 「성기 신앙의 형태와 성격」, 『한국민속학』, 27집, 한국민속학회, pp.365~400.

정성은(2012), 「문화콘텐츠로서의 '강남스타일'-미디어시대에서 콘텐츠시대로-」, 『관훈저널』, 겨울호, 관훈클럽, pp.80~87.

채수만 · 송경석 · 이중만(2013), 「CPNT모델측면에서의 강남스타일 뮤직비디오 성공요인 도출」, 『한국콘텐츠학회 2013년 춘계종합학술대회 자료집』, 한국콘텐츠학회, pp.413~414.

최유준(2012), 「'강남스타일'은 강남스타일이다」, 『음악과 민족』, 제44호, 한국민족음악학회, pp.5~11.
최진석(2013), 『인간이 그리는 무늬: 욕망하는 인문적 통찰의 힘』, 소나무.
한혜원(2010), 『디지털시대의 신인류 호모나랜스』, 살림.
황필홍(2012), 「외설적 표현권의 전의미」, 『미국학논집』, 44권 2호, 한국아메리카학회, pp.105~149.
데이비드 호킨스(2014), 『놓아버림: 내 안의 위대함을 되찾는 항복의 기술』, 박찬준 옮김, 판미도.
리차드 도킨스(2006), 『이기적 유전자』, 홍영남 역, 을유문화사.
린다 허친(1995), 『패러디 이론』, 김상구 · 윤여복 옮김, 문예출판사.
미첼 아거(2007), 『문화기술지에 대한 언어적 고찰』, 최경숙 · 박영례 · 박영숙 · 김복순 · 이명선 옮김, 군자출판사.
수전 블랙모어(2010), 『밈: 문화를 창조하는 새로운 복제자』, 김명남 옮김, 바다출판사.

INDEX

ㄹ

ㅁ

ㅂ

ㅈ

인문치료의 이론적 양상

저　자 : 이영의, 정락길, 이민용, 신성열
　　　　 정성미, 유강하, 엄찬호, 윤일수
펴낸이 : 김헌영(金憲榮)
　　　　 강원대학교 출판부
펴낸곳 : 24341 춘천시 강원대학길1(효자2동 192-1)
　　　　 ☎ 033)250-7171 / FAX.033)259-5716
등　록 : 춘천시 제28호
발행일 : 2016년 6월 24일　초판

ISBN 978-89-7157-353-2　　정가 12,000원